金冲及文丛

# 经历：
# 金冲及自述

金冲及 著

生活·讀書·新知 三联书店

Copyright © 2023 by SDX Joint Publishing Company.
All Rights Reserved.
本作品版权由生活·读书·新知三联书店所有。
未经许可，不得翻印。

**图书在版编目（CIP）数据**

经历：金冲及自述／金冲及著．—北京：
生活·读书·新知三联书店，2023.3
ISBN 978 – 7 – 108 – 07500 – 0

Ⅰ．①经⋯　Ⅱ．①金⋯　Ⅲ．①金冲及－自传
Ⅳ．① K825.6

中国版本图书馆 CIP 数据核字（2022）第 175054 号

| | |
|---|---|
| 责任编辑 | 唐明星 |
| 装帧设计 | 刘　洋 |
| 责任校对 | 曹秋月 |
| 责任印制 | 卢　岳 |
| 出版发行 | 生活·讀書·新知 三联书店 |
| | （北京市东城区美术馆东街 22 号 100010） |
| 网　　址 | www.sdxjpc.com |
| 经　　销 | 新华书店 |
| 印　　刷 | 北京隆昌伟业印刷有限公司 |
| 版　　次 | 2023 年 3 月北京第 1 版 |
| | 2023 年 3 月北京第 1 次印刷 |
| 开　　本 | 635 毫米 × 965 毫米　1/16　印张 23.75 |
| 字　　数 | 274 千字　图 33 幅 |
| 印　　数 | 0,001 – 10,000 册 |
| 定　　价 | 69.00 元 |

（印装查询：01064002715；邮购查询：01084010542）

# 目 录

## 投身革命与求学

我是怎样参加地下党的　9
　　附录一　苦难深重的广东农村　62
　　附录二　青年代表金冲及发言摘要　65
　　附录三　一年来的复旦学运　69

## 复旦岁月

杨西光在复旦大学的日子　85
史学传统的传承　111
　　附　录　忆季龙师二三事　114
我怎样开始写最初几篇史学论文　117
对于中国近代历史分期问题的意见　128

云南护国运动的真正发动者是谁？
　　——兼论护国运动的社会背景与性质　147
合作数十年的老大哥胡绳武　185

## 文物出版社十年

跟随石西民来北京　201
我所知道的冶秋同志　211
《谢辰生口述》序　222
难忘的十年　226

## 五十岁入中央文献研究室

邓大姐同我的几次谈话　241
深切怀念李琦同志　247
忆胡绳同志　260
　　附　录　《胡绳文集》的几个特点　269
人物传记中的几个关系　274
新中国初期的毛泽东和周恩来　279
一次访问　290
"人生要有追求"——悼念龚育之同志　300
"同志加兄弟"：逄先知和我　304

## 代表中国史学会的三个发言

中国史学会五十年　317
在第十七届国际历史科学大会上的发言　321
在第四届青年史学工作会议上的讲话　329

## 暮年主编《复兴文库》

述录先人的开拓　启迪来者的奋斗　351
在《复兴文库》第三次主编会议上的讲话　359
我心目中的中华书局　366

后　记　375

# 投身革命与求学

作者在1940年进入复旦附属中学初中一年级学习,1947年高中毕业。此为初一时留影,时年10岁

作者在高中时最好的同学,相交最久。三人都在解放前大学学习时参加地下党。左起:丁彬荣、邱慎初、金冲及

复旦地下党在一年级学生积极分子中组建外围组织——新生社。新生社成员后来半数以上参加了地下党。图为1947年冬,新生社成员在上海郊区登山活动。二排左二是何志禹,原复旦附中地下党支部书记,此时为复旦大学土木工程系一年级学生、地下党理农支部书记。二排左三为作者

解放前夜,和金冲及同一党小组、匿居沪北的魏绍杰(中)、朱光基(左)。右为王静华(朱光基夫人)

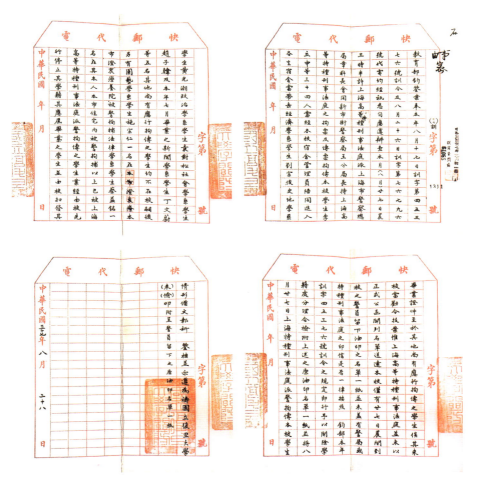

1948年8月28日，国民党"特种刑事法庭"下令逮捕金冲及等学生时复旦大学致教育部公文等有关档案。原件现藏中国第二历史档案馆

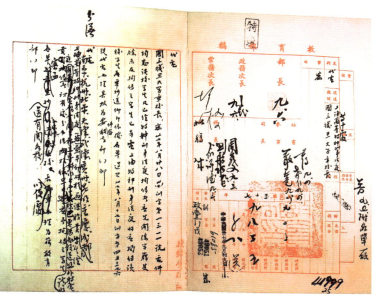

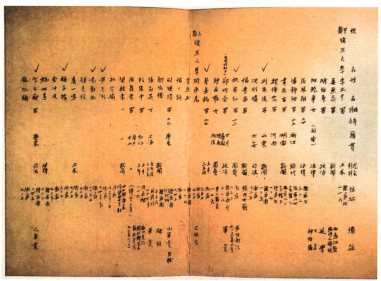

国民党"特种刑事法庭"在复旦大学搜捕学生名单原件。有的已被捕。下图右起18人杨本驹为复旦新闻系二年级学生,去解放区后改名为袁木,后任国务院研究室主任。右起31人为作者。原件现存中国第二历史档案馆

作者与原南京市委上海联络站主任贺崇寅（左）

作者在复旦党内第一位领导人——从台湾来的江浓（左二），在北京毛家湾1号门前

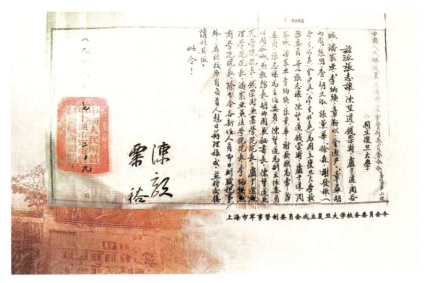

1949年7月29日,上海市军事管制委员会关于任命张志让、陈望道、金冲及(学生代表)等17人组成校务委员会致国立复旦大学的命令。此档案原件现藏复旦大学档案馆

1952年思想改造运动结束后,复旦团委负责人合影。右起:罗文宗、余子道、韦启文、金冲及、束沛德、奚姗姗、汪泰炘、徐震、周久钊

作者由复旦大学学生代表大会选择在1950年至1952年作为青年界代表参加上海市第二届各界人民代表会议。此为会议证书

解放前在上海从事青年工作的部分党员晚年相聚。第二排右起：北京军区空军原副政委郑兰荪，中共中央对外联络部原部长朱良，金冲及，中共中央对外联络部原部长、《人民日报》原社长钱李仁

# 我是怎样参加地下党的

我是1948年春夏之交在复旦大学史地系（后改为历史系）一年级读书时参加处于地下状态的中国共产党组织的。那时我17岁，到现在已超过73年。

## 一、抗战胜利后的思想剧变

要讲我怎样会参加中国共产党的，需要从我在抗战胜利后的思想变化说起。

1945年秋，抗日战争胜利。我那时是上海复旦中学高中二年级学生，在同年级同学中年龄最小，还只有14岁，对坚持八年的全民族抗战终于取得最后胜利，见到国土重光，充满着极度兴奋，但政治上还十分幼稚。

因为长期生活在被称为"孤岛"的上海租界内和以后的沦陷区，对蒋介石和国民党当局在大后方的所作所为几乎没有什么了解，加上年龄小，还把他们看作"国民政府"和"国军"，对他们的到来感到亲切和喜悦。

最早进入上海市区并到处张贴"安民告示"的，是原在上海周围的"忠义救国军"，记得司令叫阮清源，但他们不是正规军，群众口碑也不好，尽管他们耀武扬威，却没有多少人理睬。不久，国民党政府派来上海的第三方面军司令长官汤恩伯到了。我在上海租界时期看到过抗战初期汤恩伯在南口抗战的报道，但未听说过河南有"水旱蝗汤"四大灾害的说法，因此，对他仍充满敬意，也赶到静安寺街头，同市民们一起欢迎他的车队驶过。记得汤恩伯就站在一辆敞篷的吉普车上向两边行军礼，就像阅兵那样。不久，蒋介石也到了上海，在跑马厅（现在的人民广场加上人民公园的原址）召开大会，作了演讲。自发去的市民总有几万人，乱哄哄的，没有什么秩序。他讲的话我一句也听不见，只是远远看到他讲话时不断挥动戴着白手套的手臂，留下一点印象。这两次，我都是自发去的，并没有别人动员和组织。

但对蒋介石和国民党政府，民众的巨大失望来得实在太快，也太强烈，完全出乎大家原来的意料。国民党政府的政府官员、军事机关、特务机构不顾一切地搜刮金子、车子、房子、女子、票子，被称为"五子登科"。人们把这种"接收"称为"劫收"。物价在胜利初的短时间内有过大幅度的下跌，却迅速又疯狂地飞涨，令人吃惊。民众已到难以生存的地步。那时，中国共产党的报纸、刊物在上海都不能公开发行。我经常读的刊物，是原在上海的爱国民主人士唐弢、柯灵主编的《周报》和郑振铎主编的《民主》（稍后又有了黎澍主编的《文萃》）。《民主》在这年10月的一篇文章中写道："老百姓今日的心境，比起8月11日那时满望着揩泪眼看太平的心境来，在短短不到三个月中间，也已经像有隔世之感了。何况老百姓今日的生活真已到了山穷水尽的地步呢？"我当时很爱读的著名记者陶菊隐的文章也写道："一幕紧接着一幕。上海市民不禁痛心疾首地问道：难道这就是天亮了吗？"一个政府竟在那么短时间内便失尽人心，实在是罕见的。

这时，另一个更加触动亿万人心的敏感问题又深深刺痛着中国人。中华民族在一个多世纪以来受尽了外国列强的压迫和侮辱，被称为"劣等民族"。经常看到那些不会平视你一眼的洋人趾高气扬地走在中国街道上。抗日战争胜利后，最初曾使人自豪地看到，上海街头商店的大玻璃橱窗里，上面用日光灯拼成"V"字（即胜利），下面并列地摆着杜鲁门（美国总统）、艾德礼（英国首相）、斯大林和蒋介石四人的照片。中国在世界上仿佛已取得前所未有的地位，这是以往从来没有见过的。中国人觉得终于可以抬起头来了。可是，紧接着又看到美国人重新以征服者的姿态来到中国，耀武扬威地为所欲为，甚至任意杀害和污辱中国同胞，这种强烈对比使每一个有爱国心的中国人立刻联想到一百多年来的民族耻辱和苦难，无法忍受。

那时，美国军队正大规模地运送国民党军队到华北、东北，帮助他们打内战。在上海，黄浦江上停满了二三十艘美国军舰，灯光四射，却看不到中国的军舰。记得有一次我和同年级最亲密的同学邱慎初、丁彬荣在外滩，望着黄浦江上那么多美国军舰。丁彬荣说：怎么想个办法用炸药炸沉它几艘。这虽是年轻人一种十分幼稚的表达，但也反映出当时人们那种难以压抑的愤慨心情。

复旦大学校门口的翔殷路这时也被改用美国将军的名字，叫魏德迈路。解放后才又改为邯郸路。这种把活跃在中国的外国现役军人名字作为中国路名，实在罕见。

上海市区内还常常看到美国水兵搂着中国姑娘坐着吉普车在马路上横冲直撞，那时有一个专门称号叫"吉普女郎"。据国民党官方统计，从1945年9月12日到1946年1月10日的120天内，就发生吉普车祸495次，死伤244人。我在上海武康大楼东侧熟悉的报摊上买到一期装帧得像一本小册子的半公开的《文萃丛刊》，书名叫《臧大咬子传》，讲的是上海的三轮车夫臧大咬子因为向美国兵索取应付的车资而被美军打死，国民党政府却公然声称无权审理这起案件。这样的惨案层出不穷，不断刺痛着每个爱国者的心。1946年圣诞节前夜，在北平更发生美国海军陆战队两名水手在东单广场强奸北京大学女学生的暴行，而国民党中央社消息中竟称受害者"似非良家妇女"。这哪里还称得上是一个刚刚取得抗日战争胜利的独立国家？每个有良心的中国人怎么还能默默忍受呢？

再看看经济状况，当时民族工商业大量倒闭，已是气息奄奄，而商店中和地摊上却摆满美军的剩余物资和商品，如被称为"玻璃丝袜"的尼龙长筒丝袜、克宁奶粉、台尔蒙水果罐头等。

看了这些，就不难理解为什么在1946年年底会发生席卷全国的抗议美军暴行运动，在1948年夏又发生反对美国扶植日本这样全国规模的抗议运动。

更刺痛人心的是国内的政治局势。抗战胜利后全国人民充满渴望，期待能制止内战再度发生，实现社会安定，共同从事和平建设。青年学生希望的是学好知识和本事，参加国家建设。已经进行了八年的全民族抗日战争刚刚结束，付出了那样惨重的代价，如果又发生全面内战，怎么得了？因为日本投降得那么快，国民党当局对发动全面内战还没有做好准备，因此有过停止国内军事冲突协定的签订，有过政治协商会议的召开，使人民一度燃起过一线希望。

但国民党当局发动全面内战的决心已经下定。1945年12月在云南昆明制造了"一二·一"惨案。国民党军警冲入西南联大等最高学府，用手榴弹等杀害反对内战的爱国学生四人。1946年7月，国民党军警又在昆明相继暗杀李公朴、闻一多两位坚决反对内战的爱国教授。闻一多在悼念李公朴的会议上作了一篇讲话。他说："这几天，大家晓得，在昆明出现了历史上最卑劣、最无耻的事情！李先生究竟犯了什么罪？竟遭此毒手，他只不过用笔写写文章，用嘴说说话，而他所写的，所说的，都无非是一个没有失掉良心的中国人的话！""今天，这里有没有特务！你站出来，是好汉的站出来！你出来讲！凭什么要杀死李先生？""我们不怕死，我们有牺牲的精神，我们随时像李先生一样，前脚跨出大门，后脚就不准备再跨进大门！"闻一多在讲完这段话后，走出门，就被国民党当局的军警开枪暗杀了。

读闻一多这段话，凡是有良心的中国人，谁能够抑制得住悲愤的心情，谁又能够不热血沸腾。相隔七十多年了，我至今对讲话的重要段落仍能背诵得出来。我不久进入高中三年级读书，在学校里住读。当时和我一起住读在同一间学生宿舍的同学、复旦中学地下党支部书记何志禹后来告诉我：他看到我枕边放着纪念闻一多、李公朴的书，就注意接近我，引导我参加"反会考运动"和"反饥饿、反内战、反迫害运动"。本来，我是一个性格温和的高中生。这以后，就一步步变了。

早些时候，在抗战胜利前我也看过斯诺的《西行漫记》，是精装本，底页有一幅红军长征的地图，还有不少照片。胜利这年冬天，我在武康大楼旁报摊上还买过一本陈伯达的《窃国大盗袁世凯》。但那时我都是把它们当我喜欢读的历史书看的，并不懂得它的政治意义，对中国共产党还谈不上有多少深切的了解。

不能不说，当时在国民党统治区的一些报刊上还多少可以看到中国共产党代表周恩来同志的公开言论和活动的报道，在学生中流传议论。这样的报道还不少。

"李闻惨案"发生后,周恩来就在上海举行记者招待会,发表谈话,提出强烈控诉。10月4日,上海各界五千多人举行李闻追悼大会。邓颖超在大会上宣读了周恩来的亲笔悼词:"今天在此追悼李公朴、闻一多两先生。时局极端险恶,人心异常悲愤。但此时此地有何话可说?我谨以最虔诚信念,向殉道者默誓:心不死,志不绝,和平可期,民主有望,杀人者终必覆灭。"当时,周恩来反对独裁和内战、主张和平民主的言论不少也常见于报端。

周恩来的凛然正气和合情合理的恳切剖析,深深地打动了国民党统治区许多人的心。人们正是从周恩来身上逐步了解中国共产党。国共谈判破裂,周恩来离开上海时,英文《字林西报》在报道中刊登了周恩来和有关人士合拍的大幅照片。我特地去买了一份。英文的报道我还看不懂,但它的纸张很好,照片很清晰,可以留作纪念。和周恩来同机回延安的李维汉在日记中写道:"国共谈判破裂了,但我党满载人心归去。"

这时,中国共产党出版的报纸书刊我们已无法看到。但几个还未被封的进步书店(如生活书店、新知书店、读书生活出版社,其实也同地下党有密切关系)出版的读物还能读到。记得第一本对我影响最大的是艾思奇的《大众哲学》。他以那样生动明白的笔墨介绍马克思主义的辩证唯物论。因为我是在十五六岁时认真读了几遍,头脑里种的种子特别深,对一生都有影响。我平时去得多的是生活书店和新知书店,买来读的有生活书店的"青年自学丛书"(如胡绳的《辩证法唯物论入门》、华岗的《社会发展史纲》等),新知书店的"新知丛书"(如薛暮桥的《经济学》、许涤新的《中国现代经济教程》、翦伯赞的《历史哲学教程》等)。邹韬奋在这时仍出版的书,我几乎全都看了。给我印象特别深的是他的《经历》《患难余生记》《抗战以来》《与反民主的抗争》那几本书。他对国民党当局的揭露锋利、真实、一针见血，给我的印象极深，也大大增加了我对中国共产党的了解。邹韬奋在我们这一代青年中的影响实在大。在我周围的同学中，爱读邹韬奋著作的同学很多，也许大大超过今天人们的想象。读了这些书，觉得眼前展开了以前没有接触过的另一个世界，这确实十分重要，尽管那时还没有真正读懂。

1947年四五月间发生的"反会考运动"，是我第一次实际投入由地下党领导的学生运动。那时，国民党政府教育部在4月中旬以突然袭击的方式发布一道通令，规定高中毕业班学生在通过本校毕业考试后，还要参加全国统一会考，考试内容包括高中三年内全部课程，需要会考合格，才算高中毕业。它的目的是把高中毕业班学生束缚在会考的准备上，没有时间和精力卷入方兴未艾的"反饥饿、反内战、反迫害运动"中去。结果却适得其反，犹如火上浇油，激起高中毕业班学生的强烈反对。中共上海市委中学工作委员会研究后认为反会考斗争有着广泛的群众基础，而斗争的发展又必然触及下一步将发动的抢救教育危机运动，决定放手领导。5月3日，上海几十所中学学生联合成立"反对会考联合会"。地下党在联合会中设立党组织，由中学委员会委员钱李仁（解放后曾任中共中央对外联络部部长、人民日报社社长）领导。复旦中学在何志禹等带领下，也宣布罢课抗议，并且集中到教室里制作旗帜和标语，准备上街游行，大家的心情十分兴奋。教育部被迫宣布取消本届会考，运动取得了胜利。这给了我很大鼓励，成为下一步行动的预演。

紧接着，就掀起规模大得多、席卷全国的"五二〇运动"，也就是"反饥饿、反内战、反迫害运动"。在5月20日那天，以在南京的中央大学、金陵大学学生为主，还有上海、杭州、苏州等地学生代表,共6000多人,在南京举行"反饥饿""反内战""抢救教育危机"的联合大游行,向国民党政府请愿。当游行队伍到达珠江路口时,遭到国民党军警的阻拦,军警以铁棍(当时被称为"狼牙棒")毒打并用消防水龙猛冲,当场殴伤流血141人,重伤15人,逮捕23人。

复旦中学和交通大学都在上海市区西侧的华山路上,极为邻近。交大的同学到复旦中学高年级各教室讲演,详细叙述南京珠江路血案的经过。同学们极为愤慨,在何志禹等带领下,全部宣布罢课,并且派代表去见复旦老校长李登辉。他是美国耶鲁大学毕业的基督徒,一生都献给复旦的教育事业和学校建设,有着很高的威信,这时就住在复旦中学对面。代表们回来,我问老校长怎么说?他们转述老校长的话:"国家搞成这个样子,你们学生不出来讲话,谁来讲?即便没有交大的同学来,你自己也应该讲!"我深深为这位老人感动。这些话隔了七十多年,我还是记得很清楚。

复旦中学和交大离得那么近,我又是在校的住读生,步行十几分钟就到交大,交大的学生运动十分热烈,那一段时间我几乎天天到交大去看。从4月初起,交大便开展了护校活动。那时政府拒不解决学校的严重经济危机,强令交大停办航海、轮机两科,并表示交大的校名也可以更改,交大师生便决定在5月13日集体赴南京请愿,政府停止火车的驶行,交大有铁道管理等系,学生就自己驾驶火车开到真茹车站附近,因前面很长一段铁轨被拆、军警又架设机枪布防,为了遵守有理、有利、有节的原则,同学们才撤回学校。这些事件也给我很大刺激。还有一次,交大同学们请李平心教授来校在体育馆演讲。军警冲入校内,武装包围体育馆。同学们手挽着手高唱《团结就是力量》。双方相持很久,军警才撤走。我始终坐在现场，对自己又是一次深刻的教育。江泽民同志那时是交大四年级学生、地下党员。我后来同他也谈起过这件事。

不久，暑假到了。我从复旦中学毕业，开始报考大学。那时大学招生是各自出题考试、各自录取的。我考了三所大学（北京大学、复旦大学、金陵大学）的历史系和一所大学（东吴）的化工系。其中，北大没有录取，其他三个录取了。报历史系，因为我从小就爱好读历史。我的母校复旦中学后来送给我一份初中各课成绩单的复印件。上面写着：我初一时10岁，英文补考后才及格，其他课的成绩大体上是中等，只有历史得了98分。为什么也报化工系，因为正如那时一句流行话——"毕业即失业"，怕读了历史系，毕业后找不到职业；而化工是当年民族工业中发展得比较快的，如橡胶、制药等厂，毕业后较易找到工作。

记得在复旦考作文时，是在子彬院（解放后改名300号）101号大教室考。作文题是《"富贵不能淫、贫贱不能移、威武不能屈"说》。在复旦中学时，老师规定的作文都是用文言文写的，所以我在中学毕业前没有写过白话文的文章。监考的老师是周谷城教授，那年49岁，穿了一套白西装，在考场里走来走去看大家作文。以后我在复旦大学读书时常到他家去。20世纪80年代时有一次见到他们，周师母（李冰伯先生）还笑着说："我们看着你长大的。"我说："我也可以讲句老话，周先生那时比我现在还年轻。"

大学那时很难考。复旦史地系是平均16个考生取一个，共取了15人；新闻系更难考，是40个考生取一个。

录取是分别发榜的，登在报上，自己去看，分为录取和备取两种，录取的不去就由备取的补上。我先见到金陵大学的通告，历史系只录取7人，备取5人。其他学校还没有发榜，我就先进了金大（章开沅同志也在金大历史系读书，比我高一年级）。到南京第一天，先到"五二〇惨案"发生的珠江路口去凭吊。接着参加了新生入学周，注了册，听了课。有文学院院长倪青源教授（后去台湾）教的"哲学概论"，讲课的内容我还记得一些。所以我前些年写过一篇文章：《我也是南大校友》，登在南大校刊上。读了一个星期后，复旦发榜，也录取了。我家在上海，就从金陵大学退学，回上海进了复旦大学史地系。那时是16岁。四年级同学张靖琳（地下党员）看到我的学生证，笑着说："真是个小孩子。"这也不奇怪，抗战期间许多同学经过多年流浪折腾才上大学，年龄会比较大。我同年级同学一共15人，有的同班同学比我大5岁。这在当时很平常。

北大历史系没有录取。如果考上了，就和宁可同志同年级，比戴逸同志低一年级。前些年，北大请我做历史系兼职教授和博士生导师。历史系开了个全系同学的会，系主任牛大勇教授讲了我许多好话。我接着说："有句老话，不能只讲'过五关，斩六将'，还要讲'走麦城'。我是报考过北大历史系的，没有考取；而在座各位同学，都是考北大历史系被录取的，比我高明。"

## 二、进入复旦大学

复旦大学在抗战时期的经历很特殊，分为两部分：大部分师生迁到内地，曾在江西、贵州，再到重庆北碚的夏坝，后来改为国立，由吴南轩、章益先后任校长；另一部分迁入当时还没有被日本控制的上海公共租界内，太平洋战争爆发，日军进入租界，仍称私立复旦大学，后来称复旦大学上海补习部，仍由留在上海的老校长李登辉主持，不由日本人管理。抗战胜利后，国民党元老于右任、邵力子等和校长章益都是李登辉老校长的学生。学校领导讲了话，两部分宣布合并，完全承认上海部分学生的学历，没有区别。重庆部分在1946年秋迁回上海江湾原址，并从这年起在上海招生。那时，学生有学号，上海部分的学号以S领头，重庆部分以Y领头，1946年统一招生入学的以A领头。我在1947年入学，学号是B64。

胜利后，上海共有四所国立大学：交大、复旦、同济、暨南。交大的地下党和进步力量最强。同济学生的进步力量最初也很强，但校方很反动。复旦是双方力量都强，斗争十分激烈，但进步力量不断上升。暨南从校方到学生中，反动势力都很猖獗，但也有党组织和一定进步力量。

进入复旦大学时，我很兴奋，因为复旦在学生运动中一直站在前列。入学后却发现复旦的学生运动当时正处在低潮中，政治空气相当沉闷。

这年暑假中，校方宣布免去张志让教授的法学院院长职务、周谷城教授的史地系主任职务，还解聘了洪深、顾仲彝、马宗融等一批进步教授。"五二〇运动"中最活跃的学生领袖有的被逮捕，有的被开除，有的被迫撤离。还有四个被捕的同学（孟庆远、葛嫦月、张希文、李槐奎）没有释放，被囚禁在曹园。进步力量很强的四年级同学毕业离校。一进校门，左边的学生自治会门上贴着封条，不能再进行任何活动，让人看了就觉得伤心。所有教室下课后就上锁，防止学生在里面开会。

学校的训导处分两个组：课外活动组、生活管理组，都由特务控制。举一件我入学后第一年暑假亲身遇到的事作为例子：那时我们油印了一份简单介绍各系科情况的材料，供来报考的学生在选择志愿时参考。当我发完后走到登辉堂（现改名相辉堂）北面比较冷僻的地方时，后面有人悄悄跟过来，突然用手插到我裤袋里。我回头一看，是训导处课外活动组的人员，名叫史逊。平时我们还得称他为"先生"（即老师），但他竟做出这样的事情来。我质问他"干什么？"，他回答："我看看你裤袋里装的是什么。"材料已经发完，他自然一无所获。这样的事，今天的同学们可能难以想象，但却是我亲身经历的千真万确的事实。生活管理组的训导员不定期地在晚上到学生宿舍里查房间，有时还发现他们躲在室外偷听室内的谈话。

这是我原来没有想到的。因此，刚进复旦后有一段不算长的时间，心情很苦闷，常在图书馆读书。

再简单地说说大学中同学们贫困的经济生活情况。这在当时学生运动中是一个十分重要的焦点。

我在1947年进入复旦时，三、四年级同学都是在抗日战争期间入学的。他们大多从沦陷区流浪到大后方，没有经济来源，只能依靠入学时取得的公费待遇生活。抗战胜利后，由于物价飞涨，经济凋敝，家中难以给他们多少经济帮助，这种制度也就延续下来。公费生在全校同学中占多数。

公费待遇的标准本来很低，由于国民党政府统治下的恶性通货膨胀，物价飞涨，而公费数额极难变动，学生生活日益难以维持。自费生靠家庭勉力支持，情况也差不多。

复旦的学生食堂在德庄（今复旦附中）南部的大饭厅（对面还有一个只有它三分之一左右面积的"经济食堂"，供经济困难的自费生缴费吃饭）。饭厅内有上百张方桌，没有凳子，大家都是站着吃。一张桌子周围可以供八个同学站，在食堂门口贴着谁在哪一桌的名单。米饭的质量极差，进食堂之前远远一股霉味就扑鼻而来。进去后，用自己带的碗到饭桶盛饭。老同学叮嘱我们："第一碗不能盛得太满，那样等你吃完后再去，饭桶里已经空了，无法再加了。第一碗要盛浅一点，很快吃完，还可以盛第二碗。"菜是放在桌上的，都是没有油的蔬菜，每个月只有到月底前一两天，才可以用本月结余的伙食费添个有点肉片的菜，称作"打牙祭"。在食堂里没有看到家中很宽裕的同学，这种同学本来就不多，大概是从校门口坐有轨到市区去（那时通常叫作"进城"或"到上海去"）。国权路上有一家"来喜饭店"，只有一个门面大，里面靠墙有两张小方桌，是教授们招待客人的地方，没见学生去。国权路上还有一家面积比较大的茶馆，叫"涵园"，是复旦在重庆时留下的遗风，常有些同学借那里喝茶聊天。因为教室在下课后就得上锁，学生睡的都是双层铺，没有空余的地方，进步同学也常在那里借喝茶为名开会。

至于学生宿舍，男同学住淞庄（现第六宿舍）和德庄。淞庄原是日本军营，我们去时有些糊纸的拉门还在，学生睡的都是双层铺，楼上住六人，楼下住四人，中间有个长的木桌，为学生学习和生活所用，学生的箱子就放在床下。德庄每间住四人，格式相同。女生宿舍在登辉堂（今相辉堂西侧北端那一楼）。平时男生不能入内，要找某一位女同学时，得由女生宿监叫下来，在对着大门的会客室相见。一年中只有校庆这一天，男生可以自由地进入女生宿舍。训导长在全校大会上说：这叫"男女有别"。教师住校的，当时只有庐山邨、徐汇邨、嘉陵邨（今第一、二、四宿舍）。

到1948年和1949年间，情况更加恶化。那时我因被迫离校，对当时校内情况就了解不多了。

了解了这些情况，也许有助于理解：为什么1947年"第二条战线"的形成是在"抢救教育危机"的口号下开始的,并且把"反饥饿"列在"反内战"之前,这最易为更广大学生所接受,并且能得到更多教师支持。原来政治处于中间状态的人也在想:为什么抗战胜利了,大学里会那么困难?人们很容易想到:因为国民党政府要打内战,钱不是用在建设而主要用作军费开支。当时有幅漫画:一边是一尊尊大炮的炮筒威风地排列着,一边是一个瘦弱的知识分子高举着一只空空的破碗向炮群愤怒地高呼着,题目是《向炮口要饭吃》。这幅漫画流传很广,很能打动人。

经过五月的"反饥饿、反内战、反迫害运动"的风暴洗礼,又读了一些书,我开始强烈向往中国共产党。但是人海茫茫,周围有谁是共产党员?共产党在哪里?我一无所知。当时那种沉闷的空气中,我还能够做什么?

当时能做的只有两件事:

一件还是埋头读书。因为我是学历史的,读了范文澜主编的《中国通史简编》和《中国近代史》上册(只讲到"义和团事件")。读了感到耳目一新。后一种书出得晚些,书上作者署名是"武波",当时不知道他是谁,觉得很陌生。解放后才清楚:"武"是文武的"武","波"是波澜的"波",武波就是文澜。连这样的学术著作也已不便用真名出版,可见那时当局的政治控制已更严厉。我以前常读的《周报》《民主》《文萃》等刊物都已相继被封。有进步色彩的《文汇报》《新民晚报》《联合晚报》,也已在这年5月被封。那时看得多的刊物是《时与文》(因为它的发行人程博洪是程潜的儿子,才能出版)和《观察》,其中除时事评论外,还常有各地学生运动的详细报道,起着刺激人心的作用,不久也被封了。

对我思想影响更大的是读了华岗所著《中国民族解放运动史》

上、下两册，实际上就是近代中国革命史。这是以前出版、别的同学借给我看的，使我对中国共产党领导的革命运动历史有了比较系统的了解。

除自己看书外，还和贴邻宿舍的合作系一年级同学李正开、汪巽人等组织读书会，读苏联学者罗森塔尔著、李正文译的《唯物辩证法的范畴》，每读完一章就由各人讲读书心得并集体讨论，还要将个人的读书笔记交换着看，最后总是由李正开作总结。这比过去对马克思主义理论的认识自然加深了一步。李正文是老资格的秘密党员，当时的公开身份是大夏大学教授，又是半公开的"大教联"负责人。上海一解放当了上海军管会高教处副处长，做接管复旦的军代表，后面还要说到。李正开是地下党员，1948年秋去解放区后改名戴云，"文革"前担任过团中央宣传部副部长，被称为胡耀邦同志的"大秘书"。"文革"结束后到中共中央宣传部工作，不久于57岁就因病去世了。他当时给我的印象是社会经验丰富，谈吐老练，能拿主意。我很佩服他。读书会这种方式，当时很普遍，是地下党教育进步群众常用的活动方式。它不仅是一起读书，也常一起谈论时局。我们这个读书会的成员，后来都入党了。

另一件事是在进步同学中常常串门子，深交了一些好友，主要是两批。一批是我在复旦中学时最好的可以无话不谈的同学邱慎初，还有何志禹，当时都进入复旦大学土木工程系一年级读书。我常到邱慎初宿舍中去聊天。土木工程系高年级同学也常去聊天，其中有朱承中，也是地下党员，我同他也相熟了。另一批是当年新入校的一年级同学，因为处境相似，很多又都是思想比较进步的，共同组织了一个相互联络感情的活动团体，叫"新生社"。这个团体，没有固定的组织形式，来去随便，也没有指定什么负责人，只是常常组织一些集体活动，临时一叫就来了。经常参加活动的有五六十人，大体是经过选择的积极分子，其中数理系的王其健、土木系的何志禹、新闻系的程极明、外文系的张瑛华和廖国芳等，都是新入学的地下党员，当时彼此并不知道。还有化学系的汪銎、张曼维，新闻系的梁增寿、武振平、孙锡钧、陈方树，农艺系的周久钊，教育系的林蒲添、朱其昌，经济系的钟在璞等，都是在那里熟识的，不久都入了党。史地系的董旭华、韩伯英、高有为等也经常积极参加活动。新生社的活动，一开始并没有明显的政治色彩，只是组织了两次到广肇山庄远足，还多次组织在一起唱新民歌和跳集体舞等。参加的都是十分活跃的年轻人，大家政治态度也接近，彼此感情十分融洽，能够相互影响，有什么事，一呼百应。一年多后，大多数都参加了党，至少一直是积极分子，在学校中成为一支很活跃的新生力量。

回头想想，当时复旦党组织的工作部署相当高明。这时新学年刚开始。学生中的党员、群众领袖、积极分子大批因被捕、被开除、由于过分暴露而撤离以及四年级学生毕业离校而大大减少。一年级同学刚入校，彼此还不熟悉。蒋介石在这年7月4日发布所谓"戡乱总动员令"，国民党当局更加强控制。在这种情况下，如果沉不住气，急于提出政治性很强的主张和要求，开展规模大的集中活动，不仅无法成功，如果国民党当局采取强硬的镇压措施，一时也难以组织有力抵抗，只会造成很大损失。在这种不利情况下，还是要沉着隐蔽，勤于交友，耐心地发现积极分子，争取中间分子，团结并教育他们，到条件成熟时，一旦有事便能一呼百应，斗争从分散到集中，掀起新的高潮。以后的事实，充分证明这样做是正确的。

## 三、沉闷空气的冲破

由于国民党当局的种种倒行逆施，国家的情况越来越坏，绝大多数学生本人和家庭的经济生活江河日下，同学中的不满日益增长。入学后两个多月，一件突发事件，使长时间积压的愤怒爆发了：那就是"于子三事件"。

于子三是浙江大学学生自治会主席。他不是共产党员，但为人正直，得到同学们信任。学生自治会副主席谷超豪（以后是获得国家最高科学技术奖的著名数学家）是地下党员。国民党当局完全无理地逮捕于子三，并且在10月29日宣称于子三在狱中用玻璃片割断喉管自杀，这自然是当局下毒手杀害的。浙江大学校长、气象学权威（解放初任中国科学院副院长）竺可桢到狱中看到于子三惨死的遗体就晕过去了。这件惨案自然极大地激怒了全国学生。中共上海市学委通过处于秘密状态的上海学联发表抗议书，号召各校同学罢课抗议。

复旦党组织怎样组织这次罢课？这件事在报上没有公布。他们先找来圣约翰大学新闻系办的铅印的《约翰新闻》，在校内多处张贴，上面不仅有于子三被杀害的详细报道，还刊登了于子三的遗像。这件事立刻广泛传开，激起同学们极大愤怒。然后，由党员和积极分子在同学中广泛传布。那时，有些同学在当局高压下比较害怕，组织抗议集会或冲出校门去游行集会的条件一时都不成熟。因此，党组织决定采取突然行动，通知平时有往来的同学中的积极分子：听到子彬院旁连续急切地敲响平时宣布上下课的大钟，就集中到子彬院旁去，宣布罢课。第二天，也就是11月11日上午，由经济系同学陈友莲、史地系二年级同学李承达（地下党员，和我也很熟悉。后改名李元明，解放后曾留学苏联，以后在中央党校工作，已故）等接连敲响了大钟。事先通知的或没有通知的同学们大约有三百多人一下拥到大钟旁，宣布罢课。一些新闻系同学把上一天准备好的抗议的大字报贴出来。我看到训导处课外活动组组长梁绍文也赶来，但他们事先没有准备，一时不知所措。陆续集合起来的同学有千把人绕大草坪游行了一周，便解散了。傍晚，校方开除了陈友莲、李承达等9人，还给新闻系女同学唐慧娜等8人记大过两次。

这次突击式的行动，规模有限，也带来一些损失。但从大局来看，采取的行动是有节制的，而且冲破了原来校园中的沉寂局面，为下一步更大规模的"救饥救寒运动"打下了基础。

对我来说，这个事件对我产生的影响很大。一则看到国民党政府不仅无理逮捕浙江大学学生自治会主席，而且把他在狱中用如此狠毒的手段秘密杀害，还要说他是自杀，这样的政府实在太野蛮太无耻了，加上其他许多事实，我深深感到不能再对它有任何希望，必须把它打倒。二则亲眼看到能有上千人的队伍在校园内游行示威，而当局无法阻挡，从而感受到集体的力量、群众的力量，并且从许多迹象中已隐隐感到这是在地下党领导下发动的。从此，我的生活便起了极大变化，把我深深热爱的历史专业学习放在一边，也不计个人的利害得失，全身心投入党所领导的反美反蒋斗争。

在12月22日的日记上，我记下当晚在史地系同学会议上一场争论中的发言："我们研究历史的主要目的无疑是希望能从历史的趋势中看出中国现在将往何处去，……我们不应该把历史和现实可以一刀分开。"这段发言，很能反映出我当时思想上的变化。

这年12月开始的"救饥救寒运动"，是地下党领导的有着更广泛群众基础的运动。它看起来没有强烈的政治色彩，却进一步冲破白色恐怖的控制，形成学校中群众运动的再次高涨。

1947年冬天，上海气候特别寒冷。进入12月气温骤降，下起雪来，路上结了冰。但街头上躺着许多因内战而逃难到上海的难民。他们衣衫褴褛，身无长物。不少人冻饿而死，尸横街衢。就在复旦所在的魏德迈路转弯处屋檐下就有一具雪盖着的尸体，不久就被收尸车收走了。据官方统计，12月上旬冻死街头的有400人，中旬500人，收尸机构已难于应付。当时流行电影《一江春水向东流》中的歌曲："几家欢乐几家愁，几家高楼饮美酒，几家流落在街头。"抗战胜利时，同学中家庭清寒、自己靠公费生存的占很大数量。这首歌到处唱起来，就觉得格外心酸。

"救饥救寒运动"是由同济大学首先发动的，而且首先是由同济学生的基督教社团自发地在校内开展寒衣劝募。那时同济大学地下党总支书记是乔石。总支当晚就研究、决定支持这一正义行动，并发动全校同学参加。12月19日，同济大学同学成立劝募寒衣委员会，首先出动到街头劝募。

救饥救寒，谁也难以公开站出来反对。连复旦学生中的青年军联谊会等也贴出布告，要组织劝募。12月24日，校内大多数同学成立了"国立复旦大学十六系科十九社团联合劝募寒衣大队"，有一千多人参加，校方硬性规定，只能名为第二大队。（三青团方面的称为第一大队，但只有几十人参加）。第二大队先在校内劝募。12月26日，就分成小组到市区去劝募。同学们手持三角小旗，胸佩统一的救饥救寒纸徽，在大街小巷奔走。还记得募捐时唱首歌："募寒衣，请捐助，要募寒衣千万数，寒衣捐给难民穿，难民冬天没有衣服。""一件寒衣一条命，请把你的寒衣捐出来。"劝募时，遇到一些富有人很冷漠，但许多市民看到我们不是他们不信任的

"官方"人员，而是大学生们来劝募，就慷慨捐助。我在日记中写道："有一家老板送了十件新的棉背心，还有捐到三打新袜。""回来时遇见别队同学，又听到了两个令人感动的故事：他们捐到一个老太太，亲自把身上的棉袄脱下来，还要脱第二件，他们不好意思再要了。还有一家人家也很苦的，母亲上去找了些衣服出来，小孩子哭了，母亲只好劝他说：'我买新的给你，我买新的给你。'这是多动人的图画啊！"

劝募后，还分小组到难民居住区调查，根据他们的实际情况发给领物凭证。我在日记中记录了到南市难民区调查的情况："那面的难民真太苦了。他们怎么住？就在地上挖了一个洞，上面用两根竹竿撑起了几张席子，爬进去头会碰到顶。里面一无长物，睡在泥上，至多铺些稻草。年轻的人出去讨饭，女人把一件衣服都没有的孩子拥在胸前。这种样子，真难怪前几天每天会冻死一两百人啊。尤其奇怪，我真有些弄不懂，一下雨，他们的住所是如何的不堪设想啊！"

隔一两天，再到难民区的预设地点，按调查时签发的领物凭证分发衣物，又看到和听到许多悲惨的实情。

这项活动从12月21日至1月6日，共17天。对许多同学来说，实在是一次深刻的社会教育，看到许多以前没有见到过的底层社会的黑暗面，深深感到这样的社会非根本改造不可，从而显著地提高了政治觉悟。这种感受，是单在房间里"坐而论道"无法相比的。

在学校内，久被封闭的学生自治会办公室重新打开，作为劝募大队二队的办公地点；进步同学掌握的各系科学会（没有包括进步力量未占多数的政治、经济两系的系会，只能由政治科学研究会和经济科学研究会署名）和多数社团对"救饥救寒"的组织工作进行得有条不紊，得到众所公认；同学之间（包括许多原来处于中间状态的同学）在这项工作十多天的相处中感情融洽，需要时可以共同行动。学校中政治氛围发生重大变化，许多以前难以做到的事现在有可能做到了。

紧接着，又发生了"九龙城事件"。在1898年租借九龙地区99年的条约中，英国无权拆毁九龙城。1948年1月5日，英方却悍然拆毁九龙城和不少民居，居民无家可归，还发生流血惨剧。国民党当局本来同英国政府之间存在着矛盾，又想借此转移民众对美国的强烈不满，提出"反英护权"，企图把不满和斗争转移并局限在"反英"上。

上海地下党决定抓住"反英"的合法性，提出"抢救民族危机、抗议九龙暴行"的口号，把领导权转移到手里。1月17日下午，全市学生两万五千多人集中在外滩英国总领事馆外广场上示威抗议。我同复旦一千多名同学参加了，这是上海第一次有青年军复员学生参加的抗议活动。示威同学推交通大学学生自治会主席吴振东和同济大学"救饥救寒运动"负责人何长城等4人为代表，进入英国总领事馆，递交抗议书。进去后很久没有出来，又传闻4个代表被扣留了，群情更加激愤，除了原来的口号外，又喊出"奴才外交要反对"的口号，将矛头直接指向国民党当局。直到4个代表出来后，示威队伍才浩浩荡荡地沿着南京路游行到南京路西藏路口才解散。

为什么英国能这样欺负中国人？同学们感到就是因为国民党政府实行的是屈辱的奴才外交。当队伍转到南京路上游行时，群情激昂，还用"打倒列强，除军阀"的曲调唱起"奴才外交，要反对；反动政府，要垮台"的歌来。我在游行队伍里，很幼稚，也很兴奋。

跟着唱，觉得能在南京路上高唱"反动政府要垮台"，十分解气。这种情景至今历历如在眼前。有些同学还用柏油把呼喊的口号写在外滩和南京路的大楼墙上，那是很难擦去的。这种自发行动是过激的、错误的，不仅暴露自己，而且容易换来军警的武装镇压。但国民党当局事前并无准备，最激烈的口号是在从外滩转到南京路游行时喊出和唱出来的，游行队伍走到南京路西藏路口就解散了，时间不长，他们也分不清谁在唱谁在写，所以难以立刻动手，但强烈的反应很快就来了。

国民党当局的矛头集中指向在这段时间内学生运动中领头的同济大学学生。1月14日，同济校方已宣布开除"救饥救寒运动"负责人何长城和同济大学学生自治会负责人杜受百两人。开除何长城的理由竟是劝募寒衣运动中"毁坏公物，藐视师长"。接着，又开除学生9人。21日，同济学生宣布无限期罢课，仍无结果。学生就宣布在29日去南京请愿。这两个决定，现在看来是过激的，不仅在实际上无法做到，而且必将遭到国民党当局早有准备的残酷镇压。但当时同学中这种强烈情感已难以抑制，这是一个教训。

那时寒假已经开始，留校的同学较少。我还留在学校。复旦离其美路（现名四平路）的同济大学工学院和理学院十分近。预先接到同济同学的通知，就有五百多人（大多是学生运动中的骨干和积极分子）在清晨4人一排地列队从国权路南行到达同济门外的其美路上。当时同济周围还都是农田。其美路上有军警严密把守，但还有上海其他学校一千多人陆续绕道从田野赶来。同济工、理两院同学也有一千多人突破包围，冲出校门，集中到其美路上。

国民党当局这次下了狠心，做了充分准备，预先调集了八千军警，听说还有从徐州调来的。在两旁都是田野的其美路上分成五道防线，第一层是马队，第二层是架了机枪的保安团武装军警，第三层是号称"飞行堡垒"的摩托车队和铁甲车。当时好多人有个说法，叫作"八千对三千"。学生队伍根本无法冲过去，一直集中在路上，由复旦新闻系同学司徒汉（解放后成为上海乐团很有名的指挥）指挥着同学们唱《团结就是力量》等歌曲，学生队伍中歌唱声和口号声此起彼伏，和军警相对峙。

近中午时，国民党当局的上海市长吴国桢、淞沪警备司令宣铁吾、上海警察局局长俞叔平来到现场，号称和同学们"谈判"。这种"谈判"当然不会有什么结果，只是国民党当局在拖延时间，进一步调动力量，准备下手。

从国民党当局方面来说，狠心早已下定，动手的时间已到。下午3时多，吴国桢站在一个木箱上宣布：不允许进市区示威，不许前进。接着，马队突然向密集在路上的队伍冲进来，骑警们挥舞马刀乱砍。我认识的同学有被马刀砍伤的，有被马踢伤的，受伤的有一百多人。我熟识的政治系二年级同学张渝民（复旦地下党总支委员，改革开放后曾任中共福建省委常委、秘书长）被马蹄踏伤，送入医院治疗。同学们从其美路向同济大学后退，有些同学跌倒在路旁的水沟里。吴国桢在混乱中也跌倒了。我熟识的土木系同学朱承中（地下党员）把他拉起来，并且阻止愤怒的同学打他。据说吴国桢后来还向朱承中说过："知恩不报非君子也。"

我们退到同济校内的人，聚集在校内礼堂里，举行抗议晚会，舞台正中的幕布上只有一个鲜红的字："血"。会上有讲话，也演出抗议节目。1月下旬是冬天，天很快就暗下去，人数占绝对优势的武装军警团团包围并进入学校，开始在宿舍中搜捕学生。同济大学地下党总支书记乔石也在马队冲击时被踩伤，躺在宿舍中，由于同学掩护，国民党军警又不认识他，被放过了。

到10时左右，礼堂里台上正演出一场讽刺性的活报剧时，突然一个穿着军装的人走上台来，宣布学生"殴打"了市长吴国桢，并且要交出同济学生中的几个负责人。有同学对我说："这是警备司令宣铁吾。"也不知道是不是。同学们立刻手挽着手，高唱《团结就是力量》。这时，礼堂两侧的大门哗地一下敞开，冲进许多武装军警，用木棍枪柄乱打，把同学们押出礼堂，分堆坐在门外的广场水泥地上。

那时正在1月下旬寒冬深夜，在每一堆坐着的同学周围，就是一圈武装军警，用带着闪亮刺刀的步枪对着我们，还吼着不许讲话。我当时头脑里闪过的念头："这不就像电影里看到的'鬼子进村'吗？"女同学最可怜，在寒风中冻得发抖，要小便也不许离开。忽然听到礼堂三楼窗口有人对着广场高叫："同学们，不要灰心。"大家都听到了。三个警察立刻冲上楼去，把他拖下来毒打。后来听说那是位同济大学的同学。

到了深夜两三点光景，国民党当局通知各校校长来"认领"学生。复旦大学校长章益也来了。军警要学生们排成单人长队伍，经广场侧门走出广场，但还在校园内。各人要交出学生证或校徽作为身份的凭证。侧门口，除军警外还有蒙着面的特务，按他们的指认抓人。复旦被捕的有24人（至少有5个女同学），其中大多是我认识或熟悉的。

复旦离同济最近，四五百个复旦同学由武装军警拿着带刺刀的枪步行押送回校。同学们从早晨到深夜，没有吃过饭，也没有喝过水。在押送过程中不能讲话。前前后后，相继都哼出没有唱出歌词的曲调。但大家都熟悉，那就是："跌倒算什么，我们骨头硬，爬起来，再前进。生要站着生，死要站着死。天快亮，更黑暗，路难行，跌倒是常事情，常事情。跌倒算什么，我们骨头硬，爬起来，再前进！"

在1月的深夜，在拿着枪押送的军警旁，前前后后，都轻轻哼着这首悲愤而深情的曲调，此情此景，不言可知。押送的军警们不知道学生哼的歌词是什么，只要你不唱出来，他们也不干预。七十多年了，这个曲调，这些歌词，仍能在我耳边响起。

因为这次事件，校方给我记大过处分。

## 四、入党前后

寒假很快过去，新学期开始了。校方加强了高压。但愤怒化为深思，思想有了变化，变得更深沉了。

对我来说，在新学期开始后这段时间内，引起我思想进一步变化最明显的，大概是两件事。

一是开始读到一些进步同学中传来的中国共产党文件，特别是毛泽东同志的著作。

这以前，我虽然也读过不少马克思主义书籍，但基本上是理论著作，多少是为了增加自己的知识，提高分析问题的能力。这当然需要，但显然不够。此时在进步同学的帮助下，能读到一些秘密流传的党的文件，虽然不多，却是直接读到了党对中国现实社会生活的种种分析和主张。那时复旦有一个特殊地方，是新闻系主任陈望道主持的新闻馆，许多进步同学在那里。因为他们对我已有了信任，就拿给我看党在香港继续出版的《群众》周刊。那是经过伪装的，有的封面上的刊名是《茶亭杂话》。至于毛泽东同志著作和重要文件，通常是油印流传的。许多同学的宿舍是过去日军占领时盖得很矮的两层小房子，那时叫淞庄，现在叫第六宿舍。拿到这种材料时，因为要细看，看不完时便放在宿舍楼上楼下两层间厕所的抽水箱顶上，看完了就继续传走。放在这个地方有好处：楼上住了6人，楼下住了4人，材料万一被训导员发现，谁都可以推说不知道是哪个人放在那里的，也很难有证据可查。

当时读到的毛泽东著作，给我印象最深的有两篇：

一篇是《中国革命和中国共产党》。这篇文章，在今天有的人看来，似乎已是"老生常谈"。但当时给我的感觉却是极大的震动。以前，对国民党和旧社会看到的还是一件又一件不顾国家民族命运、专制黑暗令人深恶痛绝的具体行为，对共产党基本上也只是感到它是正义的、正在创造一种新社会、使人充满希望的党，这些还只是《实践论》中所说"在他们脑子中生起了许多的印象，以及这些印象间的大概的外部的联系"，那是"认识的感性阶段"。听了一些进步学者激昂慷慨的讲话，看了一些令人激动和醒悟的文章，大体上知道的还是一件一件事，仍处在"认识的感性阶段"。读了《中国革命和中国共产党》就不同了：对中国的社会、各种社会力量、中国革命的性质和前途等等，一切都变得井井有条，一目了然，并且说到了根本。这种触电似的感觉，也许是今天一切都已了然的人不易想象和体会得到的。

另一篇是毛泽东在1947年12月所作《目前形势和我们的任务》的报告。这篇报告对新民主主义革命的经济纲领、政治纲领、军事原则等都作了系统而明确的阐述。这些都极重要。而给我印象最强烈的是对形势的分析。那时候，在国民党统治区，进步报刊大体都已被封禁，国民党的《中央日报》在一般老百姓中几乎无人读、无人信。我们每天勉强看的只有《大公报》。给人们的印象是，国民党军队正在不断向解放区围攻，解放军的处境几乎还很困难，使人多少有些担心。但这个报告一开始就响亮地宣布："中国人民的革命战争，现在已经达到了一个转折点。""这是一个历史的转折点，这是蒋介石的二十年反革命统治由发展到消灭的转折点。这是一百多年以来帝国主义在中国的统治由发展到消灭的转折点。""这个事变一经发生，它就将必然地走向全国的胜利。"尽管我们对局势发展的具体情况了解还不多，但报告最后的"曙光就在前面，我们应当努力"这12个字给了我极大的鼓舞。记得当时我常用这12个字勉励周围可信任的同学，以至直到今天这12个字在我头脑里仍留下无法忘却的记忆。

这些是我在思想上的重大变化。

在组织结构上，当时地下党采取了一个重要措施：在各系成立秘密的"核心小组"。拿史地系来说，共7个人：四年级的张靖琳，三年级的吕明伦、傅道慧，二年级的陶承先、关郁南，一年级的卓家玮和我。其中，张靖琳、吕明伦、卓家玮3人是地下党员，也是史地系的全部党员，还分属不同系统；而其他4人，到这年冬天先后入党。

"核心小组"的工作大体上有以下几项：一、传达上级指示（当然不能说是党的指示，只能说是"上海学联"的指示）；二、分析系内情况，特别是各种类型群众的思想情况；三、布置下一步工作和工作中要注意的问题。

这种"核心小组"实际上成为扩大的党小组，而比原来靠很少几个党员分别做工作要有力得多。现在不少人一讲地下党，很容易想成是做秘密的情报工作。其实，做情报工作的是少数人，绝大多数党员做的主要是群众工作，首先是做各种类型群众的思想工作，在此基础上组织各种群众性活动（当然，到上海解放前夕，对本地区的重要情况进行调查，为接管做准备，那是要很多人做的）。对参加"核心小组"的非党员积极分子来说，也是从个人自发行动到有严密组织地工作，是很实际的训练，也是很有效的考察和培养干部的方法。这些"核心小组"中的非党积极分子到解放前几乎都被接受入党了。

把这两条综合起来看：思想提高和组织训练确实为自己从党外积极分子成长为一个共产党员做了准备。

寒假后新学期的开学，不久就接近这年4月了。学校中的政治气氛和力量对比同我入学时相较已发生巨大变化。进步学生在"迎接红五月"的口号下，组织了一系列规模不很大的活动，包括：组织同学到杭州集体春游，联络彼此间的感情，并到于子三墓前致祭；为争取增加公费生名额，部分同学绝食、在校内游行，并到校长办公室外静坐请愿，最后以部分贫困同学改为师范生而享受免费待遇结束；因国民党当局派人到国权路茶馆搜查正在那里聚谈的新闻系同学杨贵昌（解放后在山东大学教哲学）而宣布罢课一天；在5月4日，到交大参加上海学生举办的"五四"晚会等。最后集中起来形成"反对美国扶植日本"的大规模运动，这在下面还要讲到。

国民党当局在复旦已难控制局面。有时在校门里侧贴出一些由三青团、青年军联谊会、苏北同乡会、新血轮社等署名的反对进步学生运动的大字报。记得有一次还刷出"警告复旦的土共们"的大标语。所谓"土共"，是指复旦地下党而言。那时国民党报纸上常把分散在地方上的中共游击队称为"土共"，但他们根本不知道复旦的地下党在哪里。

## 五、我入党的特殊经历

要说我入党的经过，先得简单地讲一下当时复旦大学地下党组织的情况。

复旦大学创建于 1905 年，一直有着爱国主义和民主思想的传统。长期主持学校工作的是爱国老人李登辉。他原是华侨，从美国耶鲁大学毕业。复旦建校后四个多月就由他担任总教习，1913 年任校长，一直以全部精力从事复旦的教育和建设事业。他行事作风和治校开明。往往其他大学中因政治原因而被开除的学生，他都吸纳进复旦来（包括后来的校长章益在内），受到师生们的普遍尊敬。"五四运动"开始后十多天，5 月 15 日，上海学生联合会成立，担任会长的便是复旦学生何葆仁。复旦大学的党组织成立于 1925 年。据 1926 年 7 月的统计，共有党员 19 人。蒋介石发动"四一二"反共政变后，这年 7 月复旦仍有党员 7 人。以后，在极端艰难的环境下，党所领导的爱国学生运动一直前赴后继地进行着。

1937 年，全民族抗战爆发后，复旦因地处上海北部江湾，被日军占领。学校和党组织都分成两部分：重庆和上海。

一部分内迁大后方的师生员工几经辗转，经江西和贵州，抵达重庆北碚的夏坝，后改为国立大学。皖南事变后，在国民党当局严重白色恐怖下，党组织处境极为困难。在如此险恶的环境下，根据中共中央关于在国民党统治区"隐蔽精干、长期埋伏、积蓄力量、以待时机"的方针，断然采取了多种巩固党、隐蔽党的措施，如缩小党的机构、建立互不知道的平行组织、暂停发展党员等。

为了满足一些先进青年对组织起来的强烈要求，1943 年秋，在中共南方局青委领导下建立一个名为"据点"的组织。它的成员不全是原来的共产党员，但实际上起着党的基层组织作用。它既非党的组织，也非定型的群众组织；既没有名称，没有固定的组织形式，又没有一定的章程、纲领和定期的会议制度。但是它遵守秘密工作原则，"据点"之间不发生横的来往。但它的成员却知道自己的工作是有领导、有组织联系的活动，使国民党特务看不见，抓不着。"据点"这个名称是周恩来同志定的。这是在极端严酷的白色恐怖条件下起着巧妙地掩护党组织，而又隐蔽地聚集革命力量和推进革命斗争所采用的极为特殊而有效的办法。

另一部分滞留上海的师生员工（包括李登辉老校长在内），迁入上海租界内，也几经搬迁，后到公共租界的赫德路（后改名常德路）上课。当时有学生410人、教员44人，有党员12人和党支部，由中共上海地下党学委领导。抗战期间，先后有共产党员49名。1944年7月，由中共中央华中局城工部任命张李为上海市学委书记、吴学谦等为委员，学委大学区委书记是复旦大学社会系学生费瑛。

抗日战争胜利后，重庆部分师生员工在1946年8月才陆续抵达上海。由于情况复杂，转移组织关系的工作不能立刻完成，两部分的党组织没有立刻合并，到1947年的"反饥饿、反内战、反迫害运动"时依然如此。但双方已相互了解，形成默契，在抗议美军暴行和"反饥饿、反内战、反迫害运动"中不分彼此、高度协同、密切配合地开展工作，形成实际上的统一体。这样，建立统一的复旦党组织已具备条件。

上海部分的党组织在日本投降时有党员11名，1946年发展到39名，1947年夏季加上新入校的党员已有52名。他们中，土木工程系的党员最多。

1947年5月，中共南方局青年组决定在重庆迁往上海的党员中建立党支部，由史地系四年级学生金本富任支部书记，共有党员14人。他们中，新闻系的党员最多。

1947年9月，中共中央南方局所辖上海市委学委决定将上海和重庆两部分的党组织合并，建立中共复旦大学总支委员会。市学委副书记吴学谦代表学委宣布：由市学委所属国立大学区委书记（复旦大学社会系学生）费瑛为总支书记（解放后曾任青年团上海市委组织部长，"文革"前任上海戏剧学院党委书记），金本富（不久因毕业离校，"文革"后曾任武汉市教育局长）为总支副书记，张渝民（原上海系统）、李汉煌（原重庆系统，为解放后首任青年团上海市委秘书长，不久病故）为总支委员。

这正是我刚在复旦大学入学的时候。

我参加中国共产党有两次，但不是因为脱党或失去关系后重新入党，而是党的两个不同系统的组织几乎同时来发展我入党。

这两次入党都在1948年春夏之交，相隔大约一个月。第一次是四五月间，来发展我的是复旦史地系一年级的同班女同学卓家玮，她是属于南京市委上海联络站系统的。第二次是五六月间，来发展我的是我在复旦中学读书时关系最密切的同学、当时在复旦大学土木工程系一年级学习的邱慎初，他是属于上海市委系统的。

卓家玮那时刚从南京的中央大学实验中学毕业，在南京入党，1947年秋考入复旦大学史地系，和我是同班同学，她的党的关系还在南京市委上海联络站。因为一起参加学校中接连不断的学生运动，她对我的政治观点和表现都很清楚。

她来发展我入党的方式很巧妙：因为在我还没有成为共产党员前，她不能先在一个非党员面前暴露自己的党员身份，所以在早一些时间就先跟我说："我们是不是一起尽力去找共产党？如果你找到了,你就告诉我;如果我找到了,我就告诉你。"这样,她是以一个非党员的口气对我说的,并没有暴露她的党员身份。我当然表示十分赞成。

过了一些时间,她忽然对我说:"有人要我们两人入党,你看我们要不要参加?"这个办法确实很好:如果我表现得有些犹豫,她可以立刻说:我们还是不要去参加吧。这样,她还是没有暴露自己的身份;如果我的反应十分积极,那就可以进一步谈了。我当然没有一丝犹豫,立刻表示赞同。她就说他们要我们各写一份自传,把自己过去的经历、社会关系、思想变化的过程、对共产党的认识、为什么要入党等写清楚。当我写自传的时候,她装作也在写自传。

我这份自传写得十分详细,对自己经历中遇到过的种种事情都写得很详细而清楚。

自传交去后,她告诉我,组织已经批准了。星期日,会有人到你家来,说是她介绍的,那就是来接关系的。到了那天,果然有一个戴眼镜的男同志来我家。他大约比我大六七岁,在那时看起来比我年长得多,说是姓何,是卓家玮要他找我的。我从来没有见过他,看来不是复旦的同学。我也不好问他的名字和情况。他先问问我的情况,然后说,以后他会定期到我家来的,现阶段主要是帮助我学习。

我当时兴奋的是可以入党了,至于这一天究竟是几月几日,我当时没有查。而在当时严酷的白色恐怖下,地下党对这类事绝不会有任何文字记录留存下来,那是纪律所不容许的,只能在解放后凭当事人的记忆来说,有时还需要有当事人证明。我在几十年后对贺崇寅(即"老何")说过大概是1948年5月。以后,当时地下党联系卓家玮的程极明(新闻系一年级同学,解放前夕担任复旦大学学生自治会主席，解放后曾任国际学联书记处书记、世界经济研究会副会长）说是4月。总之，说1948年四五月间一个星期天，那是不会错的。

说来也巧。就在同"老何"接上关系后没有多久，邱慎初来找我。他是1948年3月由何志禹介绍入党的，入党还不久，对党的规矩还不太懂，我们的关系又太密切，所以没有绕什么圈子，就直截了当地对我说：党组织已经决定发展你入党了，你赶快写自传。我对党的规矩也没有怎么懂，同他又太熟，相互间完全信任，就告诉他我已经入党了。他大吃一惊，问我是谁介绍的，我说是卓家玮。隔几天，邱慎初很紧张地告诉我：组织上说，党内没有这个人。再多的情况，他也说不出来。我一下就慌了，急忙问他：那怎么办呢？他说不要紧，你再写一份自传给我。这样，我就写了第二份自传。

6月5日，邱慎初告诉我：组织上已经批准你入党了，会有人来同你接关系，暗号是送你一本书。翻开来，书上第一页盖有邱慎初的图章，那就是。

为什么这天的月日我都记得？并不是当时就记住了，只是因为我清楚地记得他是在"反美扶日"大游行那天早晨告诉我的。那次大游行的日期上海各报上都刊载了，所以一查就查到了。

过几天，有人按照暗号到宿舍里找到我。这次来的人我认识，是新闻系二年级的同学江浓，台湾人（他以后说过自己是台湾的第一批中国共产党党员，到复旦来读书，是为了便于熟悉大陆的情况。他比我高一班，也就是1946年9月在复旦入学。报考当在七八月间。中共台湾省工作委员会成立于1946年4月，江浓在这时到大陆报考复旦大学，大概就是这个缘故），我同江浓在这以前几天刚见过。谈的中间，我问他原来我加入的那个组织是怎么回事。他说："大约是托派（那时候，对自称是共产党员而查下来党组织内又没有这个人，往往就认为是托派），不过不要紧，组织上对你是了解的。"我很着急，问他这事以后该怎么处理？他说："你继续保持同他们的关系，注意进一步观察。"

这些情况，"老何"根本不知道。他仍过一段时间就约好到我家里来，主要是给我分析当时的政治形势，帮助我学习党的方针政策，并没有安排我在复旦的行动任务。这种关系保持了三个月，我"观察"来"观察"去，始终没发现有什么不正常的地方。有一次，我憋不住了，在学习中直截了当地问他：托派是怎么回事？他分析了一番。我觉得他讲得也很正确。这下，我就更糊涂了。

8月下旬，国民党"特种刑事法庭"在各地对进步学生实行大逮捕，我受到传讯和通缉，根据党组织要求藏匿起来。江浓找我谈话时，我问他：对那个组织怎么办？他说："甩了吧。"我就没有同"老何"联系。

上海一解放，我回到学校。遇到正担任上海学联组织部长的程极明，我们是极熟的朋友。他是1946年在南京入党的，组织关系到1949年初才从南京市委系统转到上海市委系统。他问我：那次大逮捕后你到哪里去了？组织上本来准备送你到解放区去，可是找不到你了。我就把前面所说的那些情况详细地同他讲了一遍。他告诉我那个组织是南京市委上海联络站，同上海市委的党组织不发生横的联系。"老何"的名字叫贺崇寅，是联络站负责人，直接受地下党南京市委书记陈修良领导，现在是上海总工会秘书处处长，并且陪我去看望了一次贺崇寅。不久，他又告诉我：卓家玮在建国后不久就因病去世了。

类似的情况，当时我还听说过不少。组织上曾告诉我：化学系有个同学郑某（名字忘了，只记得是个单名）是"托派"。但解放初我曾在上海市委见过他。更离奇的是：江浓告诉我，和他同在新闻系二年级的两个同学杨本驹和吴友被一个自称是共产党员的政治系同学吴怀书送到解放区去了，但吴怀书并不是党员。他讲了后很伤感地说："他们两个现在可能都关在国民党的集中营里了。"实际上，杨本驹顺利地到解放区后长期在新华社工作，改名为袁木（后曾任国务院研究室主任，已去世。"袁木"这个名字在1989年为人们所熟知）。以后，我同他一起参加起草文件时，曾问他："你到解放区去，是不是吴怀书介绍的？"他说："是的。"可见原来对吴怀书的怀疑也是完全错误的，可见地下党当时所处环境多么复杂。

把话再说回来：为什么南京市委要在上海设立这样一个联络站？

20世纪90年代，贺崇寅到北京来，给我打电话要我去看他，说他住的地方是中央办公厅副主任由喜贵安排的，他这次来北京是来看望江泽民同志的。去后，我就问他上面提到的那个问题。他说：那是地下党南京市委书记陈修良同志在1947年4月布置给他的任务。解放后，他写过一份材料讲到陈修良布置这项工作时所讲的话，并说记下的这段讲话记录经陈修良看过。

陈修良同志当时说："南京有不少党员因各种关系不得不撤退到上海，其中有的是为了政治避难，有的是已经考取了大学或就业，等等。这些党员本来都可以转给上海党组织的，但由于政治环境十分险恶，由南京转来的党员中有的面目已经暴露，留在南京很危险，转到上海，也恐牵连上海党组织。因此经中共中央上海分局决定，暂时不把这些南京党员的组织关系转到上海，单独建立一个联络站,仍由南京市委领导。这个联络站的任务是保存实力,而不是开展群众工作,这一点你要特别注意。组织生活的内容主要是学习形势和理论。"后来她又补充说明:这些党员"只能以一个积极分子的面目出现参加一些群众性的活动,不可暴露身份,随便发生横的关系"。

这样,我才明白这件事的来龙去脉,也才了解为什么"老何"每次来都只是帮助我学习形势和理论,从来不谈具体工作。有一次,我向江泽民同志谈起贺崇寅,说我本来只知道他叫"老何"。江泽民同志说:我那时只知道他叫老徐。

复旦的地下党组织系统还有不少,都没有发生横的关系。单以我所知道的再举几个例子:

苏南军区在复旦也有个组织。农学院的女同学夏佩荣(解放后在农业部工作)后来告诉我:她就是这个系统的地下党员,曾要发展上海市委系统在复旦农学院同学中的党员袁识先"入党"。上海的党组织也要袁识先参加进去"观察",参加后就由夏佩荣联系。上海解放前夜,苏南军区地下党这部分组织同上海市委系统的组织合并,袁识先入党比夏佩荣早,年龄也大,就由他联系夏佩荣。夏佩荣解放后告诉我:"本来是我领导袁识先的,一下就变成袁识先领导我了。"

苏南还有个茅山工委也到复旦发展组织。1948年10月决定成立上海总支,由我也认识的新闻系同学罗我白任总支书记。在复旦大学也建立支部,由曾朝棣任复旦支部书记,在复旦发展党员。我还熟悉的新闻系同学陈方树、练福和就是由他们发展入党的。上海解放后,这部分党员大体上都到苏南地区去工作了。

史地系二年级同学陈金灿后来告诉我:他是福建根据地的组织

发展入党的。解放后去福建工作。改革开放后，曾担任中共福建省委办公厅主任（也可能是副主任，已记不清了）。

据说，上海局外县工委、浙东临委、苏中和淮南根据地党组织也曾在复旦发展党员，互不打通关系。对他们的情况，我完全不清楚了。情况如此复杂，彼此间绝不打通横关系，有时甚至会发生误会，如程极明组织召开一些会时，上海市委系统的党组织还特地派人参加进去观察他们所谈的内容，准备应付。

为什么要采取这样特殊而又复杂的做法？因为国民党当局特务机关实行白色恐怖的手段既凶狠又狡猾，以往有过多少血的教训：一处党组织被破坏，往往牵连一片，牺牲多少优秀的同志。

"皖南事变"后，国民党特务的这种破坏各地党组织活动的手段更加周密和毒辣，环境更加险恶。中共中央在1941年5月接连发出《关于大后方党组织工作的指示》和《关于隐蔽和撤退国民党统治区党的力量的指示》。以周恩来同志为首的中共中央南方局连续开会，要求各级党从组织形式到工作方法实行完全的转变：各地方党组织同公开机关脱离联系，缩小各级领导机构，建立平行支部，实行单线联系，各组织之间不发生横关系，严格秘密工作制度，等等。这年7月，中共江西省委遭国民党特务机关破坏，省委书记被捕。8月23日，周恩来致电由南方局领导的南方工作委员会（简称南委）书记方方：坚决建立自下而上的平行组织；党员转地方不接关系，仍由原地原人联系。

中共党组织在国民党区域遭受的一次最大破坏是发生在1942年的"南委事件"。这年5月，南委派遣到江西检查工作的组织部长郭潜不遵守严格规定而被捕叛变，带领特务逮捕正在南委驻地曲江的廖承志和南委副书记张文彬、粤北省委书记李大林、广西省工委副书记苏蔓等。南方局立刻决定：南委在国民党统治区的党组织一律暂时停止活动，防止事件继续扩大。不久又决定取消南委领导，原有工作在南方局直接领导下重新得到发展，并采取了更严格的防护措施。

由于周恩来同志先后主持的中共中央南方局和南京局规定并坚持灵活多样的活动方式和极端严格的纪律，整个解放战争期间，上海的学生运动蓬勃开展而党组织从来没有遭受过一次破坏，这样巨大的成功来自以鲜血为代价换来的沉痛教训。

再讲讲我第一次党的组织生活和入党不久后的"反美扶日运动"。我经历的南京市委联络站活动，只是贺崇寅对我的单线联系，没有第三人在场。而上海市委系统发展我入党后，江浓就通知我到复旦以北不远的叶家花园（正式名称是澄衷疗养院）开党小组会。到的一共4个人。那里人很少，坐在草地上就像聊天那样，并不引人注意。4个人中，除江浓和我外，都是史地系极熟的人：吕明伦、陶承先。陶承先（后改名陶牧，解放后长期在广东办报）是史地学会会长，平时我们常在一起活动，这次和我同时入党，可以说是意料之中。吕明伦却使我大吃一惊。因为他就和我住在学生宿舍同一个房间内，室内一共4个人，朝夕相处。他年岁比我们大，在我眼中已显苍老。对他的政治态度，我当然了解，但他平时讲话很少，从没听说他长篇大论地发过议论，不料他早是共产党员了。

我参加的这第一次党的会议上主要是江浓讲话，除讲形势和党内纪律外，主要是谈正在展开的"反美扶日运动"。

"反美扶日"是一个简称，比较完整地说就是反对美国扶植日本军国主义势力复活。那时离抗日战争胜利才两年多，创痛犹存，这个问题一提出，人们旧仇新恨一齐涌上心头，有极广泛的群众基础。运动一步一步展开，有条不紊，计划周密，得到广泛社会阶层的支持。国民党当局一时也不便立刻公开阻挡。

史地系在这次运动中走在全校的前列。3月31日，史地学会举办晚会，请日本问题专家李纯青来作题为"复兴中的日本"的讲演，列举事实，揭发美国正在扶植日本军国主义复活。接着又请孟宪章教授来作"日本问题"的讲演。

合作系同学出了十多版的大型剪报，分门别类地用报刊资料揭发美国扶植日本军国主义的具体事实，还有漫画，很有刺激力，在学校里引起很大轰动。

4月1日，"缪司社"等三团体在登辉堂演出《黄河大合唱》。由新闻系同学司徒汉指挥。他的指挥充满激情，整个大合唱产生巨大的感染力。在学校里演出后，又开着卡车先后到交通大学和圣约翰大学演出，也引起强烈反响。这两次外出演出，我都随着去了。

那时也有一些流言说：你们是学生，首先应该好好读书，不要去搞那么多活动。周谷城教授讲了一句话，我至今难忘。他说："你们第一是中国人，第二才是学生。"这话很能打动同学们的心。

5月4日，全市一万五千名学生在交大民主广场举行篝火晚会，也请孟宪章教授作"反美扶日"的主题报告，会上宣布成立"上海市学生反对美国扶植日本、抢救民族危机联合会"。我也去参加了。5月30日起，复旦的"反美扶日运动"走向高潮。这是个星期日。400多名复旦同学组成30多个小队，到南市和上海美专、立信会计学校等进行宣传和演出，收到良好效果。

当晚，在校内举行五卅晚会，主题自然是"反美扶日"。本来安排在子彬院101大教室开。去的人太多，坐不下，临时涌到登辉堂举行（平时不经校方批准，学生是绝不能到那里开会的）。这次参加会议的教授很多，有张志让、陈望道、周谷城、潘震亚、章靳以、方令孺、张孟闻等。张志让教授第一个发言，还有好几个教授讲了话。这在以前不曾有过。

第二天开始，校内举行"反美扶日周"，围绕这个主题，每天有一个主题，如："回忆日""通讯日""歌咏日""展览日"。这大概是模仿抗战初武汉时期政治部第三厅的做法，显得很有声势和吸引力。

6月5日，全市学生准备在外滩举行大规模的游行示威。复旦同学准备集合赶往外滩参加示威。集合人数有一千八百多人，先在校内绕大草坪周围游行，唱着歌，喊着口号，队伍的首尾刚好衔接。这样的规模过去在复旦从来没有过。大家都很兴奋。

对这次活动，国民党当局下狠心做了充分准备来阻挠。队伍正要出发，校门已经关闭并且上了锁。同学们转向校门东侧的篮球场边门出去，门外密聚的军警已支起"汤姆"式冲锋枪，还有装甲车堵住大路。队伍只得掉头从校园北面的后门出去，绕道田野小路前进，走到近大八寺时，国民党军警的马队已先赶到，堵住了前进的道路。嚷道："今天不能进市区。"谈判也没有结果。双方相持很久。同学们越来越愤怒，一部分同学已积压了很长时间的愤怒，大声叫道："冲过去！"游行主席团（实际上的地下党主持的）比较冷静，看清冲过去必将造成流血惨剧，并且得到消息，交通大学的队伍在1000多人的武装军警严密包围下已改为校内示威游行，市区内各要道密布军警，大多数学校的队伍也没有能到达外滩集合，便断然决定将队伍全部带回学校。我一直在队伍里，有过以往的经验教训，明白这个决断是完全正确的。

但队伍也不能回到学校就解散了，那样对士气是不利的。所以回到校内后，大部分同学在新闻馆前小广场上集合，由游行主席团讲话，还由新闻系一年级同学演出活报剧，一个高个子（梁增寿）演美国人，一个矮而戴眼镜的（武振平）演日本军官，表演他们之间的相互勾结。活动结束后，队伍才解散。同学们在这次行动中受到深刻教育，又避免了重大损失。周谷城教授也对同学们说："反对美国扶植日本军国主义是长期的斗争，不能认为游行没有成功，就说运动失败。"

这时已近暑假。校方匆匆忙忙地结束本学期的上课，提前宣布放假。相当多同学回家，留校的人大大减少。我家在上海，也回去了。

## 六、受"特刑庭"通缉和迎来上海解放

国民党当局看到学生运动蓬勃高涨的势头，自然绝不甘心。8月间，成立了"特种刑事法庭"（简称"特刑庭"），准备在各大城市对进步学生进行大规模迫害。

8月27日，"特刑庭"在上海携带特务提供的名单对28所大中学校进行搜捕。到复旦搜捕的名单中列有30多人，大体上都是出头露面多的人，里面有杨本驹（即袁木，时任系科联合会会长，那时还没有入党）、陶承先（史地学会会长）、司徒汉（乐团指挥），也有我。这份名单是油印的，各人名下都注明系别，所住学生宿舍房间和家庭地址，现在还保存在中国第二历史档案馆所藏国民党政府档案中。但复旦地下党的总支委员一个也没有在内，可见特务们对中国共产党在学校里的实际情况实在没有多少了解，也说明党组织从事秘密工作的经验越来越丰富了。

假期中回了家的同学,"特刑庭"也按照名单上所列家庭地址搜捕。我在复旦中学的另一个好朋友叶锦镛,那时是暨南大学法律系一年级学生(解放后转到复旦大学化学系就读,后来成为高分子化学方面的教授)。暨南大学在上海四所国立大学中是反动势力最猖狂的一所。特务学生但家瑞在抗战后期原是重庆复旦大学"学生",因为殴打洪深教授引起教授罢教,使校方不得不将他开除,接着便转到暨南大学,常常带着手枪行动,反动气焰极为嚣张。叶锦镛很有正义感(他解放前并不是党员)。同济大学发动"救饥救寒运动"时他也贴了一张大字报,呼吁暨南大学应该响应。没隔几天,他到复旦来看我和邱慎初,告诉我们他的遭遇:一天,但家瑞突然把他叫进一个房间,里面有十几个人拿着铁棍等着。但家瑞拿出手枪叫他跪下,说:"你不打听打听我姓但的是什么人?暨南大学有你的天下?我现在一记耳光上来,要你落四颗牙齿,你就不准落两个。我两个手指就可以夹死你。知道吗?以后青云路(即暨南大学一年级学生宿舍区所在)有什么事就找你负责!"这段对话是记在我当天日记里的,但这笔账还没有完。大逮捕时,他也在名单上,那些人到他家里去找。他姐姐不知道他们是什么人,就说叶锦镛去报摊买报纸,很快就会回来。那些人等着。叶锦镛一回来,就被捕了。自然谈不上有什么"罪证",直到1949年1月28日才释放,整整被关了5个月。

我为什么在家没有被捕?因为那天我没有住在学校里,而这一年又刚好搬家,学校里原来登记的家庭地址没有改过来,所以他们没有找到。

在党组织还没有来得及同我联系前,先有个同学匆匆地来我家通知我:这次搜捕名单中有你(因为来校搜捕是公开的)。我立刻到一个亲友家躲起来，再同江浓联系。"文化大革命"中对我进行政治审查时，有一个问题是：在党组织同你联系前是什么人先告诉你的？大概觉得这里有可疑之处。我凭印象说是数理系的同学王其健。隔不久，他们说：查过了，王其健当时去香港了，你说的不对。我再一想确实说的不对，因为后来听说过暑假中他和陶承先等都到香港去参加党所办的学生运动经验总结的学习班了。王其健是因我在"同济一·二九事件"中被学校记大过，这时正在寒假中，他特地骑了自行车来我家告诉我，我把这两件事记混淆了。那么是谁先通知我的？我的记忆力一般不算差。但对这个人究竟是谁无论如何也想不起来。那天彼此匆匆忙忙，简单地说了几句话他就走了。我急着想的是如何应对"特刑庭"的搜捕，没有料到二十年后审查时还要说清楚这个问题。好在他们对这个问题没有揪住不放，也就过去了。改革开放后，有一位史地系比我高一年级、解放后随南下服务团到福建工作的叶万新来看我，我们平时不算相互很熟，他随便地讲起曾到过我家，我仍记不起来。他说：不是来通知你"特刑庭"要抓你吗？我立刻叫起来："踏破铁鞋无觅处，得来全不费工夫。原来是你！"我又问：你怎么会来通知我？他说"特刑庭"到学校来搜捕是公开的，是关郁南（和他同年级同学，不久就入党了）要他立刻来通知我的。这件事才算根本解决了。如果不是叶万新刚好在近四十年后偶然到北京相见和说起，我对这件四十年前的事就永远弄不清楚和说不明白了。这类事在过去的运动和审查中是很容易发生的。

得知国民党"特刑庭"正在搜捕而躲起来后，立刻遇到一个问题：同党组织怎样联系？我不能到复旦去找江浓，他也不便到我所住的亲友处找我，还不能让家里发现我同党的关系。想来想去，想到了表兄潘德谦。他的祖母和我的祖母是亲姐妹。我们从小就是亲戚中关系最密切的。他比我大两岁，政治倾向很好，和我一起读过不少马克思主义的书，还相互交换书看。他在所在的大公报上海办事处主动做了许多宣传党的主张的工作，还自己办了一个铅印刊物。我对他十分了解，就托他带了一封封好口的信给江浓，但没有告诉他信的内容，也没有告诉他我和江浓之间的关系。江浓有事写了信也由他转交给我，并且常同他谈谈。时间长了，觉得他不错也可靠，就把他发展入党。可见，外单位有时会有人到复旦来发展党员，复旦也有把外单位的人发展入党并将党的关系留在复旦的。这种事在后来看来很奇怪，却是事实。后来，潘德谦也因此受过审查，由当过复旦地下党总支部书记的李汉煌同志（解放初曾任上海团市委秘书长）证明，才解决了。

那时，国民党"特刑庭"对没有捉到的人宣布通缉，罪名是"扰乱治安，危害民国"。这样，我更得谨慎，不能自由行动了。

当我避居起来时，中共中央上海局和市委正有个重要决定：根据当时国统区的险恶环境和根据地的实际需要，要把大批较暴露的党员和积极分子转移到解放区去。计划撤退的有2000人。但当时要组织这样规模的撤退十分不易。到10月底、11月初才陆续撤退了约1000人，其中大学生占三分之二。这样大撤退的繁重行动先后由吴康（时任市学委委员，解放后曾任中共上海市委统战部副部长）和乔石先后负责。江浓约我从避居处出来，告诉我：现在需要撤退的人数量很大，你是上海土生土长的，可隐蔽的社会关系多，得要晚些离开，安排在后面走。这一等，就等到这年11月。

在这三个月中，我一直处在等待组织随时通知的焦急状态中，不能随便走出来，不能随便见人，更谈不上参加什么活动。能做的事只有读书。印象最深的是反复地读《整风文献》，也就是延安整风时必须学习的27篇文件，那是老的版本。这次学习可以说收获极大。对怎么做一个共产党员和党内生活的原则有了一个比较系统而清晰的基本认识，这正是原来所缺乏的。此外，还看了一些理论书籍和文学作品。过去我不大看现代小说，这时认真读了苏联小说《钢铁是怎样炼成的》《青年近卫军》，茅盾的《子夜》，巴金的《家》，等等，也有不少收获。那时，学校里的同学们正全力从事迎接解放和护校的繁重工作，我倒是能有时间较系统地读书。在已经入党和做过一段实际工作后，再读这些书的感受和以前就有很大不同，而且后来等待的时间又延长了，这对上海解放后我重新回校投入新的工作，却成为十分有益的准备。

11月上旬，淮海战役开始，华东地区的局面发生根本变化。不久，江浓又约我到外面谈了一次，告诉我不准备撤退到解放区去了，有两个原因：一是淮海战役爆发后，过长江的秘密交通已不那么方便；二是凡是上海的干部去解放区后，将来大体上仍得随军回上海，这是接管上海工作的需要，所以现在不必去了。

本来以为不需要太久就可以因上海解放而回校。不料因为中央对南北战役的全盘考虑、同李宗仁当局进行"和谈"、渡江后又在丹阳做解放上海后的充分准备等原因，这一等就又是五个月。

这段时间内，我一直保持着同江浓的联系。平时还是不从避居处走出去，继续看书度日。有一件可笑的事情：我借住的地方来过一个主人的朋友，他是从广东来的，完全不知道我的身份，讲了许多广东农村的情况。我觉得很真实，很有内容，就整理出来，寄给当时比较进步的杂志《展望》。他们在12月18日发表，题目是《苦难重重的广东农村》。说它可笑，因为它居然加了"广东通讯"四个字，可能因为我寄去时没有署名，也没有写地址。这却成为我第一篇用白话文写而又正式发表的短文。

文章的署名当然不能用真实姓名，当时用了"仲洁"两个读音相近的字。而发表却用了"业同"。我最初不明白，再想想也明白了。我的投稿既没有姓名又没有通信地址，而用的笔名可能已经有人用过，"业同"就是已经相同的意思。说这些，不过是作为笑话来讲讲。

在这过程中间，曾两次到故乡青浦，住在表舅曹安中家。他的长子和儿媳在抗战期间就参加了新四军。小儿子曹天锡在复旦统计专修科学习，表现很好（以后知道，他在1948年冬天也入党了，解放后在南京大学某个系当党总支书记）。三女儿也很进步，很活跃。所以住在他那里一段时间比较可靠。常来的进步青年，有夏炽阳、芮达权、金曲祥、曹锦云等，都很热情（夏炽阳解放不久就入党，并且参加了海军。不少人也参加了革命干部学校）。曾在他们那里看到毛泽东同志《在延安文艺座谈会上的讲话》，伪装的封面上印着叶圣陶著《文章讲话》，那是对付国民党当局愚蠢的检查人员的。我没有暴露自己是共产党员和正被通缉，但经过长期孤独的等待和唯一的读书生活，在外县的安全环境下，同他们无拘无束地一起活动，就像在复旦进步群众团体"新生社"中那样，心情十分愉快。这也反映出那时即便在青浦这样不大的县城，进步青年思想也已发生了多大的变化，国民党政府对它的后方也已失去控制力。

1949年4月下旬，人民解放军百万雄师过大江，国民党统治区的白色恐怖更加疯狂。江浓通知我：上海市委决定，以上海发电厂工人党员王孝和英勇牺牲的光辉事实为范例，在地下党员中普遍进行气节教育。我清楚地记得，当时从王孝和同志赴刑场时的照片上，看到他那沉着镇定、高呼口号的形象，为之肃然起敬。如今相隔七十多年，他那形象依然矗立在我眼前。

最后一段时间，因为校方并不知道我的家庭地址，我又是个小人物，时间久了已不受注意，长期住亲友家也有不便之处，经组织同意，又回家住了不长时间。形势的发展，使我越来越感到鼓舞。但时间一天天过去，心情十分焦虑。有时听到国民党的"飞行堡垒"警车在不远处街道上"呜呜"地驶过，还多少自然地引起一丝紧张情绪。我妹妹金再及正在复旦中学高二读书，就常同她谈政治形势，还比较系统地给她讲政治经济学的常识，大约1949年三四月间，她也被复旦中学地下党组织发展入党了，那时才将近16岁。1950年，她考入清华大学经济系，也到团委工作，还曾携带手枪到广西参加过土改。

5月初，人民解放军已进攻上海，炮声在市区内已能听到。江浓通知我：按指定时间到江苏路、愚园路口的公共汽车站等候，有我认识的人同我接关系。我准时去，只等了一小会儿，来的是我在复旦史地系同年级的同学朱光基。他告诉我：我的党员关系已转到新闻系高年级同学陈先明那里，党小组由我和朱光基、魏绍杰三人组成（朱光基解放后任华东师范大学校长办公室主任；魏绍杰"文革"前任北京市体委办公室主任，"文革"后在北京当过先农坛和什刹海体育学校校长，郎平、李连杰等都是从其中一所学校毕业的。朱光基、魏绍杰两人都是我在复旦史地系的同班同学，都在1948年底或1949年初入党），要我立刻到魏绍杰住处集中。我没有同家里打招呼，直接住到指定地点去。家中便不知我的下落了。

当时，复旦大学已被国民党当局强令解散，校园由国民党军队占用，弄得脏乱不堪。没有地方住的外地同学安排在中一大楼集中居住。魏绍杰临时住在他一个姓郑的表哥处，在国民党军队的一个军被厂里。他表哥看来是个工人，衣服很旧很脏，住处原有一间竹棚，里面只有一间大的竹床，别的什么都没有。我们对他只说是同学，因为学校被解散，临时到他那里住些天，其他都不说。

朱光基住在一所大楼屋顶上单独一个小房间里。陈先明到那里同我们接上头（她是一位可敬的老大姐，上海解放后就随南下服务团到福建厦门工作了），她就在那里同我们开了一个会，说等候解放军进城后就到指定地点参加人民保安队和人民宣传队，协助解放军做接管工作。最重要的是为他们两人举行入党宣誓仪式。我说：入党的第一次组织生活会上，江浓没有为我和陶承先安排入党宣誓仪式，也许是叶家花园那个环境不便这样做。这次，我就和朱、魏两人一起在那个小房间里宣了誓。以后几天，只有复旦负责人民保安队和人民宣传队的农学院同学周久钊骑着自行车匆匆忙忙来过我们所住的地方（我同他十分熟悉。抗战期间他参加过远征军，进复旦读书后不久参加了地下党，改革开放后任沈阳农学院党委书记），跟我们谈了一下协助解放军接管的工作，别的就没有说什么。

在上海活动不能没有身份证。我原来的身份证上有姓名，不能再用了。魏绍杰通过关系找来一份空白身份证，改个姓名。朱光基手很巧，用橡皮刻了一个公章，盖在身份证的照片上，粗看可以乱真，需要时可以用来对付。但兵荒马乱，后来也没有使用过。

党组织原来通知我们：上海一解放，立刻到北四川路（现改名为四川北路）的上海戏剧专科学校集合。那里离我们所住的地方很近。5月25日，解放军解放了苏州河以南的上海市区，但苏州河以北的市区还没有解放。我和魏绍杰早上起来听到说上海已经解放，立刻兴冲冲地赶往上海剧专去。还没有到，远远望见剧专门口仍站着武装的国民党士兵，知道不对，立刻回身就走。如果贸然闯进去，也许就要成为"烈士"了。回身走的时候，周围枪声已响起来了。赶到住所，子弹已打到外面墙上。

5月27日，国民党余留部队起义，苏州河以北的市区也宣告解放。我和魏绍杰又去上海剧专，里面已有部分地下党的同志集合在那里，分配我们以人民保安队和人民宣传队的身份，协助解放军接管。其实也没有做多少事，主要是宣传党的城市政策，安定民心。没几天就撤回江湾的复旦原址去。

复旦在被国民党政府命令解散后，校园被国民党军队占驻，已是一片狼藉，肮脏不堪。同学们基本上还没有回校。地下党总支便先在寒冰馆（后称500号）召开了一次全体地下党员会师大会，并没有其他人知道。

这是复旦地下党员第一次集体相见，我大概认识其中一半以上的人。看到有这么多熟人是地下党同志，十分兴奋。复旦的地下党员在1948年底有100人左右，解放前夜对长期积累下来并经过严格考察的积极分子，经过一次大发展，已经增加到199人（包括在大公报的潘德谦在内）。听说交通大学的地下党有200人，两校地下党员人数占上海市区地下党员8665人的近二十分之一。

复旦的地下党员绝大多数是学生；教师中只有经济系的张薰华、余开祥两位助教；工友中有戴德元、萧训林等两三个人；教授中没有地下党员，那也是为了保护他们，并且更便于发挥他们的作用。

这次会议由复旦党总支书记袁冬林主持。他是农学院的学生。有个农学院参加会议的党员大吃一惊地说：他不是我们系里的落后群众吗？可见当时隐蔽工作做得相当好。党总支委员还有沈贵吾

（土木工程系）、江浓（新闻系）、王休娱（法律系）、陈长洲（合作系）、王其健（数理系）。不久袁冬林被调到区里工作，由沈贵吾接任书记，江浓为副书记。

接着，学校中的大事是大量同学和地下党员离校，参加革命工作。离校的方向有几个：一是调往市、区各级机关，也有先经过青年干部培训班学习后分配到各机关工作的；二是参加南下服务团，到福建去，这部分人很多；三是参加西南服务团，到四川去；四是因其他各种原因离开的。

这样，留下的地下党员只有40多人，党的总支委员也全部离校，只能改为一个支部，由政治系三年级的郑兰荪（后继张渝民担任上海学联主席，改革开放后任北京军区空军副政委、并被授予"文革"后第一批少将军衔）担任支部书记，支部委员有汪鋆（化学系）、黄千晖（法律系）、汪巽人（合作系）、张志泉（土木系）、施宗仁（农学院）。中间有过些变动，到1950年夏郑兰荪将调离学校前，书记还是他，副书记是黄千晖、委员有俞继泽（政治系）、郑继永（土木系）、施宗仁、周久钊（农学院）、钟在璞（经济系）、张薰华（经济系教师）和我。

复旦，特别是文、法科的学生调离得太多。我原来所在史地系那个年级，除一个女同学外，全走了。不久，上海教育部门将暨南、同济两校的文、法学院师生并入复旦，加强了这方面的力量。同济大学文学院院长原是郭绍虞教授。暨南大学文学院院长原是刘大杰教授。两校学生中的党员也调入了一些，如后来担任第一任新闻学院院长的徐震就是这时从暨南大学调入的。

1949年那样的大调动，我怎么会留下来呢？党组织本来通知我参加西南服务团，到四川去，我还动员了史地系几个同学一起向西南服务团报了名。意外地，接替沈贵吾任党总支书记的陈长洲突然通知我不要去西南了，而是留在学校里。他没有说理由，我一无所知。现在看来大概是已准备要我作为学生代表参加准备成立的复旦大学校务委员会，所以留下。

前几年，有年轻人找我访谈，有一个问题是问我怎样选择留在学校里。我说：你太不了解当时许多进步青年的思想状态：只要是革命的需要，是组织的决定，就毫不犹豫地照做。举一个例子：1951年初抗美援朝开始后不久，中央号召知识青年参加军事干部学校。复旦新闻系女同学吴志莲立刻报名并被批准了。她的父亲吴蕴初是十分著名的大企业家，抗战前发明了"天厨味精"来替代原来垄断中国市场的日本"味之素"，这时正担任华东军政委员会委员。但吴志莲毫不犹豫地报名，并被批准到空军干校去。当时不少报纸和画报上登载一幅照片：她穿着解放军军装站在穿着长袍坐着的父亲背后。这件事很有名，但没有人觉得奇怪。她以后一直工作得很好。前几年相遇，她还告诉我：到部队后，许多人好奇地来看看这位"大资本家的小姐"是怎么来过部队生活的。她说：其实她很快就适应了。还说，最初不习惯的只有两件事：一件是集体洗澡，一件是上厕所时蹲茅坑。这在今天的同龄人恐怕难以想象。我对下西南还是留校，确实根本谈不上有什么考虑和选择。只是有一点狼狈：你动员别人报名下西南，结果自己怎么不去了？复旦的党组织那时还没有公开，我又不能说这是党组织的决定。

我就是这样在复旦留下来的。以后两三年的事再简单地说几句。

1949年7月间，经陈毅、粟裕签署命令，我担任了复旦大学校务委员会委员，11月选为常务委员。校务委员会主任张志让教授已预定当新中国第一任最高法院副院长（院长是沈钧儒），只是第二年曾到复旦来看了一次，耽了几天就回北京去了，没有管过学校的事。校务委员会的工作始终是由担任副主任的陈望道教授主持的，秘书长是胡曲园教授，教务长是周谷城教授。

复旦的党组织是1950年1月10日才公开的。党员名单用大红榜贴出，引起轰动。有各种议论。有人说：某人我早就看出他一定是一个党员了。有的说：我觉得有几个人不行。有的说：我有什么毛病，告诉我，如何争取入党。有的说：某某人很够，怎么不是党员。有的说：你们以后要小心，大家看着，一举一动是代表党的。总之，反应很热烈是好的。那时，学校里还没有党委，只有一个党支部。

这年，我当选了复旦学生会主席。竞选时还搬用外国的办法：一位同学给我画了一幅大的画像，从登辉堂二楼挂到楼下；把我的考试成绩单贴在校门口；我还在食堂里站在桌子上发表过竞选演说。这种办法，不是我的主意，以后再也没有重复过，实在滑稽。

这一年，我还在全校学生代表会议上被选为第二届上海各界人民代表会议的青年界代表，直到1952年。在复旦同学中的第一届上海各界人民代表会议代表，是当时担任学生自治会主席的朱承中。

1951年3月，我接着汪銮当了复旦大学团委书记。还到北京参加过一期团中央学校工作部（部长是袁永熙）举办的高等学校团委书记学习班。记得清华的团委书记是滕藤，北大是胡启立，燕京是阮铭，以后各人的情况有很大不同。

1951年，文、法科师生到安徽五河县参加土地改革，大队长是历史系主任周予同教授，谭其骧教授等也去，我因为担任校团委书记而没有去；理科的土木工程系全体师生到皖北参加治淮工程，以后并入交通大学；教育系并入新成立的华东师范大学。

1952年，在复旦是大变化的一年。

这年1月，华东文教委员会抽调华东人民革命大学副校长李正文（也就是1949年上海军管会接管复旦大学的军代表）率领王零等华东革大干部一百多人到复旦大学工作。3月，成立复旦大学党委，李正文为书记，王零为第一副书记，原任复旦党总支书记的邹剑秋（复旦地下党员，抗战时入党，因肺病休养多年，从新闻系毕业不久）为第二副书记，领导"三反"和思想改造工作。

8月，华东地区院系调整开始。复旦本有文、理、法、商、农五个学院。这时，将农学院迁往东北，成立沈阳农学院；法学院并入华东政法学院，商学院并入上海财经学院，而从浙大、交大、同济、圣约翰、沪江、金陵等大学调入大批文、理学院的师生。浙大来的人最多，著名科学家苏步青、陈建功、吴征铠、谈家桢、卢鹤绂、谷超豪等都是那次从浙大到复旦的。10月，政务院任命陈望道为复旦大学校长，李正文为副校长。教务长是苏步青，政治辅导主任是王零。复旦在华东高等学校中的学术地位有了很大提高。

从上海解放到1952年，中间有许多事情，但同本文的题目没有直接关系，而且回忆已经写得太长，就不再多说了。

写于2021年5月

附录一

# 苦难深重的广东农村[*]

自从徐蚌战火燃起以后,一般达官贵人就像惊弓之鸟一样纷纷向南逃难,所谓"战乱大后方"的华南于是变成了他们心目中的安全地带。单就广州一地来说,一个月来,迁移来的"高等难民"据说已经有了五万之多,可是事实上华南真的是像他们梦境中那样的安乐园吗?现实的答复是否定的。华南也正和国军的一切"后方"一样,"匪"愈剿愈多,"乱"愈戡愈糟,物价疯狂上涨,整个农村更是已经站在崩溃的边缘上了。

广东的农村本来是很丰饶的,国民政府北伐成功就是靠了这一笔本钱起家,陈济棠也借着它称过好几年"西南王",但是这三年来的"戡乱军事"却把它榨得枯竭了,政府似乎把农村看成了"取之不竭,用之不尽"的宝藏,农民在缴纳了占收成一半以上的地租、巨大数额的征实征借以外,还有着种种名目的苛税摊派,再加上中间人的上下其手,本来不大的一个数目,乡长增高一些,保长再加上一些,这样轮到每一个农民头上就成了一个大数目,所以农民往往在刚收成完毕就立刻必须借贷过活了,施肥下料的成本更从哪里来呢。所以土地的生产量便一年减少一年,但是这些还不算可怕,农民最畏惧的就是抽丁,抽中的往往就是最主要的生产力,如果要

---

[*] 原载《展望》1948年第三卷第七期。发表时署名"业同"。

买一个替代的至少得要几十担米和种种的费用,一句话,一家人家若被抽中了一个壮丁,就可以说是完了。

联总等以前曾经分发过好几次的救济物资,但是农民却从来没有见过,乡保长们总是当地的地痞流氓,拿到了东西,分些给有势力的人,其余老百姓根本是莫名其妙,不知道有这回事。如果乡保长们将本来不要钱的东西较市价略微低些卖给农民们,已经算是良心好的了。农民银行和合作金库在农民的眼中只是几所"衙门",哪一个敢去上门,而且高利贷的盘剥,也可以叫你倾家荡产,所以农村中除了最良善的农民一天到晚愁眉苦脸地叹命外,强壮的就抛下锄犁铤而走险了。

广东的"土共"在抗战时期有着著名的东江支队,政协会议后虽然已经北撤,但是他们的种子却已经到处散布着,自从全面内战爆发后,他们的数目也就一天天地增加,TV 宋[1]虽然把全省划分为绥靖区,又在粤桂南区、粤闽边区、粤湘赣边区、粤西桂东边区设立了四个"剿匪"总指挥部"督剿",但他们还是继续蔓延,尤其在东江西江流域更是日渐壮大,成了 1 万多人的队伍。广东全省的公路,胜利后就没有一条通过,相邻的县也要靠海路交通维持,甚至必须经过香港来走,惠阳和陆丰就是一个例子,乡村中大部分都成了他们的势力范围,同时进行着土地改革,扎定了脚跟。七月间广州湾和沙鱼埔的被攻陷,更是震惊了全省,黄镇球、缪培南几个月中肃清"土共"的保证也给广东人民完全看破了。海南岛除了沿海的一些城市外,五指山中更是成了"土共"的大本营,"国军"几次进剿,阵亡了三个团长,却一些结果也没有。这些都是 TV 宋

---

[1] 即宋子文。TV 是其英文名字 Tse-ven 的缩写。

建设大华南的隐忧。

广东的物价在八一九以前本来一向以香港为标准的，比京沪一带要低，比华北东北自然更不用说，但是自从战火日渐南移后，资金便大量向华南逃避，抢购风潮以后，单帮客更向华南集中，流资汹涌南流，华南物价顿时抬高，都市的管制比较严密，资金便又向四乡泛滥，抢购土货，使整个华南的物价陷入疯狂上涨的情况中，而一批"高等难民"的南来，更将物价抬到华中的水平以上了。

广东农村的苦难还在日益加深中。

附录二

# 青年代表金冲及发言摘要*

我们听到陈市长的报告，对祖国工业化的前途有了一些了解，更深深感到了自己责任的重大。我们联想到自己学校中的情况，像财经学院银行系，上学期人民银行的负责同志说：希望能有一百名毕业同学去服务，但是毕业的同学只有三十多人。国家对我们的要求是很高的，希望每个同学能发挥最大的作用。但我们同学目前若去担任比较重要的工作还是困难的。主要原因，还不在于我们技术经验的不够，而是政治上的不够，还不能很好掌握政策、联系群众，像农学院农艺系同学毕业后，是要到农村去工作的，今天祖国要求我们的农业工作者，不仅是要帮助改进农业技术，而且要帮助农民逐步走上农业的集体化。如果同学们本身还存在严重的个人主义思想，就没法担负起祖国所交付的任务。

因此，要使我们能够很好地担负起祖国所给予我们的重大责任，能够再前进一步，就必须学习无产阶级的思想，以马列主义毛泽东思想为准绳，来批判我们青年学生中存在的各种资产阶级、小资产阶级的错误思想，肃清各种反动思想的残余。

但是，在思想改造运动中，同学们还有着各种看法，大部分同学是肯定自己必须改造，要努力学习马列主义毛泽东思想，虚心地

---

\* 此篇文章为作者在上海市第二届第三次各界人民代表会议上的发言，原题为《克服对思想改造的错误认识》。原载《解放日报》1951年12月17日第4版。

改造自己；但也有一部分同学仍存在着一些不正确的看法，像等改造、怕改造、被迫改造、舍不得改造等。所谓等改造，有的同学说，"反正大家都到社会主义，不会把我一个人留在新民主主义社会里"；所谓怕改造，如有的同学因为家中有母亲舍不得离开，怕自己进步了，将来遇到参干号召时要响应，要离开母亲；所谓被迫改造，有的同学说，"现在潮流如此，不得不改造，不然哪个真正愿意改造"，有的同学认为无产阶级的感情太枯燥了，对小资产阶级感情舍不得丢掉。所有这些思想都是在进行思想改造中的重要障碍，都必须予以彻底肃清。

【解放日报　1951年12月15日　第01版】

## 市各界代表会议昨继续进行发言
## 吴耀宗在会上传达维也纳会议的决议

　　沪市新闻处讯　上海市第二届第三次各界人民代表会议，昨（十四）日继续举行全体会议。

　　担任昨天全体会议执行主席的，上午是：鲁光、郭棣活、许涤新、吴耀宗、胡子婴；下午是：江庸、刘靖基、马纯古、钱德、夏衍。

　　在昨天全体会议上发言的，上午有：青年界代表金冲及、工人代表陈万喜、政府代表杨帆、文艺界代表郑君里、街道居民代表金文奎、中小社教界代表吴若安、工人代表韩西雅、政府代表崔义田、烈军属代表韩慧如、工商界代表吴振珊、少数民族代表宗棣棠、文艺界代表石挥，共十二人；下午有：政府代表赵祖康、郊区农民代表傅章根、特邀代表杜大妈、宗教界民主人士胡文耀、工人代表陈雅琴、街道居民代表尹士明、工商界代表荣毅仁、宗教界民主人士赵朴初、文艺界代表吴茵、驻沪部队代表郝晋卿，共十人。这些发言的代表，和前（十三）日全体会议上发言的代表一样，一致表示拥护中国人民政治协商会议第一届全国委员会第三次会议及华东军政委员会第四次全体委员会议的决议，并完全同意此次会议上陈毅市长的开会词及潘汉年副市长、刘长胜主席、胡厥文副主席的报告。他们并报告了本市各界人民过去的伟大成就以及响应毛主席的伟大号召——加强抗美援朝工作，展开增产节约、精简节约、反对浪费、严惩贪污、反对官僚主义的运动，展开思想改造运动的情况。

吴耀宗代表（世界和平理事会理事）在全体会议上传达维也纳会议的决议，并报告世界各国人民保卫和平运动的情况。全体代表热烈地鼓掌，庆祝世界持久和平与人民民主事业的新成就，表示对于未来斗争中获取更大胜利的无限信心。

全体会议休会后，会议主席团在昨晚举行了第三次会议，就会议议程及决议案等问题作了讨论，并听取提案审查委员会的报告。主席团会议决定：今（十五）日，继续举行全体会议，并将在完成预定的议程后宣告会议闭幕。

附录三

# 一年来的复旦学运*

1951年中华全国学生第十五届代表大会,在祖国新的形势、新的要求下指出了学生运动的新的方向,提出了青年同学今后奋斗的目标是努力培养自己成为德才兼备体魄健全的干部。复旦的同学积极地拥护并坚决为贯彻达到这一标准而斗争,一致愿为做祖国坚强的保卫者与称职的建设者而努力。通过校内共产主义的教育,大家对伟大的祖国更增加了热爱,满怀信心地争取共产主义的早日到来而努力,认识到这一目的,每个人都必须有劳动自觉性。文法学院同学参加了皖北的土地改革,在实际斗争中,体验到党的伟大光荣正确,增加了对党、对毛主席的热爱,也能深刻地体会到知识分子和工农兵结合的必要,大大提高了要求改造的自觉性。这些都为今年的"三反""五反"思想改造运动的开展打下了良好的基础。

## 一、"三反"运动

1951年12月,毛主席在政协全国委员会第十三次全体会议上英明地指出了思想改造,首先是知识分子的改造,是国内进行各项民主改革的重要条件之一。在人民政府领导下,全国人民大张旗

---

\* 原载《复旦大学毕业纪念刊 1952》。

鼓、雷厉风行地开展了反对贪污、反对浪费、反对官僚主义的斗争。当时，同学们一致表示响应立愿积极贯彻毛主席的号召。今年2月5日，青年团上海市工委举办了学生干部寒假学习班，复旦的学生会干部有286位同学参加了学习，通过学习认识了资产阶级的猖狂进攻，明确了自身受资产阶级思想侵蚀的严重，从"三反"运动开始进行思想改造，是最丰富最具体的。经过整顿组织后，复旦以"三反"为起端的思想改造运动于3月31日正式开展了。

在中共复旦大学委员会的领导下，同学们积极参加"三反"文件的学习，在运动一开始，部分同学是存在着右倾麻痹思想的，但是通过大报告、小组讨论、文件学习以及在运动中揭发出的事实，使同学们认识了资产阶级的进攻是猖狂的。有力地打破了右倾麻痹思想，激发了对贪污、对浪费行为、对官僚主义的仇恨，此后通过全校典型示范启发报告，使同学们正视自己所受的资产阶级思想影响，更使同学们明确了资产阶级对我们青年学生同样进行着猖狂进攻，自觉地要求投入斗争，和资产阶级思想划清联系。

运动的开展是正常的，收获是巨大的，同学们不仅懂得了"三反"运动的政策，掌握了政策，并且明确了"三反"运动开展的伟大意义，认识了自身受旧社会受资产阶级思想侵蚀的严重性，更进一步积极行动起来，迫切要求改造。这就为以后的思想改造运动奠定了胜利的基础。

## 二、"五反"运动

3月25日，陈毅市长向上海全体市民发出了要"为争取五反运动底完全的彻底的胜利而斗争"的号召，宣布上海五反运动的正式开始。同学们由于经过"三反"运动的教育,对"三反""五反"运动的伟大意义和人民政府的政策,已有一定的认识。但是在最初,还存在着一些混乱思想。大多数资产阶级家庭出身的同学存在很多顾虑:有的同学认为自己父亲"忠厚老实""胆子小""不敢做违法的事";有的同学觉得自己父亲平时很进步,因此认为别的资产阶级不好,我的父亲是例外的;也有的同学担心自己违法,父兄坦白后家庭生活会受影响,因之彷徨苦闷,不敢讲话,甚之不敢承认自己是资产阶级家庭出身的。一般非资产阶级家庭出身的同学大都带着一种轰轰烈烈干一场的冲动情绪,等待出动宣传,而对理解党的政策很差。不少青年团员也是如此。

4月初,全校六百多名同学与青年团员参加了全市高专学校团员大会,听了团中央书记处书记李昌同志的报告,并进行讨论。4月4日全校同学举行了"五反"动员大会,又举行了两次控诉大会,听了志愿军同志和梅林食品厂等工友对资产阶级五毒行为的揭发和控诉。这些活动大大提高了同学们的政治认识,鼓舞了同学们的爱国热情。

4月5日召开了扩大团委会,重点帮助两个资产阶级家庭出身的团委委员,检查自己在"五反"运动中的立场态度,如秦镜滢同志曾回家对父亲进行规劝,她父亲坦白了一些行贿的事实,当时她很自满,认为自己立场稳了,父亲也喜欢她,以后只要再写封信回去,父亲就会把其他违法事情统统告诉她。但是后来事实证明并不如此简单。在扩大团委上,同志们指出她对违法父亲的本质认识不足,对"五反"斗争的理解简单化,因之立场界限实际上还是模糊的。这样的会议对大家的帮助启发很大。接着,各支部召开了扩大支部会,团小组也进行对资产阶级家庭出身同志帮助的讨论。7日晚上，全校举行团员大会，在会上表扬了站稳立场、配合店员检举自己父兄违法行为的李致勋同志，处分了阻碍父兄店中职工检举的一个团员。当时全场同志表示决心要坚决投入"五反"运动。

与国内进行教育同时，复旦同学和圣约翰大学、上海美专、立信会专、复旦中学等七个学校联合举行投入"五反"运动大活动，请沪江大学许云影同学来报告她和不法资产阶级家庭进行斗争的事实。读报小组中普遍讨论了道中女中马六珂同学的事迹。在各寝室的小组中同学们又相互进行帮助，解决各种思想顾虑。如樊天益同学最初顾虑很多，一心想如果组织上一定要自己回家对违法父兄进行劝说，那就到市区去玩一下，装作劝说就算了。经过同学们再三帮助后，他激动地说："现在我一定要站稳人民立场，并动员我叔叔和妹妹一起劝父亲坦白，如果他不坦白我就检举他。"绝大多数资产阶级家庭出身的同学都表示了回家规劝的决心。

9日上午，各系普遍举行了资产阶级家庭出身同学的座谈会，同学们纷纷揭露了资产阶级的不法行为，批判了自己过去存在的思想顾虑，新闻系同学的座谈会从早晨一直开到傍晚，二十多个资产阶级家庭出身的同学绝大部分当场起立表示态度，坚决参加"五反"运动。当晚全校召开动员回家规劝大会，会上校党委会书记李正文同志鼓励了同学们热爱祖国的行为，并且指出了回家规劝违法父兄坦白，是爱国青年应有的正义行为，也是挽救亲人的最好办法。配合职工对不法资本家父兄进行规劝检举的道中女中青年团员马六珂、市一女中少年队员刘燕在会上发言，用自己的模范事迹，鼓励同学们勇敢地回家规劝父兄。同学们的情绪高涨，当场向大会主席团递交决心书的达200人，资产阶级家庭出身的同学在大会上受到其他同学的热烈支持，非资产阶级家庭出身的同学也表示要帮助他们解决困难和参加其他实际工作。

然后同学们又学习政策，4月2日全校有1146个同学回家或到亲友家中进行了规劝和宣传工作。大部分同学都能够站稳立场，掌握政策很好进行规劝。新闻系一位同学的父亲、叔父都是违法资本家，她回家先争取了哥哥，共同规劝父亲坦白，然后又动员叔父家属，找出叔父的暗账促使父亲和叔父都比较彻底地坦白了违法行为。通过这次运动，复旦同学不仅响应了党的号召，对运动起了一定的配合作用，同时对我们本身又是进行了一次深刻的爱国主义教育，分清是非界限，许多同学都看清了国家的发展前途，下决心要做一个劳动者，从而为下一步的思想改造工作进一步打好了基础。

## 三、思想批判阶段

资产阶级思想对复旦同学有不小影响。同学们本着严格要求自己的要求，认真进行自我解剖，谈到主要有下面三种。

第一种是享乐思想。有的同学认为"人生在世就是为了享乐"，认为20岁到30岁是人生享乐的黄金时代，说什么英雄难过美人关，美人难过金钱关。生活上自由散漫，任意挥霍，学习很不认真，不愿参加工作，认为进步"除了能为利益牺牲以外别无好处"，也有人认为人生在世不要什么大志，生活过得舒服就可以了。平时喜欢吹牛，荡马路，而在学习上则说"生平无大志，但求六十分"，一切都是过到哪里算哪里。

第二种是寄生思想，特别是一部分女同学，有的认为人生就是为了享乐，但要享乐只有去嫁一个有钱的丈夫，而要达到这目的自己就必须要漂亮，因此虚荣心特别大，整天讲打扮，出风头，学习不认真，反正将来经济负担不在我。有的人认为妇女前途就是结婚，将来嫁一个高级技术人员，终身依靠丈夫，自己料理家务，星期天带孩子出去玩玩，看看电影，做一个贤妻良母，这是她最大的满足。此外还有一些地主家出身同学的寄生思想，他们主要特点是懒散，最好吃吃睡睡少动脑筋，生活啬嗇自私，学习动力也不大。

第三种是名利思想，其中有的是"流芳百世"的思想，希望千万年后名传后世，国家大规模经济建设还是这最吃香，因之不问政治，一味死钻。有的是名利双收的思想，认为这样既可名扬四海，又可有洋房汽车，因之学习上有一定的投机性，急于求成。他们参加工作、学习政治只是作为成名的工具，缺乏真正为劳动人民服务的决心；也有的是雇佣观点，较浓的纯技术观点，学好本领是为了保有饭吃，学习上比较踏实，战战兢兢为个人奋斗，志愿也不大，混饭吃就行。

这些思想严重地腐蚀着我们的同学。今天祖国要求每个同学毫无例外地成为德才兼备、体魄健全、全心全意为人民服务的优秀干部，为保卫祖国和建设祖国贡献出自己的全部力量。但享乐思想、寄生思想、名利思想等这些思想的存在，就把我们拖向另一条路，是不能容忍的，必须加以清除。

3月31日，陈毅市长亲自在本校向上海第一批进行思想改造的同学和教师作了思想改造学习的动员报告，教师们认真暴露并深刻批判不认真要求改造的态度，对同学们有了很大的启发。4月20日，王中同志向全体同学作了思想批判的动员报告，学习就全面展开了。

学习展开后，首先是每个同学进行自我检查，辅以小组的互助漫谈，用边想、边谈、边写的方法开始拟写自己思想检查总结报告的草稿。在这过程中，各系都选择一位同学在全系大会先作报告，由同学们共同讨论，帮助他分析自己的错误思想。同时，同学们也热情地关怀老师们的检查报告，向老师们提出自己的意见。5月20日起，全校停课一周帮助一位教授，批判他的严重错误思想，同学们也认真地进行讨论。所有这些活动，都给了同学们很大教育，帮助同学学会了具体分析批判思想的方法，特别是开始学会掌握阶级分析的武器，认识他的本质，认真开展批评与自我批评，并且认清党对待知识分子团结争取教育改造的方针和治病救人的态度，从而提高了改造思想的自觉。5月20日，全校召开团员大会，鲜明地指出青年团员应有的标准——要成为自觉的革命的劳动者，要求每一个团员用这样的标准严格要求自己。团内普遍召开了团小组，对团员的检查报告进行相互帮助，这样就为各班级的小组讨论做了重要准备。

但是要小组讨论得好，要对问题批判得深刻，先决前提是思想暴露必须彻底。6月5日，校党委书记李正文同志向全体同学作了报告，要求大家将思想批判学习中尚未暴露的问题勇敢地彻底地暴露出来。6月8日，全校又举行大会，听取李振麟、陈观烈、任景慧三位教师和魏士朴、邓浮生两位同学的典型报告，当场主动发言谈自己问题的达30人，当场用书面谈自己问题的达160余人。李正文同志又在大会上说明一切问题（指政治历史问题）只要暴露彻底，党都是欢迎的，使同学们受到很大感动。

6月12日，小组讨论开始了。每个人在小组中报告后，同学们毫无顾虑地提出意见，耐心地帮助分析批判。讨论后，很多同学说："三年来，放在心里的话，这一次都讲清楚了。"很多同学说：

"小组讨论里更感到同学间的亲切和温暖。"很多同学在小组讨论后恍然大悟,感到这才真正认识了自己。

小组讨论结束后,大家又投入了爱国卫生运动,热烈地参加劳动,三天内使复旦的面貌焕然一新,很多同学被选为劳动模范。大家在劳动观点上,集体主义的实际体会上,都有很大的提高,而且写出了书面的小结。

7月27日,在"三反"思想改造运动胜利的基础上,举行了复旦史无前例的全校师生员工代表会议。全复旦同学和老师、员工们一起,在党的领导下,本着爱国爱校的精神,积极地为办好人民的复旦,提出了七百多条建议。

期末考试后,同学们又继续留校进行思想建设的学习,大家听了黄逸峰部长、陈同生部长、张主任的报告,进行小组讨论,修订爱国公约。同学们认清了祖国工业化的光明前途,坚定了立志做劳动者、要为劳动人民服务的决心,正确地认识了个人利益和集体利益的一致性,启发了革命英雄主义和革命乐观主义的激情,大大提高了觉悟。毕业同学百分之百地服从祖国的统一分配,走到祖国最需要的岗位上去;一、二年级同学也都表示今后要认真学习马克思列宁主义、毛泽东思想,掌握科学技能、锻炼身体,随时准备为祖国服务。

## 四、收获

五个月的"三反""五反"思想改造运动,收获极为巨大。首先是在思想上提高了同学们的阶级觉悟。

1. 划清了敌我界限,较多的是暴露与批判了过去曾参加反动组织或团体的事实。全校参加学习的同学共 1967 人，程度不同地暴露出过去这类问题的有 491 人。企业管理系有一位同学解放三年来对自己过去历史上的问题不敢暴露，一直在痛苦中生活，见到同学抬不起头来，"三反"开始后偷偷地哭过两次，这一次看到了党对青年的关心和爱护，谈清楚了问题后，激动得流下了泪，说："党对青年这样爱护，比亲生父母有过之无不及。"政治系一位同学放下包袱后，兴奋地说："我活了二十多年，从没有今天这样愉快过。"有些同学讲清了问题后，拉住系学委会主任的手，流下泪来，说："这才真正和组织消除了距离，真正和祖国一条心。"同时更增强了对反动派的痛恨，真正从思想上和他们割断了联系。

另一面，大家更热爱共产党和青年团。生物系一个同学说："过去的我腐化堕落，可是今天党救了我，使我有了崇高的理想和正确的生命。"新闻系一个同学在书面检查报告最后贴了一张照片，上面用红笔写了四个大字——"我新生了"，并且说："不是党和毛主席的挽救，我真不知要变成怎样的人。"全校正式提出申请入党的同学达 166 人，青年团在同学中也更受到尊敬和爱护，各系召开团支部大会时同学们几乎都百分之百地来参加了，平时对团有意见也都随时主动向团提出，银行系一年级全体同学自动组织起来学习团的基本智识教材，在"三反""五反"思想改造运动中批准入团的同学就达 ××× 人，最近还有很多同学正在争取入团，发展后，团员人数将达全体同学的 60%，有些班级团员人数已达到 80%—90%。

2. 分清了老实与虚伪的界限。大家认识了虚伪欺诈是剥削阶级的可耻行为，忠诚老实是新中国人民的起码条件，如全校同学中自己交代有浪费以至贪污行为的达 1581 人，占当时参加学习人数的

80%，交代行为达 15324 件，此外，交代自己隐瞒欺诈虚伪的思想行为（如学历、经历、年龄、籍贯、成分、社会关系等）的，有 346 人，交代事实 536 件，占全体同学人数的 70% 强，大家都说："经过思想改造后，真是可以做到无事不可对人言了。"

3. 分清了劳动与剥削的界限。大家都认清了劳动是光荣的，剥削是可耻的，下定决心要做劳动者，不做剥削者。有几个同学本来本身也可说商人资本家的现在将股退了。有的同学本来想在毕业后做资本家，或做资本家的代理人，坚决表示要当新中国的国家干部，服从组织的统一分配了。部分女同学的寄生思想也受了严格的批判，会计系一个同学痛心地说："每个小学生都知道寄生虫是卑贱的，寄住在他人身上，吸他人的血肉，而我身为一个青年团员，却存在这种思想是完全不相称的。"在爱国卫生运动中，银行系有些一年级女同学在刚到复旦时看到宿舍要哭说："这像是难民收容所，哪里像大学生住的。"到登辉堂去嫌太远，说："麦克风最好装到房间中来。"平时连一块手帕也不肯洗的，这次却当选了劳动模范。

4. 认识了个人与集体的关系。过去很多同学将个人与集体对立起来，认为服从了集体利益，就是要牺牲个人利益，因之存在严重的自私自利，只追求个人的名利，思想批判后，认识对个人利益和集体利益是一致的，个人主义自私自利的思想是可耻的，因之在统一分配中，毕业同学百分之百坚决响应祖国号召，服从组织分配。新闻系一个同学将两个小孩子送到托儿所去，将爱人介绍到短期训练班学习，愉快地服从统一分配。企管系一个同学主动邀请三个同学劝说他的母亲，母亲本来哭哭啼啼不放他去，最后感动地说："你们青年人都是有前途的！"放他走了。院系调整中，农学院有几个同学原来大家以为他一定会不服从分配，结果却一声不响地表示坚决服从了。由于思想觉悟的提高，在具体行动上也反映出一片新的气象。在学习上，一般都能很早起床，参考室、图书馆经常挤满了人，旷课的现象基本上肃清了，老师规定了实验时间，同学自动加班加点，提前两小时来做。化学系的定量分析本来一学期的课程内容，由于老师改进教学，同学认真学习，半学期就学完了，而且学习得很好。有的同学学习不认真，班内就开全班大会，大家都表示一定要帮助他学好功课。在对自己思想觉悟的提高上，有的同学订出了具体的进步计划，同自己的错误思想进行斗争。新闻系一个同学身边拿了个小本子，自己错误思想一冒出，立刻就在本子上记下来，和它斗争，说："这下对自己的问题摸到了底，把住了关了。"很多同学在暑期中都准备订立计划，系统地学习马列主义毛泽东思想，树立自己的革命人生观。在团结上也有了极大的改进。有一个系一年级一共 27 人，以前就有 27 条心，其中 10 个女同学分住两个寝室从不往来，现在团结了，而且在寝室中经常进行批评与自我批评。生物系有一个同学在寝室中，看见下雨就想到很多同学正在登辉堂开会，就冒雨将雨衣雨伞送去。会计系一个同学过去学习上比较自私，思想批判后主动地帮助别人，考试期间他身体本来很不好，还是牺牲了午睡，帮助同学讲解习题。同学间彼此的团结爱护关怀大大加强了。总的说，经过"三反""五反"思想改造运动，过去在复旦同学中个人主义的支配思想有了很大改变，工人阶级思想的领导权树立起来了！

同学们，今天伟大祖国大规模经济建设的高潮将要到来，祖国无限美好无限光辉无限辽阔的前程正在期待着我们，祖国给予我们劳动的责任是多么重大，祖国对于我们青年的期望是多么殷切，今天我们经过了伟大的思想改造运动的洗礼,用着崭新的面貌走上祖国建设的岗位,让我们用自己的双手亲自参与到保卫和建设我们伟大祖国的光辉任务中去吧!让我们为我们祖国社会主义共产主义的崇高前途献出自己的一切力量吧!

# 复旦岁月

1965年5月复旦建校60周年时，杨西光（右一）、陈望道（左三）、夏征农（右二）、陈同生（左二）和舒文（左一）在复旦大学登辉堂（今相辉堂）前合影

复旦大学党委成立时，原地下党部分负责同志合影。前排左起：徐震、程极明、汪鋆，后排左起：盛善珠、孙保太、金冲及、邹剑秋

1961年10月21日，辛亥革命五十周年学术讨论会留影。参会人较多，举例如下，第一排左第六人起：吕振羽、李书城、范文澜、吴玉章、李达、吴晗；第二排右起第五人陈旭麓、第六人胡绳武；第三排左起：林增平、王思治、李文海、余绳武、戴逸、金冲及、祁龙威；第五排左五：章开沅

作者和周谷城老师在一起

# 杨西光在复旦大学的日子

我的青年时代完全是在复旦大学度过的：1947年入学，那时16岁；1951年毕业，担任校团委书记；以后又担任过校党委委员、教学科学部副主任等职务；1965年初调北京工作，那时34岁；在复旦的岁月前后共18年。这里还没有包括在复旦附中读了6年书，也没有包括"文化大革命"中的1968年1月，被复旦造反派从北京绑架回上海，在复旦学生宿舍六号楼关了整整一年，到12月才押送回北京。可以说：我是在复旦长大的，无论政治上还是治学上，都是在这里打下了基础。

我在复旦学习和工作的18年中，杨西光同志担任复旦大学党委书记的时间超过10年，同他的关系确实十分密切。

杨西光同志是1954年9月从福建省委宣传部部长任上调来上海，担任复旦大学党委书记兼副校长的（校长是德高望重的陈望道先生，我们无论人前人后都称他为"望老"）。但他来复旦担任的职务在刚到学校时没有立刻向群众宣布，让他能先比较自由地找不少教师、学生、工作人员了解复旦上下各方面的情况，以便心中大体有数。我最初对他来校担任领导工作也不知道，以后才知道他已经了解了不少情况，包括他后来告诉我，复旦原党委书记兼副校长李正文同志那时曾对他说有一个人你可以用，指的是我。

杨西光同志是1936年"一二·九运动"时期在北平入党的，

曾在北大旁听过一年，是一个知识分子型的老党员。西安事变后不久担任过东北军第49军临时工委书记。抗战期间，他先在重庆担任过中国青年记者学会总干事，以后到延安在中央统战部工作，还任过中央党校二部教育科长。解放战争时，他担任华东野战军军官教导总团（教导对象是被俘的国民党高级军官，包括杜聿明、黄维、王耀武等在内）的副政委兼教育长。因此，他是一位富有政治经验和理论素养、能够在教育文化战线上发挥重要作用的领导干部。

## 杨西光对我的教育和培养

杨西光来校时，我在学校中的处境正十分艰难，把我从政治工作岗位上调开，改做一些事务性的事，但还继续教中国近代史这门课程。

为什么我会陷于这样的困境中？事情来自1947年暑假中。那时我16岁，中学刚毕业，准备考大学。我和同班同学丁彬荣、邱慎初那时一心想找共产党。但人海茫茫，根本不知道共产党的组织在哪里。这时，有个从江苏无锡来的人自称"黄大伟"，说是与苏北解放区有联系，准备成立一个"红社"，要求我们参加。他们还送了丁彬荣莫斯科出的两卷本中文版《列宁文选》，送了我一本许涤新写的《现代中国经济教程》。我们见了两次面，一次在丁彬荣家，一次在中山公园。他们说要参加"红社"的话，得写个自传，经批准了才算。这时我正被金陵大学发榜录取，要去南京。中学好友何志禹（我们那时并不知道他是共产党）也劝我们不要去参加。此后，我就没有再同他们接触，也不知道他们在哪里。但我入党时，把这段经历详细地在自传中写了。

1953年初整党时，这问题又被提了出来，认为"红社"情况复杂，是个"特务外围组织"。但审查时，因为我那时太幼稚，对黄大伟究竟是怎么一个人，"红社"从事过什么活动，都一无所知。审查者对我说："这些如果搞不清，你就准备被开除党籍。"所以，我一听到要开会的通知，就心惊肉跳，不知道等着的是什么。

到1961年，全国开展肃反运动，江苏省委负责肃反的"十人小组"给复旦大学党委正式转来结论："红社是一个自发的群众组织，同党的外围组织有联系，替党做了些工作。"这样，压在心头四年的大石头，顿时烟消云散。

回头想想，这四年中有两点我没做错：一是不抱怨，"红社"是怎么回事，我自己也弄不清楚，组织上要把这事弄清楚，也是我的需要，有什么可抱怨的，更没有抱对立态度；二是不消极，我是一个共产党员，干什么仍然全力以赴，没有消极和抱怨。现在想想，如果在这四年内一直对党抱对立情绪或者心灰意懒，陷于消极状态，即使问题最后解决了，自己却废了，再也扭不过来。这真是大幸。

杨光西对我观察了一段时间后，就要我除原有工作外，常到他那里帮他做一些事，也没有其他什么名义。不久他又担任上海市委常委、教育卫生工作部部长，但仍兼着复旦大学党委书记的职务。他好多次跟我说过："常有人问我：你这样两方面兼着怎么忙得过来？我回答：我在复旦有两个帮手，一个是季宝卿（当时任复旦党委办公室副主任），一个是金冲及。季宝卿负责帮助我经常了解学校方方面面的情况，并当我不在学校时向党委其他负责人和有关部门传达我的意见；金冲及根据我的想法，起草那时经常要在全校大会和工作会议上的讲话稿、工作计划和报告，以及其他各种文件。他们有各自的工作岗位，但首先服从我的需要。"

他说的是实话。我也说实话：在近十年时间内经常花很大力气做这些事，我的受益比我为他做的那些事不知要大多少，影响也更深远。这种受益，不仅表现在工作上，并且深刻地在日后治学思路和工作作风上，至今还留下很深的印记。这里只想举几点来说：

第一，杨西光看问题总是力求从大局着眼，尖锐地提出当前具有的关键性问题，进行分析，提出一些清楚明白而又切实可行的主张。一次一次讲话又有着前后衔接的连续性，推动着工作一步一步向前。

在起草工作文件前，他总是先口授一个清楚而层次分明的提纲，对重要的或我以前没有接触过的新问题多说几句，然后让我去起草。因为平时同他接触得多，经常听到他随时种种议论，自己对学校里各方面的情况又比较熟悉，只要他口授时扼要地把问题点明，大体上就可以符合他原意地把它写出来。

我在学校里是那种"双肩挑"的干部，既担负行政性工作，又教书。我的感觉：如果对活生生的现实社会现象都不能做比较正确的分析，那么对自己没有经历过的复杂历史现象又怎么能进行比较正确的分析呢？那很容易流于"书生之见"。

我那时只有二十多岁，从来没有在这样的高级领导干部身边工作过，更谈不上能经常听到他们对问题是怎样思考和分析的。这样的工作不是偶然几次，几乎是经常的。我那时有几个工作本子，专门记他起草前所谈的思路、见解和要点，而且记得很详细。当我1965年调离复旦时，别的工作本子都交了，独独把这些本子留下来带到北京。如果这些本子还在，今天可以提供很多有价值的材料。可惜在"文化大革命"中全都烧掉了。烧掉的原因当然不是要同他"划清界限"，而是因为那时常要"抄家"，这些本子一旦被造反派抄走，他们可以从中找出杨西光很多"反革命修正主义教育路线"的"罪证"来，那不是害他吗？这实在是不得已的事情。

时间已经相隔六十多年了，他所谈的具体内容已经记不起多少了。但有一点是很清楚的。过去自己只有些书本知识和对一件一件具体事情引起的想法。而他在政治上十分敏锐，谈问题时总是从大处着眼，然后鲜明地抓住关键性问题，把道理和措施说清楚。因为跟得久了，他对许多问题的基本想法我大体明白，所以他提纲挈领一说，我就可以写了。他讲的都是对现实情况的分析，许多基本道理同历史研究方法基本是一致的。这样潜移默化，自己思考和分析问题时在方法论上不知不觉地也受到影响而发生变化，注意要从大局看问题，不能只是看到单独的一件一件事情，要口语化，要为听的或看的人方面来着想，这些确实是终生受用不尽的。

拿学术研究来说，我当时教的中国近代史课程还只是指从鸦片战争到五四运动前那一段历史。1953 年开始教这门课。1955 年发表的第一篇学术性论文是《论 1895 年至 1900 年英国和沙俄在中国的矛盾》。第二年写的是《云南护国运动的真正发动者是谁》。1959 年出版的书是和胡绳武同志合作写作的《论清末的立宪运动》。这些论文不能说没有用，但当时视野比较窄，大体上着眼于自己在教学中引起兴趣而觉得原来还没有弄清楚的问题。到 1962 年我和胡绳武同志合著《辛亥革命史稿》第一卷（中国同盟会成立前）时，思路就比较宽阔，第一节的题目是"祖国在危急中"，以后是"一种新的政治力量的出现""山雨欲来风满楼""暴风雨的袭来"，到"革命力量的集结"。但具体的论述，我们还是受到周谷城、周予同、谭其骧、胡厚宣、陈守实等老师的熏陶，依据当时能看到的原始史料（1961 年是辛亥革命 50 周年，中国两岸新发表的有关原始史料比以往任何时候更为丰富），第一卷以四十万字左右的文字对中国同盟会成立前这段历史展开分析和论述，仍严格按照史学的传统：

坚持从具体而比较可靠的历史原始资料出发，具体问题具体分析，绝不搞什么"以论代史"的做法，否则就不成其为历史研究了。这部四卷本《辛亥革命史稿》出版后，得到了第一届郭沫若中国历史著作奖。尽力从大处着眼，又从具体分析复杂的具体事实着手，这可以说受到杨西光思考和综合分析实际问题思路的影响，是自己以后在这方面继续进步的基础。

第二，给我印象特别深的是，他的事业心极强，精力充沛，把复旦的工作、上海的教育卫生工作作为自己心目中头等重要的事业，全力以赴，拼着命干。我日常看到的，除此以外，他似乎没有自己的其他事情。时任复旦党委副书记的邹剑秋也说："他之所以有这么一股劲，那么执着地没日没夜地干，是源于他对搞好复旦这所大学强烈的事业心。"

我已经习惯了：每年春节他只有初一放我一天假，初二一定把我叫到他家里去，布置我要做什么事或者讲讲他又有什么新的思考。他的工作作风一向雷厉风行，没有讨价还价的余地，也不讲那些含糊不清的话。有一次，他交代我写篇一万来字的讲话稿。交给他以后，当天晚饭后他就把我找去说：这个稿子不行，要重写。他又讲了一个新的详细提纲，接着说：明天早上给我。好在我当时年轻，整整一个通宵把一万多字的新稿子赶了出来，得到他的认可。如果再过些年，一万多字的稿子一夜间连抄一遍也来不及，何况要新写一个稿。

这样的严格训练，对我以后的成长有极大好处。我是2004年也就是74岁时才离休的。事实上，因为《陈云传》的编写工作没有结束，又上了整整一年的全天班。可以说，工作总是按规定时间完成的，不会拖拖拉拉或半途而废。我自己养成一个习惯，安排工作时通常总比组织上规定或自己承诺完成的时间提早一点，免得时间快到时手忙脚乱或交不了卷，到现在大体依然如此。这是在杨西光同志当年极严格的要求下养成的。

杨西光不只是对别人这样要求，他自己也是这样做的。有一次把我叫到他宿舍去，要起草一个报告，交代完了说：你就到我卧室旁的小房间里写，什么时候写完就什么时候叫醒我。我写到下半夜两三点钟，写好了叫醒他。他一下子从床上跳起来，脸都不洗，戴上眼镜就审读和修改稿子。这件事留给我的印象很深。他对工作这种投入的精神真是很少人比得上。因此，他一来复旦，复旦的工作气象和大家的劲头就不一样了。

他来以后，对各个阶段的工作，总能提纲挈领，他有个通盘筹划，轻重缓急分得很清楚，工作节奏紧张，而且不尚空谈，有措施有办法。一个阶段的工作快结束时，立刻提出下一阶段的任务。几十年来我接触到的领导干部不少，回忆起来，能做到像他那样的并不算多。

第三，他对干部并不是只使用，也十分关心和爱护。这些，他很少说，但十分细心。

他从福建调到复旦来，除一个司机兼警卫员的小乔外，没有带来一个干部。那时校部的干部人数很少，各系的党总支部书记或副系主任，大多是从本校各系毕业不很久的年轻党员，年龄一般在三十岁上下，就委以重任。这是很大胆的，在各高等学校中也不多见。他们在专业知识上有一定基础，和本系人员熟悉，工作充满生气和活力，一般都做得不错。杨西光同志平时除星期天外都不回家，住在第五宿舍，经常找他们去谈谈系里的工作（有时还找教师和学生去）。"文革"结束后，其中好些人调到上海其他高等学校担任党委书记或其他负责工作。

我在 50 年代后期，先后担任复旦大学教务部副主任和教学科学部副主任（主任是已入党的化学系原主任严志弦教授），还根据杨西光的要求担任不少文字工作。他知道我个人热爱的是历史专业，从 1953 年已开始给历史系、新闻系、中文系学生讲中国近代史课程。他就把我的行政编制转到历史系，并且在 1956 年确定为历史系讲师。这就基本确定了我日后的发展方向。当他调任上海市委教育卫生部部长后，因为文字工作的需要，从复旦调新闻系毕业的张黎洲（"文革"后曾任福建省出版局局长、《福建日报》总编辑）和史中兴（"文革"后曾任《文汇报》副总编辑）去市委教育卫生部工作。他们两人都曾是我的学生。他们问杨西光："金冲及一贯为你起草文件和报告，调他过来不是更顺手吗？"杨西光回答："他是历史系的讲师，在近代史研究上已经很露头角，把他调到市委机关来工作，不是让一个很有希望的历史学家脱离了专业，半途而废吗？"此话我根本不知道，是杨西光同志去世后多年，才听史中兴说的。

更能说明他对干部爱护的，是处理"资产阶级地方主义"的问题。

这事得从 1952 年说起。复旦原来只有一个主要由地下党学生为主体组成的党总支，人数只有几十人，但活动能量很大。1952 年开展"三反"和思想改造运动时，从原来的华东革命大学调来一百多名干部，大多数是从老解放区来的，由华东革大副校长李正文同志率领来到复旦，建立起复旦大学党委。

建立党委后，在学校组织上设立了政治辅导处，由党委副书记王零同志任主任，最初很长时间没有副主任。下面分设组织、宣传、青年三个科，三位科长（孔子彬、徐常太、刘洁）都是"三八式"的老干部，前两个科的副科长（葛林槐、刘振丰）也是从华东革大来的老同志。因为我原来是复旦大学团委书记,就由我任青年科副科长。

讲实在话,开始时我对担任青年科长的刘洁是很尊敬的:她的党龄大约要比我长十年,又是从解放区来的,我怎么能不尊敬呢?但不久后,彼此间的矛盾就显露出来了。矛盾的产生,完全不是出于个人的原因,而是双方的工作传统习惯和工作方法实在相差很大:他们对每周的工作和活动都要严格服从上级的具体布置,而地下党过去除了重大事情和工作原则外,平时哪能有如此频繁的接触?在工作的大方向和重大行动上当然需要服从上级的指示,一般的事就只能根据实际情况自行决定如何处理和行动。这样,相互间在日常工作中就不断产生矛盾:我觉得你(指刘洁)怎么自己没有头脑,她觉得你们怎么一点组织观念也没有。有的同志还说:"你们连党内的吃饭规矩还不懂。"这种矛盾,不只是在某几件事情上存在,而是在平时许多问题上都存在;而且不只是我和科长之间存在,而且在其他部门的不少两类同志之间也存在。当然,华东革大来的同志处于优势地位,而当一些有着同样处境的原地下党同志聚在一起时就要发起牢骚来。这便成为一个事件。

1957年反右派斗争将要结束的时候,杨西光把我和徐震、郝孚逸三个原复旦地下党中比较活跃而有影响的人找去,严肃地谈了一次话。他说:"你们问题的性质是资产阶级地方主义,但你们还年轻,算了。"

事后回想起来,"资产阶级地方主义"这顶帽子当然不轻,但他只是在口头上对我们三个人说一下而已,没有外传,更没有记入档案,没有留下任何"后遗症"。当时同志间一些分歧,其实只是有着共同的理想和目标、都想在新的历史条件下把新中国大学办好的两部分同志之间，由于长时期在不同的环境和不同的经历中养成不同习惯和作风所产生的矛盾。有时我们一些处境相同的同志遇到一起，随便发几句牢骚。但这类事处理不当的话，小事可以变成大事：可以认为是一批有宗派色彩的人私聚在一起攻击党委的多数同志。这就成了政治问题了。以后，我们更多地加强了组织观念，他们也更多地熟悉了大学和知识分子的工作特点，相互取长补短，合作得越来越融洽，彼此就不再存在多少你我之分。

当时，在新解放的有些地区和单位就曾对类似问题而不适当地开展尖锐的反对"资产阶级地方主义"的斗争，还进行组织处理，伤害了不少好同志，长时间内留下不少后遗症。比较一下，就深感杨西光同志处理这个问题的慎重而恰当，只是口头上不留痕迹地说几句就把事情了却了，不仅避免错误伤害了像我们这样一批年轻干部，而且使学校中形成了一种团结一致、共同前进的良好局面。

## 杨西光对复旦大学发展的贡献

杨西光在复旦大学担任了十年左右的党委书记，后来又先后担任中共上海市委的教育部长和候补书记。那时，正是复旦在院系调整并经过初步安顿后开始重大发展的十年，也是周围环境异常复杂、矛盾不易处理的十年。

习近平总书记曾一再强调要正确对待新中国前三十年和后三十年的关系，不能以前三十年否定后三十年的成绩，也不能以后三十年否定前三十年的成绩。这是极其深刻而正确的论断，也是我们看待新中国历史的根本指针。

"文化大革命"一开始，所谓"一月风暴"前夜，聂元梓奉"中央文革小组"之命来到上海。上海市委书记处领导成员中第一个被打倒、受到残酷迫害的就是杨西光（他那时已担任上海市委候补书记），造反派称他为"反革命修正主义教育路线"在上海的主要代表。那么，杨西光在这十年中执行的是什么路线？为什么被打成"反革命修正主义教育路线"在上海的代表呢？

杨西光同志在复旦和市委工作期间关于教育工作的讲话稿和文件许多是我根据他口述的提纲起草的，平时又经常听到他在这方面的议论。因为时间已相隔六十多年，记录本又在"文化大革命"期间销毁了，所以只能讲个大概（可能学校档案中仍保留下一些讲话稿和文件，复旦造反派还编过一本《杨西光反革命修正主义教育路线言论摘编》，可以查一查）。

杨西光是有大思路的。他所谈的给我印象最深的有两点：一是学校应当以教学为主，不断提高教育质量，为国家培养高质量人才；二是为了实现这个目的，一定要做好知识分子工作，对老知识分子要尊重，并且充分发挥他们"传帮带"的作用，对青年知识分子要为他们创造条件，以便更快更好地成长并发挥作用。

先讲第一点。

杨西光常说：学校的基本任务就是培养人才，应该以教学为主，就像工厂应该以生产为主一样。这不能有任何动摇。当时，社会上正在批判"白专道路"。他说：有的学生读书非常好，但是对政治不那么关心。你可以推动他关心政治，参加一些政治活动，但不能批评人家为什么认真学习，不能把用功读书说成是白专道路。把人类几百年几千年的知识精华集中起来，在不太长的时间内系统地传授给学生，这是学校的根本责任。

他毫不含糊地提出要"建立正常的教学秩序"，这在当时很不容易。他对我说，政治运动从全局来看有着统一部署。对学校来说，运动发展到一定阶段，要及时恢复正常的教学秩序。最近从复旦《校史通讯》上看到 1956 年入学的经济系同学郑励志所写回忆：他在入学后读的课程有政治经济学、哲学、高等数学、逻辑学、统计学等，以后又开始读《资本论》、经济学说史、中国经济史、外国经济史等。1958 年 8 月下旬，全系师生到江苏吴县，和当地农民同住同吃同劳动，帮助他们办人民公社。1959 年 4 月底，杨西光看望他们时就说："劳动锻炼得差不多了吧？书也不能不读啊！"于是，全系师生回校，并进行补课。这是一个例子。所以当五六十年代之交，尽管还受到政治运动的一些影响，但校内仍能保持相对正常的教学秩序，培养出不少优秀人才。可惜，1965 年以后，情况就发生巨大变化。刚才所说这些，便成为他的"罪状"。

他提倡"又红又专"。在智育方面，他特别注意要学好"三基"，也就是基本理论、基础知识、基本技能，这是学好任何学科的出发点。同时，根据周恩来总理"向现代科学进军"的号召，他又强调教育要现代化，要求基础课程的原有内容要适当精简、深化、更新，不能只是抱着多少年前的老讲稿去讲。如果不精简原有教材中过时的或不重要的内容，就不能腾出时间来学那些适应时代快速发展需要的新内容。这是他常在各种会议上讲的。

杨西光同志不仅这样说，而且抓紧这样做。我们可以看事实：复旦在 1958 年"大跃进"中，尽管也有人在会上说了些大话，但校党委切实抓的主要成果在总体上坚持了下来，使学校面貌发生显著变化，如在理科建立起一批新学科。这包括：成立物理二系（即原子能系），下分两个专业，一个是核物理，一个是放射化学；数学系新设了两个专业，一个是力学，一个是计算机，还建设了一个风洞实验室。为了配合我国第一颗原子弹的制造，在校园西北角建立一座高质量的厂房。那是严格保密、对外完全不宣布它是做什么的。杨西光让我进去看过一次，但也没有告诉我那具体是干什么的。我很久以后才听说是研制成了铀同位素分离的重要部件——甲种分离膜，为原子弹爆炸做出了贡献。此外，物理二系研制了国内第一台实验室用的气象色谱仪、精密分馏柱和BET固体表面测定仪；物理系和数学系合作，研究出我国第一台电子模拟计算机、质子静电加速器、顺磁共振波谱仪等。并且在研制过程中培养出一批年轻的尖端学科研究人员。在文科方面，建立了中国历史地理、语言文字等研究室。

说到这里，不由得想起当年全国"大跃进"运动中许多可笑而又可悲的事实：完全不顾实际情况信口开河，提出许多根本办不到的"宏伟目标"，放了"卫星"还要放"太阳"，做不到就捏造事实自我吹嘘，结果不仅完全落空，而且造成一时难以挽回的难堪后果。比一比复旦当年的情况，学校全力以赴地抓的那些国家迫切需要的重大项目和新建系科机构，不是空谈，几乎没有一项半途下马，而是始终埋头苦干，一步一步向前发展，为学校新学科的发展打下了初步基础。这在当年实在极不容易。我想当年全力投入这些工作的教师和同学对这些事实一定比我有更深的体会。

再讲第二点。

提高教育质量，离开教师的努力是谈不上的，这里包括老教授和年轻教师。这就关系到党的知识分子工作。

先讲老教授。

复旦大学在解放前原是上海四所国立大学之一，有着一批著名教授，如陈望道、周谷城、张志让、钱崇澍（中央研究院院士）等。

解放后陆续调出一批教授，但在历次院系调整中，调入更多著名教授。如1949年将同济大学、暨南大学的文学院并入复旦，是我去迎接的，记得同济大学文学院院长是郭绍虞，暨南大学文学院院长是刘大杰。1952年院系调整中，复旦原有的法、商、农三个学院调出，而将华东地区不少大学的文、理科教授调入，其中最多的是浙江大学，如数学系的苏步青、陈建功（他们都是科学院学部常务委员），物理系的卢鹤绂，化学系的吴征铠，生物系的谈家桢等教授；此外，拿物理系来说，调入的有交通大学的理学院院长周同庆、同济大学理学院院长王福山等教授。文科也有许多知名教授调入。高级知识分子队伍之强大，在华东地区首屈一指。

因此，杨西光担任复旦大学党委书记兼副校长后，把高级知识分子的工作放在极重要的地位。

在这些高级知识分子中，最重要的自然是陈望道校长。当1949年人民政协开会时，我们在学校里就听到传闻，周恩来总理在会议期间说：一些前辈先生把马克思主义介绍到中国来教育了我们，如陈望道先生。听了以后不禁肃然起敬。

杨西光同志来校前，校内在党政关系上有一些不很协调的地方，望老很有些意见。时任校党委组织部长的李庆云写道："杨西光同志调来复旦任党委书记后即着手解决这一问题。他非常注意树立陈先生作为一校之长的权威，在各种场合通过各种工作有意维护。比如，中央和上海市委有什么指示精神，教师和学生当中有些什么情况，党委一个阶段的工作意见等，他都及时向陈先生通报；学校工作有什么重大举措，人事上有什么安排和调整等，他都及时征求陈先生的意见；在陈先生健康情况允许的情况下，党委的一些重要会议也请陈先生参加。由于党委重视并维护校长的领导权威，所以校长也更加尊重和支持党委的工作，党政关系很快得到了改善，形成了协调配合、团结合作的局面，大家同心同德，共谋学校发展大计。"这些情况，我也大体知道。

对陈先生，全校上下无不对他十分尊敬，都只称他为"望老"。工作上他有什么吩咐，我们都努力去做。最近，复旦出版了12卷的《陈望道文存全编》，从中看到两篇文章是望老吩咐我起草的。一篇是1959年5月写的《复旦十年》，一篇是1961年10月写的纪念辛亥革命五十周年的文章。回想当年得到望老吩咐，心里十分紧张，不敢轻率动笔，因为望老是中国修辞学的泰斗，后来得到他认可才放下心来。隔了六十多年重新看到，不禁感慨系之。

1957年6月19日，中共中央组织部由部长邓小平签署，根据陈望道的书面请求和上海市委的意见，批准陈望道同志重新入党。由于当时的需要，不立刻公开他的党员身份。那时我正兼任复旦党委办公室副主任，杨西光同志叮嘱我：以后中央和市委发来的文件都得送给望老看一下。我还以为这是对望老的特殊尊重，根本不知道他已重新入党了，可见当时保密工作的严格。直到1973年8月，中共十大召开，望老以十大代表身份来到北京参加大会。这时我已在北京工作，担任文物出版社副总编辑。平时常见到的北京图书馆馆长、上海市原副市长刘季平同志约我一起去看望望老，我才知道他早已重新入党了。但后来没有去成，没有能见他最后一面，实在是很大的遗憾。

这里讲几句题外话：望老看起来很严肃，不苟言笑，其实很慈祥，还很有幽默感。他的夫人蔡葵先生是中国基督教女青年会总干事，十分精干，平时话很多。一次，望老忽然对她说："我看你一年中只有一个月话少一点。"蔡先生一愣，问："哪一个月？"望老说:"二月。"蔡先生想了一下,才明白:一年中只有二月比其他月要少一两天,说话自然要少一点。

在老教授中还有一位是毛泽东主席十分熟悉,也是一位极聪明的人,那就是周谷城老师。他们早年在湖南第一师范和农民运动中都共过事。1945年,毛主席到重庆同蒋介石谈判,也分别去看过望老和周先生。刚解放时,校门口和校徽上的"复旦大学"四个字就是从毛主席写信给周先生的信封上取下来的。以后的校名,也是由周先生请毛主席写的。

这以后,毛主席到上海常找周先生聊天。周先生到北京去,也常到毛主席处去。1965年上半年,已是"文化大革命"前夜,毛主席到上海去,还找了周先生和刘大杰教授去,一起谈中国的古诗词,谈得十分高兴。"文化大革命"时,我已被当时原任华东局宣传部长兼上海市委文教书记的石西民同志调到文化部,在政策研究室工作。1968年1月被复旦大学造反派到北京突然绑架,坐火车押到上海,在学生宿舍六号楼关了整整一年。望老没有被"打倒",但也"靠边站"了。一次,工宣队头头张扣发在大草坪作报告,我看到望老也拿了一只帆布折叠的小凳子去坐着听。但那时我已不能上去同他打招呼了。这是我最后一次见到他。周谷城老师"文化大革命"一开始就被揪出来,被称为上海"三家村"之一:说周予同先生是"封"的代表,周谷城先生是"资"的代表,李平心先生是"修"的代表。我被揪回复旦时,周先生还没有被"解放"。每天早上8点,周先生一定准时从市区茂名路家里远道赶到历史系学生宿舍,从不迟到,有七八个人(我也在内)列了队,听造反派训话后去打扫厕所。后来因为毛主席讲了话,他才得到"解放"。"文化大革命"结束后,有人讲起这一段历史,他说:"我都忘了。"不再提起。

周先生的极为聪明之处，我也可以举两个例子。一个是小的：他到北京，毛主席要他一起到深水处去游泳，他说："我既不能由浅入深，也不能深入浅出。"还有一件事更重要。1958年初，我在一次会议上听中共上海局兼上海市委书记柯庆施讲话。他说：周先生对毛主席说：我看中国共产党现在的精神是"鼓起干劲，力争上游"。毛主席说：你讲得好，但"鼓起"还不够，应该是"鼓足"。这就是当时提出社会主义建设总路线的来源。可见周先生当时已经敏锐地看出中国共产党建设社会主义的那种精神状态。

　　除望老和周谷城外，杨西光对其他高级知识分子也十分关心。郭绍虞、方令孺等教授都是在1956年入党的。反右派斗争前夜，吴征铠、谈家桢等著名教授平时讲话比较直率而随便。吴征铠教授已经入党了，就直接叮嘱他讲话不要太随便。谈家桢教授不是党员，就通过他女儿谈曼琪叮嘱他讲话不要太随便。复旦党委统战部长、副教务长、新闻系主任王中被打成"右派"。杨西光对我说："他的事，我们事先一点也不知道，是《人民日报》社论中已经点了他的名，称为'右派'，我们无能为力。"反右派斗争后期，1958年4月，复旦党委发展了苏步青教授入党。同年12月，任命吴征铠教授为刚成立的原子能系党总支书记兼系主任。由入党不久的教授担任党总支书记，而且是这样重要的系，这在当时全国也罕见。在反右派斗争中，复旦的一级教授7人（陈望道、周谷城、郭绍虞、苏步青、陈建功、卢鹤绂、周同庆）没有一个被打成右派的，二级教授也极少划成右派。有一次我见到一位上海的大学的党委书记，她说："和复旦不同，我们反右时吃了大亏。"

　　当然，复旦在反右中也有不少错误，特别是年轻学生中有不少人被打成"右派"，以至影响了一生的命运。杨西光以后讲到这件事一直深觉内疚，这在后面要讲到。

在这前后，复旦大学发展了一批著名的高级知识分子入党，1962年12月，复旦为开第四届党代表大会，选出党委委员31人，其中包括教授7人：苏步青、胡曲园、蔡尚思、谢希德、谷超豪、李铁民、鲍正鹄。我是历史系讲师，也是党委委员。第二年1月，教育部工作组来校了解老教师中建党的情况。复旦全校教授69人中已有党员14人，副教授43人中有党员18人。这样的比重，在当时全国高等学校中显然是比较高的。

除了在政治上的关心和信任，在专业上为了更大发挥老知识分子的作用，为他们配备业务上的助手或建立研究室。在文科有以望老为中心的语言研究室、以谭其骧教授为中心的中国历史地理研究室；在理科有以谈家桢教授为中心的遗传学研究室，还有其他好几个研究室。这样，不仅可以更充分地发挥一些在学术上有很高成就的老知识分子在专业上的作用，也能更好地发挥"传帮带"的作用，有助于培养中青年教师的成长。

杨西光和校党委副书记兼副校长的王零，对培养中青年教师都极为重视，将其放在学校工作中的重要地位，因为他们是复旦学术发展的未来。说是中青年教师，那是相对解放前的教授们来说的，其实很多早已在学术上很有成就，成为学校教学和研究工作的重要骨干。杨西光、王零经过调查研究后列出要重点培养的中青年教师名单。这个名单并非确定不变，而是根据实际情况不断有所调整。记得有中文系的王运熙、胡裕树，外文系的董亚芬，历史系的胡绳武，经济系的蒋学模、苏绍智，数学系的谷超豪、夏道行，化学系的秦启宗、高滋，生物系的洪黎民等（年代隔久了，这名单不一定准确、更谈不上完整）。经常了解他们的工作情况，同他们单独长谈，帮助他们改善工作条件。

杨西光有一个看法：重点培养不等于忽视集体。他举一个例子，培养一个长跑或短跑运动员，绝不能只让他一个人跑，这样是跑不出好成绩来的，一定要形成一个团队，既有骨干，又有许多人一起跑，这样才能跑出水平来，锻炼出好的运动员，骨干教师的名单并不宣布，可以根据实际情况进行调整。他把这种方法归纳为一句话："一群里出一个，一个带动一群。"这个做法，坚持了很长时间。所以，杨西光和王零两人对这些中青年教师的状况一直是相当了解的。有一位化学系的教师在80年代初对我说："我在做学生时，王零就认识我，并且知道我是学高分子化学的，现在我是副教授了，但主管的领导还不认识我。"

再以杨福家教授为例。当他还是学生时，我就曾多次听王零讲到他，当面也称他"杨博士"。毕业后，杨西光决定送他到丹麦哥本哈根玻尔研究所去，攻读博士，并做博士后研究。那时，派人到西方国家去学习是极少见的。杨西光做这个决定时，我正好在他的房间里听到。后来，杨福家做过复旦大学的校长，又被英国请去做诺丁汉大学校长。这是以前没有过先例的。可见杨西光、王零没有看错人。

在当时的中青年教师中，最突出的大概要数谷超豪同志。他是解放前的地下党员，当过浙大学生自治会副主席（主席是1947年被国民党当局逮捕后在监狱中杀害、引起全国学生强烈抗议的于子三）。他是苏步青教授最得意的大弟子。1952年院系调整时，本来准备派他到苏联留学。在北京学习一年后，有关单位错误地不同意他赴苏联留学，把他送回院系调整后的复旦大学，正好和我共住在复旦第四宿舍一间的房间里。他是数学系的，我是历史系的，但常在一起聊天，也谈治学。至今还留下记忆他所讲大意的，一次是说：他看人家的数学论文，主要不是看他所得出的结论，而是看他是怎样提出问题，怎样一步一步演算和分析的过程，怎样最后得出结论。另一次是说：看一本厚厚的书，如果读懂了，就越读越觉得它薄了，好比看一棵大树，粗看是黑压压一堆，细看就看清主干是怎样的，共有几根大的分支，又分出许多枝枝丫丫和浓密树叶，这就看清楚了，不需要说很多话就能把它的基本内容对别人讲清楚了。这些，我觉得学数学是这样，学历史也是这样。

不久后，复旦党委还是送谷超豪到苏联莫斯科大学留学。他的本行原是微分几何，他要求同时再读一个偏微分方程学位，这样又可以有新的眼界和看法。莫斯科大学很吃惊，说没有先例，但最后还是同意了。毕业论文答辩时，校长彼得洛夫斯基也来听。结果，决定跳过原来应试的副博士学位，直接授予博士学位。这的确令人吃惊。改革开放后，国家特地授予他最高科学技术大奖，他的夫人胡和生和学生李大潜等也都成为中国科学院院士。

为了培养后备师资力量，杨西光、王零征得上级同意，还从全市中学的毕业班中选调一些拔尖学生来复旦组成无线电和数学两个培训班，后来转为本科生，毕业后多数留校充实教师队伍。

此外，理科的教学和科学研究离不开实验室和国外的专业刊物。王零对实验室建设花了很大力量，并且经常到各实验室去看。他常在晚上到校内巡视，各学科的教师和研究人员，他大多叫得出名字，并且说："我经常在晚上看到你们实验室灯火通明，就知道你们又在工作，十分高兴。"

院系调整前浙大数学系的国外重要专业期刊比较齐全。苏步青提出，要求续订，但当时学校里能支付的外汇很少，行政部门很犹豫。杨西光就说:"我们不能撒胡椒面,把有限的科研经费零花了,要用在重点上。当前就是要为数学系多订些国外最新的图书和刊物。"这话,我也在当场听到了。

不夸张地说,杨西光在复旦工作是真正把它作为事业来做的,总是着眼大局,全力以赴,在出主意和用干部两方面都十分用心。他的作风雷厉风行,也有人说他"一言堂",但许多干部觉得他高明,要跟上他的节奏必须跑步前进,工作能见成效。苏步青教授当校长时曾说:"没有杨、王,就没有复旦的今天。"中国科学院院士、复旦化学系教授邓景发说:"复旦能有今天这样的成绩,杨、王两位是起了很大作用的。他们在那样的环境中,还为复旦大学做了那么多的工作!"

"文革"期间,造反派一再说杨西光是复旦大学保护"右派"势力的大黑伞。我十分熟悉的中文系章培恒被打成"胡风分子"后,杨西光把他安排在中文系资料室,不脱离专业,对他也没有歧视。"文革"结束后,章培恒成为中文系很著名的教授。他于2004年4月11日在《文汇报》上写了一篇《追思杨西光先生》,说:"曾经有人称赞我在逆境中还能拼搏。其实,要不是这把'黑伞'撑着,我早就被压垮了,哪还谈得上拼搏?"他还补充了一句:"由于杨西光先生已经去世,我说话可以自由一些,不致有面谀之嫌。"

历史是公道的,正直的人会说实在的话。

## 杨西光和真理标准大讨论

讲他和真理标准大讨论这个问题似乎已越出本文题目的范围。但它是杨西光一生中做出的最大贡献,在怀念他的文章中不能不谈到这个问题。我当时常到他家去看望，也听他谈到一些情况，应该在本文结束时谈到。现在，记述这件事前后经过的文章和书籍已经不少，我只能简要地谈一点我接触到的事，不可能也不必要再作完整详细的叙述。

我是1965年初离开复旦到北京工作的。离开的原因是：当时毛主席对文艺工作做了两次批示，提出尖锐的批评，于是在文化部开展整风。整风工作组组长是周扬。后来又调当时担任中共华东局宣传部部长兼上海市委文教书记的石西民同志担任副组长。不久，改组文化部，由陆定一任部长，南京军区政委萧望东、石西民、湖北省委书记处书记赵辛初、武汉军区政治部主任颜金生为副部长，号称"两个将军，两个书记"（萧任部党组书记，石任副书记）。石西民来北京时，从上海宣传文教系统中抽调了四个人随他来，其中包括我。到文化部后在政策研究室工作（室主任是原南京军区宣传部部长刘宗卓），这自然不是我所熟悉的，但从服从组织决定的牢固观念出发，只有坚决服从，杨西光也不便阻挡。不久，杨西光到北京开会，我去看他，得知他已改任上海市委候补书记，那时他正好50岁。

没想到，"文化大革命"开始，一切都变了。聂元梓从北京率领一批造反派到上海，对上海市委先打倒的是杨西光和市教育卫生部部长常溪萍。然后，张春桥、姚文元指挥"一月风暴"，夺了上海市委的权。1968年1月，复旦大学造反派到北京，把我用绑架的办法坐火车押回上海，在学生宿舍六号楼关了整整一年，12月押回北京时带来一个材料，是在青海服无期徒刑的原复旦新闻系特务学生罗怀瑜凭空虚构说我是国民党特务组织"学运小组"成员。这个人本来是暨南大学的特务学生，上海解放后才并到复旦来，所写的材料本来牛头不对马嘴，漏洞百出、极易辨明的捏造。但那时的造反派，没有材料也要千方百计地"挖"出点材料来，何况送来一份据说连"细节"都写得十分"详细而生动"的材料，那就绝不能放过了。你越想把事情说清楚，他们从你讲的事实中又可以"发现"许多新的"疑问"，那时真是深深体会到什么叫"有口难辩"。外地流传我已自杀，有的朋友还从外地写信给和我同在咸宁干校的中华书局李侃同志询问我是不是已经"畏罪自杀"了。这样，整整"审查"了四年，其中有三年在湖北咸宁五七干校，一直不许回家。直到王冶秋同志不管"审查"还没有结论，就发文调我回北京文物出版社工作。这才不了了之地结束了这场无中生有的"审查"。

说这些，是为了说明为什么在十多年中，我同杨西光同志中断了联系。

粉碎"四人帮"后，得知杨西光同志又出来担任上海市革命委员会副主任，主管科技工作。1977年9月，他到中共中央高级党校学习，我去看他，这才重新建立起联系。

经过这样一场创重痛深的"文化大革命"，人们的思想十分活跃，对过去好些并不符合实际的错误看法要重新考虑。邓小平同志提出要用正确的完整的毛泽东思想来指导我们，反对"两个凡是"。以胡耀邦为副校长的中央党校，便成为对以往一些错误思想议论得十分热烈的地方。

杨西光在党校先是发奋阅读马列原著，记了几万字的笔记，认真思考问题，以后便着重转到对被"四人帮"颠倒了的重要理论问题进行思考和探讨。他告诉我："1977年12月，中央党校在研究编写一个党史问题材料时，当时主持党校工作的胡耀邦同志提出两个编写要求，一个是完整、准确地运用毛泽东思想，一个是实践是检验真理标准的问题。那时，党校在胡耀邦同志提倡解放思想、实事求是评价历史问题的鼓舞下，思想相当活跃，提出了一些拨乱反正的问题，在一部分同志中间进行了热烈的讨论。这个时期，已有个别文章论到真理标准的问题。中央党校以后几期学员继续就这些问题进行了讨论。"他把这种状况称为"《实践是检验真理的唯一标准》一文写作的思想背景"。这是他的原话，是十分重要的说明。

第二年3月15日，中央任命杨西光为《光明日报》总编辑。他住在《光明日报》社对面的前门饭店。他的夫人季宝卿（她是在杨西光的夫人卢凌去世后同他结婚的）也从上海调来了，我同她又是极熟的，所以常去他们家去看望。

就在杨西光到《光明日报》不到一个月，也就是4月初，理论部送来一份《哲学》版来稿的大样，待他签发。上面有一篇南京大学哲学系教师胡福明的文章《实践是检验真理的标准》。杨西光凭着他政治上的敏锐感觉，一看就觉得它针对的正是流行的"两个凡是"的错误思想，是一篇当时十分需要的文章，立刻作出两点重要决断：一是这篇文章如果放在《哲学》版面上发，不能在社会上产生重大的影响，而要放在《光明日报》的头版上发；二是正因为这个问题的重要，这篇文章还存在许多不足，要组织力量进行认真修改，使它有更强的现实针对性。他还提出一个修改方案。

在杨西光主持下，由中央党校理论研究室和《光明日报》编辑部的同志一起动手修改。胡福明也从南京赶来参加。文章一共改了十来稿，改动的幅度相当大，文章题目在"标准"前加了"唯一"两字。我去看望杨西光同志时，他把原稿和修改稿都给我看了。我的印象是原稿保留的和修改部分大约是一半对一半。他问我觉得怎么样，我说举双手赞成。因为文章放在报纸的第一版，自然不适宜由一般的个人署名，而用了"本报特约评论员"的名义。那时，高层中对这个问题还有严重的不同意见。杨西光也告诉我：如果用社论的名义，发表需要经中宣部审批，而当时中宣部是反对这篇文章的观点的，所以采用这样的署名。

文章在报上发表的前一天，先在中央党校的内部刊物《理论动态》上发表。杨西光对我说：在《理论动态》上发表，胡耀邦同志会先看，这样，放心一点。而他在《理论动态》所发文稿后加了一句："（光明日报社供稿）"。他对我说：这是为了表示如果遇到什么问题，由光明日报社负责。这表明了他勇于担当的精神。

5月11日，文章在《光明日报》上以通栏标题发表。当天，新华社全文转发。第二天《人民日报》《解放军报》和一些省市报纸转发。绝大部分省市报纸也陆续转发。一场关于真理标准的讨论在全国迅速展开，为中共十一届三中全会的召开做了重要的舆论准备。

这以后，我仍常去看望他，却从来没有听他说到自己在这方面所起的重要作用，而是只讲当时的整个思想背景、中央领导人的远见卓识和集体的力量。这些当然是事实，并且起着根本的作用。而我也联想到他素来那种政治上的敏锐性、思考和处理问题的周密性和遇事果断而勇于担当的责任心。这些都是我熟悉的，而经过这些年的磨炼，显然更成熟了，在当时还存在严重风险的处境下，他这些相当可贵的品质无疑也起着不可缺少的作用。

第二年年初，中央召开了一次为期一个来月的理论工作务虚会。杨西光在第一次小组会上作了长篇发言，对真理标准讨论作了进一步的阐述。但他也并不赞同会上的所有发言。我去看他时，他说了一句："也有人像脱缰野马那样。"他没有说什么人，也没有说讲什么话，但"脱缰野马"四个字给我留下很深的印象。在会议将要结束时，邓小平同志受党中央委托，到会作了《坚持四项基本原则》的讲话。我当时想：这又反映了杨西光在政治上的敏锐性。

由于长期不顾一切的劳累，"文化大革命"中又经受了种种非人折磨，他的健康状况江河日下。他病危时，同他在复旦长期搭档的王零同志到中央党校学习。我陪王零到医院去看望，季宝卿自然也在那里。他一见面第一句话是："是时候了，见一下，好。"那时，复旦有人扬言有什么"杨王路线"。我为了安慰他，说到苏步青校长很愤激的一句话："没有'杨王路线'，就没有复旦的今天。"杨西光对着王零深情地说："我们在复旦之所以能干出点事情来，得益于党委班子心齐，也应当得益于你的大力配合。你能理解我，能够按照党委决定的意见做。否则，我经常不在学校，你们不抓紧，我说了也没有用。"他停下来喘了半天，又坚持说下去："那时候的运动多，虽说心底里明明知道要紧抓教学与科研不放，要抓紧青年骨干教师的培养不放，但不能回避、也无力回避那些运动的干扰，从自己的主观意识来说，也在受着那些'左'的影响，因而在运动中伤害了一些人，做了一些失误的事，虽然也有意识地保护了一些人，但受到伤害的不在少数，这个教训是很深刻的。"王零竭力要劝慰他。他摇摇头说："我当然要负责任，那是无话可说的。"他一面讲一面喘，拦也拦不住，一定要把压在心头的这些话说完。

这是我最后一次同他相见。

1989年5月14日，他停止了呼吸，离开了我们。告别时，看到灵前花圈的绸带上写着他妻子季宝卿的一行字："安息吧，西光同志，你太累了。"这句话在我心里引起强烈的共鸣。他确实太累了，而他累的从来不是个人的那些私事。

没有昨天，就不会有今天。尽管历史在不断飞速发展，但它总是以前人的成就为起点。他们的贡献，后人是永远不会忘却的。

# 史学传统的传承*

季龙师：

在您八十华诞的时候，作为您的学生，衷心敬祝您健康长寿。

记得有一次我向您提到周一良、侯仁之、史念海几位先生在燕京大学都曾听过先生的课、都是先生的学生时，您说：他们几位我不好说是自己的学生了，大概从你以后，我觉得可以说是我的学生了。回头一想，我跟先生学习的时候，还只有十八九岁，先生那时也只有三十七八岁，正是风华正茂的时候。尽管四十多年过去了，先生当年的谆谆教导乃至一言一笑，至今仍然历历在我眼前。

这几天，我一直在回想：几十年来，先生给我最难忘的印象是什么？想来想去，似乎有这样三点：

第一，先生才华横溢，聪明绝顶，但治学却永远是那样严谨，一丝不苟。用"聪明绝顶"这样四个字，绝不是学生对老师的有意赞颂，而是由衷之言。如果按照中国传统的算法，我现在也可说是"年逾花甲"了，平生接触过的学者不算少，但像先生那样视野广阔、思路明晰、博闻强记、令人心折的实在不多见。前几年，有一次在东京，两位日本教授（山口一郎教授和山田辰雄教授）问我：金先生，你的老师是谁？可见日本学者也是很看重学术的传承关

---

\* 本文系作者祝贺业师谭其骧（字季龙）院士八十华诞的信，发表于1990年2月27日《文汇报》。

系。当我回答中讲到先生的时候，心里充满着自己是先生的学生的自豪感。而给我教育更深的是：以先生那样聪明绝顶的人，做起学问来却总是像"如临深渊，如履薄冰"那样，从来没有一丝一毫的马虎。先生几十年的研究成果，用不着我来多说，这里只说一件小事：那还是解放初，先生有一次翻给我看一本先生看过的当时很流行的通史著作（不是范老的通史简编），里面每一页旁都批满了字，指出史实上不准确的地方。先生翻给我看了后，只是笑笑，并没有说什么。我那时还年轻，这件事给我内心引起的震动至今难忘。这以后，自己在治学时即便是小处也不敢掉以轻心，宁可把自己当笨人对待，多下点笨功夫，不敢取巧，更不敢凭"想当然"就信口胡说。尽管自己并不能做到先生所期望的那样，但先生那种无言的教诲确实使我终身受益。

第二，凡是经过先生手的学术方面的工作，我觉得先生确实当得起"对工作极端地负责任"这几个字。先生主编的《中国历史地图集》应该说是新中国四十多年来在史学领域内最突出的成果之一，是不朽的贡献。这部地图集最初出版的时候，上面根本看不到先生的名字，而先生却始终如一地为此倾注了自己的全部精力。我那时还想过：以先生的学识和才华，如果用去写个人的论著，不知可以写出多少来，但先生却根本置这些于不顾。事实证明：先生这样做是完全对的，是完全值得的。即便别人写的其他东西，只要经过先生看的，先生都同样那样认真对待。这当然花去先生很多的精力，先生却始终这样做，从来没有在这方面吝惜过自己的时间和精力。这对我也是很深的教育。

第三，先生待人接物耿直坦率，总是有话直说，心口如一，不敷衍，不苟同，不说假话。我每次见到先生，听先生谈到对许多事情的看法，都深有这样感觉。尽管有的话别人不喜欢听，有时甚至会给先生带来很不公正的对待，但我从没有看见先生改变过这种态度。当然，如果别人说得有道理，先生也总是能从善如流。

先生在七十高龄以后，参加了中国共产党。我在报上看到这个消息，十分兴奋。我相信，这是一位正直的学者，根据自己毕生经历做出的选择。这使我对先生更增加了尊敬。

先生给我的教益，要说的话还很多。但一封信似乎不宜写得太长，只能就说这些。我深深感到：老师的言传身教对学生所起的那种潜移默化的作用，自己最初也许没有立刻明确地意识到，但几十年过后，时间相隔越久，这种感受反而越来越强烈。尽管自己有愧于师教，没有能做到老师教导的那样，但我常想，如果自己年轻时和以后，没有受到先生以及周谷城、周予同、胡厚宣、陈守实、蒋天枢等老师的教育和熏陶，使自己心中对怎样才算是学术研究树立起一种无形的标尺，觉得不如此就根本拿不出手，那么，恐怕连今天这点微薄的成果也难以取得。学术传统的传承，也许正是在这种不知不觉的潜移默化中实现的。至于有幸能长期在先生身边工作的同学，这种体会一定比我更深刻。

最后，再一次遥祝老师健康长寿，继续在学术研究上取得新的硕果。

学生金冲及敬上
1990年2月10日

附 录

# 忆季龙师二三事

谭其骧（季龙）先生，是给我教益最多的老师。

先生一辈子不是读书就是教书，对培育学生花费了许多心血。我在1950年听先生讲过魏晋南北朝史和隋唐史。那时学校里规定要写学年论文，我还只有19岁，以前不曾写过学术性的论文，也不知道该怎么写。先生出了一个题目，指定读《通鉴纪事本末》中有关李密、窦建德、王世充那三篇，要求把它们综合起来，加以分析，不需要再找其他很多材料，写成一篇夹叙夹议的文章。这实在是个好办法：既要求学生认真阅读古籍，又锻炼了学生分析议论的能力；既是能力所及、易于着手的，又能得到学术研究基本方法的初步训练。可见先生在引导还很幼稚的学生对学术研究如何入门上很用了一番心。这件事已过去六十多年，但我依然记得很清晰，说明它在我成长起步时留下了很深的印记。

先生对老师也极为尊敬。记得在五六十年代时曾听他说过：凡是他到北京去时一定要看望两位老师：一位是顾颉刚先生，一位是竺可桢先生。但在学术问题上如果有不同意见，依然各抒己见。先生还在当研究生的时候，对顾先生讲义中讲到的两汉十三刺史部制度有异议，就提出讨论。顾先生也不以为忤，把先生的讨论函件作为他《尚书研究讲义》的附录印发给学生。这可算得一段史坛佳话。

先生的博闻强记，往往使我吃惊。1975年，国家文物局局长王冶秋同志要到新疆去考察克孜尔、库木吐喇两处石窟的保护工作，请先生和唐长孺先生一起去，我也随行。先生以前从没有去过新疆，但此行每看到一处城镇或一条河流，常很清楚地说明它的沿革。到南疆的库车时，当地人临时请他作报告，他就讲龟兹国的历史。接着到敦煌时，又讲了河西走廊的历史。这两次报告都讲了大约两个小时，先生手里一张纸片也没有，侃侃而谈，讲得条理分明，而且很细。我惊讶地问先生：怎么能把这么多内容都记住？先生很不经意地回答：我出来前翻过一点书。说实在的，我的记性不算坏，但自问是做不到这样的。

先生不仅有着惊人的记忆力，更可贵的是有着敏锐的观察力，视野广阔而辨析精微。1957年复旦大学举行校庆学术报告讨论会，先生作了关于海河水系形成与发展的报告。那时海河的水灾很严重，成为华北一个大患。先生引证大量历史资料，推翻从来几乎已成定论的说法，指出海河原本是几条分流入海的大川，以后历代封建统治者为了满足漕运等需要，把它逐步改造成汇流入海，形成海河水系，这种人为的扩展超出自然条件许可的范围，一遇涨水，便泛滥成灾。先生以此为根据提出如何治理海河的大思路。

先生成名早，三十刚过不久就当了教授，誉满史学界，但从来没有半点傲气和霸气，也没有那种道貌岸然的样子，而是率真随便诙谐，爱开玩笑，有时甚至流露出童心未泯。50年代中期，有一次复旦历史系教师开会，先生迟到了。他没有立刻进来，先用折扇遮住脸探个头进来，然后把扇子慢慢往下移，直到把脸露出来，才哈哈一笑跨进室来。先生的这个情景，我至今历历在目。

先生一生最大的历史性功绩，当然是主编并出版八卷本《中国历史地图集》。先生几十年的时间和心血几乎都投入这项工作中去了。用先生的话来说:"我因为集中精力于集体任务,基本上顾不到自己写文章。""各个时期都有一些比写书更迫切需要应付的业务,不可能腾出时间来著书立说,写上几十万字。""而我是极不愿意在列入国家计划的集体任务未完成以前自己先搞个人著作的。"确实,这项大工程在编绘中遇到的难题太多,判断不易,如果没有先生的主持是很难完成的。但"文革"期间这部《中国历史地图集》出版时,书上没有一处提到先生的名字。我当时曾很有感慨地想:如果先生把时间和精力用在个人的研究工作上,那不知可以写出多少论文和专著来。但先生全不在意。直到"文革"结束后,《中国历史地图集》经过修订重新出版,才署明是由先生主编的。

1980年,我听胡乔木同志在中国史学会第二次全国代表大会上所作的报告讲道:"解放以来,我国史学界做了很多工作,其中最有成绩的工作之一,就是在谭其骧同志和其他同志领导之下编纂的《中国历史地图集》。""它是非常了不起的工作。"1998年上半年,我在日本京都大学当客座教授时,又听日本学士院会员(相当于中国的院士,但人数要少得多)、京都大学名誉教授岛田虔次先生谈到这部《中国历史地图集》时也讲了一句分量很重的话:"我们至今还在受谭先生的恩惠。"作为先生的学生,听到这些评论时我心里不由得涌起一股自豪感。先生为这本《中国历史地图集》倾注的心血,可以说是在中国史学发展史上铸造了一座不朽的丰碑。

# 我怎样开始写最初几篇史学论文

我是1951年从复旦大学历史系毕业的。那一年复旦文学院和法学院师生六百多人到安徽五河县和灵璧县参加土地改革工作。历史系主任周予同教授担任大队长,谭其骧教授等也参加了,四年级学生因为参加土改,都没有写毕业论文。我因为正担任校团委书记被留在学校。参加土改的师生归来后紧接着是"三反"和思想改造运动,毕业论文也没有做。尽管自己喜欢读历史书,到那时却还没有写过一篇学术论文。

怎样开始写最初的学术论文,在今天的中国近代史学者看来,是再普通不过的事了,有什么可说的?但在上世纪50年代,跨出这一步,实在并不容易,原因可能是历史条件不同。

我最初发表两篇史学论文,都在1955年,也就是24岁时候。1952年,教育部规定大学的历史系和中文、新闻等系都要开设中国近代史的课程。那时说的中国近代史,指的是鸦片战争到五四运动那一段历史。教授中专治中国近代史的极少,有些人还持有中国近代史不能算"学问"的偏见。于是,这副担子在各校相当普遍地落到和我同辈的青年教师肩上。

青年教师担负起这门课的教学,如果同时要开展专题性的研究工作实在有很多难处:第一,中国近代史在各校大抵是一门新课,处于草创阶段,需要适应新中国的需要,但没有现成的教材,主要参考的学术著作是范文澜同志的《中国近代史》上册和胡绳同志的《帝国主义与中国政治》。这两本书可以说引导着青年教师入行,但并不是教材的体裁,范老的书又只讲到义和团运动为止。金陵大学陈恭禄教授的《中国近代史》是解放前的"部颁教材"。我在中学时代曾买来读过,这也是我曾报考金陵大学历史系的重要原因,但它终究已不适宜作新中国的该课教材。各校之间当时可以说没有什么往来和交流。所以,承担这门课的教师,几乎全力以赴地从事备课,还谈不上有多少从事史学专题研究。第二,当时刊载史学论文的场所十分少,求得发表相当困难。由尹达、刘大年主编的《历史研究》在1954年中期才创刊。此外的史学刊物有天津的《历史教学》、河南的《新史学月刊》,篇幅比较少,每期只有几十页。中国科学院历史研究所第三所的《集刊》,论文水平较高,给我很多启示,但似乎只刊载本所学者的文章,而且出了两期就停刊了。此外,在综合性刊物《新建设》、《文史哲》、《学术月刊》和大学学报等有时也刊载一些史学论文,但为数并不多。高等学校从事中国近代史教学的教师,人数不少,但忙于备课,论文发表既然相当困难,就顾不上了。第三,当时按教育部规定在高等学校从事中国近代史教学的青年教师,是这方面最大的群体,但彼此长期并无交往,自己无论知识积累和思考深度,都处于起步阶段。读了范文澜、胡绳的著作和罗尔纲先生连续出版的太平天国史学考辨著作,都有望尘莫及之叹,一时不敢轻于下笔。中国史学会主编的多卷本中国近代史资料丛刊,丛刊给了我们极大帮助,但大家都忙于备课,没有多少精力从事专题研究。陈锡祺教授的《同盟会成立前的孙中山》和李时岳的《辛亥革命时期两湖地区的革命运动》都大约只有六七十页,已十分引人注目了。

回想起来，1961年的辛亥革命六十周年学术讨论会对推进中国近代史研究工作所起的作用是不可忽视的。那是我生平第一次参加在外地举行的全国性学术讨论会。到会的前辈学者有吴玉章、李达、范文澜、吕振羽、何干之、黎澍等，中青年学者有陈旭麓、李侃、胡绳武、汤志钧、祁龙威、戴逸、章开沅、茅家琦、陈庆华、李时岳、龚书铎、李文海、张磊等（李文海与张磊当时只有二十多岁），许多人是第一次见面，以后成为至交。会上的热烈讨论和自由交谈，有力地促进了中国近代史学科的繁荣和建设。讨论会的论文出了专集。这以后中国近代史研究的面貌同以前相比，确实发生了重大变化。

再讲讲我自己最初的两三篇史学论文是怎样会写出来的。

1952年院系调整，教育部规定综合性大学的历史系都要开设中国近代史的课程。复旦历史系的教师阵营很强，一级教授有周谷城，二级教授有周予同、谭其骧、胡厚宣、陈守实、蔡尚思、王造时六位，还有耿淡如、马长寿、陈仁炳、田汝康等教授，真是人才济济。但那时教授专治中国近代史的人十分少，复旦历史系又没有这方面的副教授和讲师，所以这门课第一年由陈守实教授开设。陈守实教授是清华大学研究院毕业的，他的专长是明清史和中国古代土地制度史，不能长期要他再担任这门课的讲授。那时，中国近代史这门课不但没有教材，连教学大纲也没有。就由胡绳武同志（他和我是同学，比我高三个年级，1948年毕业后留校当助教，素来熟悉）同我两人边学习，边编写教学大纲。1953年，由我们两人分别担任历史系和新闻系这门课程的讲授，内容是从鸦片战争到五四运动前的历史。从此，我先后在历史系、新闻系、中文系讲这门课（从1953年到1964年），职称在1955年定为讲师。说实话，对付讲这门新课已很费力，顾不上再去做什么专题研究工作。

讲课使自己受益极大。我讲了12年课，尽管一直是教学工作和行政工作"双肩挑"。但深深感到有这样多年的教学经验和没有这种经验大不相同。当教师的好处，我的感受至少有几点：

一、讲课要在不长时间内向学生讲清楚这门课程的基本知识，包括有关基本理论，要使学生能够听明白，并且对重要内容留下比较清晰的印象。最重要的是两条：一是这门课程内容的基本脉络线索和内在逻辑；二是今后工作中常容易接触到的重要知识和学生学习时容易产生疑问的地方。这就要求任课老师事先充分准备，分清主次，理清思路，记住一些应该记住的事实。不能呆板地只讲一些具体的历史事实，备课的过程，实际上是自己深入学习的过程。如果以其昏昏使人昭昭，学生自然不会满意。而且，学术研究总在不断发展，自己的知识和理解也有进步和变化，不能每年拿着老讲稿去讲，总要年年都有所补充和修改。这样的备课自然比自己平时看书所得的印象要深得多，而且养成把个别问题总放在全局中去考察或同周围其他因素联系起来分析的习惯，既积累了知识，也在头脑中积累起越来越多的问题，不能只是简单地就事论事。这就为后来从事研究工作打下比较扎实的基础。

二、教师讲课时是面对学生的，眼前是满课堂的年轻人，讲话是讲给他们听的，处处都要想到能不能引起他们的兴趣，考虑他们能不能听懂，会有哪些疑问需要帮助他们解答。这门课，我在复旦教了十多年，比较熟悉，后来讲课就不带讲稿，重要的引文也事先整段地背熟，上课就像同朋友聊天那样一口气讲下去，当然，和平时聊天不同的是：条理要分明，叙事要准确。这样，课堂空气很活跃，也很自然。我感觉写文章同讲课一样，要处处替对方着想，因为你写的是准备给读者看的，不是自己关在书房里写给自己看的读书笔记。教书一定要处处都想到那是讲给学生听的，要为他们着想不是自言自语。这是没有当过教师的研究者不容易强烈地感受到的。我当过几年校团委书记，那时政治活动多，需要向团员和学生讲话和作报告，在这方面也是受益不少的。当然，现在常向听众作学术报告的研究者，也会有这种感觉。

三、做教师还有一个"教学相长"的重要好处。一些书读得多或长于思考的学生，对问题常会有很高明的看法，是教师原来没有想到的。常同学生接触，思想就更活跃，更容易从不同角度来看问题，这比老是一个人苦思冥想，甚至会钻入牛角尖里还拔不出来要好得多。我在讲课时曾采用一种办法：当涉及某个比较复杂或重要的问题时，停下来请同学们举手后起来谈自己对这个问题的看法。当几个同学发表意见后，我再总结一下，在总结中自然也包括并吸收了几个同学发言中谈到的看法。1957年，我同胡绳武同志第一次合作发表的关于太平天国《天朝田亩制度》那篇文章，实质就是我在一次课堂讨论（那时叫作"习明纳尔"）中，对许多同学发表各种意见后的总结。我同胡绳武同志平时经常就一些学术问题聊天和议论。那次课后，我同他谈到那次总结的内容，他又谈了一些看法。我就以两人署名的方式在《文汇报》（记不清了，也可能是在《学术月刊》）上发表了。这是我们俩合作写文章的开始。其实，那次的文章中也包含一些同学发言中的看法。平时，同学们听课后提出的问题和发表的议论，也使我受到启发，思路得到开阔。

还需要讲到：复旦大学历史系有着不少优秀的学生。听过我课的同学中，如朱维铮（1956年入学）、李华兴（1957年入学）、姜义华、王学庄与王知常（1958年入学）、王守稼（1939年入学）、张广智、王鹤鸣、朱宗震（1960年入学）等，他们后来在不少方面超过了我的成就。如当时在史学界产生过不小影响的同班同学姜义华、王学庄、王知常入学不久就合作写了一本《孙中山的哲学思想》，署名是从他们三人名字中各取一个字组合成的"王学华"。这是解放后出版的第一本研讨这个问题的著作，引起不少人注意，打听这位没听说过的作者是哪个单位的，没想到是三个一年级大学生。生活在这样的环境中，对我的促进作用不言自明。

但讲课的头两年多，我几乎全力以赴用于备课，一篇史学论文也没有写过。它的原因前面已经说过：一来是教学的负担很重，当时没有现成的教材，只能边学边讲，已经穷于应付，哪里谈得上再做什么专题研究？二来是当时教学的主要参考书是范文澜的《中国近代史》（上册）和胡绳的《帝国主义与中国政治》，觉得他们对中国近代史中的主要问题都已说得很清楚，自己一时提不出还有什么问题需要研究。三来是那时在中国近代史研究方面，除太平天国历史有简又文、罗尔纲、郭廷以、谢兴尧等先生有专著外，其他研究成果还很少。中国科学院的历史第三研究所《集刊》发表了一批很好的论文，当时使我感到耳目一新，可惜的是这个刊物出了两期就不出了。所以，即使自己想做些专题研究，一时还感到无从下手。这对今天的中国近代史研究似乎难以想象，但对我们这一代人说来，这种幼稚状况当初相当普遍。

我写的第一篇史学方面的文章，是发表在《历史研究》1955年第2期的《对于中国近代历史分期问题的意见》。写这篇文章的原因是：胡绳同志在《历史研究》1954年的创刊号上发表了一篇论中国近代历史分期问题的文章，影响十分大。他写道，"中国近代史是充满了阶级斗争的历史"，"我们可以在基本上用阶级斗争的表现来做划分时期的标志"。我已经教了一年多中国近代史这门课，对这个问题有不同的看法。我认为,"分期的标准应该是将社会经济(生产方式)的表征和阶级斗争的表征结合起来考察,以找出中国近代历史过程发展各个阶段中的具体特点",并且就此对中国近代历史应该如何划分阶段展开了具体的论述。

写这篇东西时,本来并没有想把它作为学术论文来写。只是在1955年春节时在办公室值班,用一天时间写成的。当时年轻,刚满24岁,还有一股"初生之犊"的劲头,有什么不同想法就想说。写得还很长,就寄给《历史研究》,就像是一封比较长的读者来信,所以用的题目是《对于中国近代历史分期问题的意见》,寄出了就了事,没有想是不是会被发表。其实,文章中有不少幼稚的地方,而《历史研究》编辑部却很快就把它发表了。除删掉原有的一句"胡绳同志是我尊敬的前辈"外,其他一个字都没有改动。当时定期出版的史学专业刊物很少,除《历史研究》外,只有天津的《历史教学》和河南的《新史学月刊》,而且篇幅都很短。此外,《新建设》《文史哲》《学术月刊》《光明日报》《文汇报》等综合性报刊上也有一些史学的文章,当然不会多。因此那篇文章在影响很大的《历史研究》上发表后,反应还不小。我同史学界不少朋友的"文字之交"就是从此开始的。

还要说到,胡绳同志丝毫没有因此见怪,一直对我特别好,这真表现了大家风度。

这篇文章发表后不久,忽然接到中国人民大学举行校内学术讨论会的邀请信。当时这类有外地学者参加的学术讨论会十分罕见。复旦不算闭塞,我在这以前却没有到外地去参加过学术讨论会。人民大学的邀请信也没有说会上准备讨论什么问题。到那里后才知道,会议重点是讨论戴逸同志关于中国近代史分期问题的论文。文章中有很长一段是同我商榷的。因而有一个提到我名字的小标题。

后来，我还同戴逸同志开玩笑说，我的名字用四号铅字排出来这还是第一回。会上我临时也作了一小时的答辩，大意是两点：第一，把社会经济的表征和阶级斗争的表征结合起来考察，不是二元论，如从鸦片战争到太平天国失败这段时间，中国已走上半殖民地道路，但还没有出现资本主义近代工业，在这种历史条件下的阶级斗争主要只能是太平天国这样的旧式农民起义；这以后，国内的资本主义工业开始出现，但力量还微弱，就出现了改良主义思潮，直到戊戌维新运动；到清末，民族资本有了较大发展，新知识分子队伍扩大，就有了辛亥革命。两者需要也应该统一起来考察。第二，社会经济的发展通常是渐进的，很难以哪一年作为划分历史阶段的标尺，因此通常可以用阶级斗争的重要事件作为划分时期的界标，但不是历史分期的标准。会上也没有说谁是谁非。对这次讨论情况，《历史研究》又发了一篇比较详细的报道。从此，我同戴逸同志便成为可以无话不谈的挚友。上世纪80年代后期起，他当了十年中国史学会会长，我一直做辅助他的副会长，以后又接续他当了六年的会长。多少年来，我们之间从来没有发生过任何不愉快的矛盾，这也是当时十分良好的传统。

我写的第一篇可算学术论文的是《论1895年至1900年英国和沙俄在中国的矛盾》，发表在《复旦学报》1955年第2期上。它同前一篇文章是同一年写的。为什么挑选了这样一个冷僻的题目？这也有段故事，原因正在于我当时不知道该怎么着手做学术论文。

那时，全国高等学校招收中国近代史专业研究生的，只有北京大学的邵循正教授一人。他培养的研究生中有好几位比较出色的人才，如李时岳、张磊、吴乾兑、赵清等。我就问复旦派去北大进修的戴学稷：邵先生是怎样带研究生的？戴学稷说：他要求研究生先坐下来系统地用心读篇幅很大的、收录晚清外交工作文献的《筹办夷务始末》，从这里着手，再扩大阅读有关的原始史料，如曾国藩、李鸿章、张之洞等的文稿，找出有意义而过去研究不够的问题，写出论文，把问题说清楚。这话给我很大启示，于是依样画葫芦，就找出成为《筹办夷务始末》续编的《清季外交史料》系统地读。因为过去没有这样系统地读过重要的原始史料，也没有什么先入为主的成见，读起来都觉得新鲜，发现晚清这段时间内有关中外问题的许多事都同英俄在中国矛盾的需要有关，日本在甲午战争后一步步扩大侵华也同英国以前的对付沙俄在中国扩张的矛盾有关。接着，再进一步读有关原始资料，用来检验初步形成的看法是否符合实际，发现不符合实际时就推倒重来，如果觉得大体符合实际就继续论证和加以充实。这样的论文，自然仍很幼稚，文章主题也小，但毕竟是学步时跨出的第一步。而且是以原始史料作为研究的出发点，独立地进行分析，这路子是对的，并且养成了习惯。如此走下去，再在实践中不断对论文如何写作用心总结，对的坚持，不对的改进，对自己以后在学术研究上的长进是有益的。有人常说"悔其少作"，我却不悔，有如照相本中不必把童年学步时的照片涂改或撕掉，因为这是历史的真实。

第二年，也就是1956年，我又在《复旦学报》上发表了《云南护国运动的真正发动者是谁》一文。"护国运动"就是反对袁世凯称帝的武装起义。它的发动者过去有种种说法，如：蔡锷、唐继尧、梁启超、孙中山的中华革命党等等，各说各的。我根据当时的原始史料，认为起义真正发动者是受过辛亥革命熏陶的云南新军一批中下层军官。后来，我听李根源先生的儿子、全国政协委员李希泌先生告诉我：当年他父亲看了这篇文章后，很称赞。李根源先生在清末时是云南讲武堂总办（朱德的老师），后来又是护国运动的总参议。他对我那篇论文的肯定自然使我很欣慰，也增强了信心。当时我写文章不贪多，大体上是一年写一篇，力求每写一篇比以前进一步。这比写得很多而总在原地踏步要好。

最后，在复旦的成长过程中，还得讲讲我同辛亥革命研究的关系，因为这也是在复旦历史系时起步的。当我最初从事史学写作时，太平天国、洋务运动、戊戌维新、义和团、北洋军阀等的文章都写过，后来就把力量集中到辛亥革命研究上来。

为什么这样？因为中国近代史的历史资料实在太丰富。前辈史学家陈垣教授提倡对历史资料的使用要做到"竭泽而渔"。这对某一段古代史或某个专题来说，也许能够做到，但浩如烟海的近现代史资料却只能使人有"望洋兴叹"之感，除某些专题外，哪还敢讲"竭泽而渔"。怎么办？想到毛泽东同志所说"伤其十指，不如断其一指"，与其面面俱到，想谈许多问题，结果哪个问题都难讲清楚，还不如集中力量选一两个有价值的问题，多花点力气，下点苦功夫，把它说得比较清楚一些，使人看后多少有所得。

所以我和胡绳武同志在共同再三商议后，就把自己对中国近代史的研究集中到辛亥革命上，在我们合写的150万字的四卷本《辛亥革命史稿》第一卷后记中还特地声明："主要的着眼点是想考察一下：辛亥革命作为一次资产阶级领导的革命运动，它的发生、发展、胜利和失败的全过程是怎样的。我们并不企图把它写成这个时期的中国通史。因此，全书的大部分篇幅是用在叙述和研究资产阶级革命派的形成、发展和它所领导的革命活动上。对这个时期帝国主义的侵华活动、清朝政府的状况以及其他有关方面，只作为它的背景，做一些概括的说明，没有很多地展开。"这未必是最佳方案，只是根据我们实际力量所说的老实话。这部书后来得到第一届郭沫若中国历史学奖。我想，既尽力而为，又量力而行，可能是比较恰当而切实可行的。

从复旦时期开始，几十年内，我长期地和胡绳武教授合作写了几部书和几十篇论文。我们两人在1947年起就是复旦大学史地系的同学，那时我是一年级学生，他是四年级学生。1952年，复旦历史系成立中国近代史教研组，我们两人都是它的成员。以后几十年间在中国近代史研究方面，无论书籍还是论文，几乎都是合作完成的，直到1990年共同写完《辛亥革命史稿》第四卷。关于这个话题，我写过一篇纪念胡绳武同志的文章，这里就不多说了。

还要讲到，除教文科基础课外，1981年我还教过五位中国近代史的"副博士研究生"，其中鹿锡俊后来成为日本一桥大学教授。20世纪80年代后，我又为北京大学、复旦大学培养过一些中国近现代史和中共党史的博士研究生，这里许多人在学术上都有了很好的成就，如复旦大学的汪朝光、唐洲雁、陈扬勇、迟爱萍、黄崑、马忠文，北京大学的张海荣、易丙兰、李秉奎、邓金林等。他们的博士论文题目大多是本着已有相当研究基础的问题来确定，指导方法主要是相互间的对谈讨论，因此，彼此的感情和教学相长的感受也更突出。1998年1月至7月，我还担任过日本京都大学客座教授，同日本同行等学者有了较广泛的学术交流和友好交往。

话越说越远了，就此打住。有些地方已超越本文题目的范围，最初那两篇1966年前写的文章相当幼稚，只是学步，今天也已没有多少价值，但本书的书名是"经历"，那么，同这个书名有关的重要事实（包括探索过程中成功和挫折的体会）似乎仍可以聊备一格。

2022年3月

# 对于中国近代历史分期问题的意见

孙守任同志在《历史研究》第六期上建议展开关于中国近代历史分期问题的讨论，这对中国近代历史的研究来说，确实是一个极为重要的问题。现在我提出自己一些粗浅的看法，希望能得到同志们的指正。

## 一 分期的标准

我认为分期的标准应该是将社会经济（生产方式）的表征和阶级斗争的表征结合起来考察，以找出中国近代历史过程发展各个阶段中的具体特点。

斯大林同志说过："社会发展史首先便是生产发展史，数千百年来新陈代谢的生产方式发展史，生产力和人们生产关系发展史。""研究社会历史规律的关键……是要到社会在每个一定历史时期所采取的生产方式中，即要到社会经济中去探求。""历史科学的首要任务是要研究和揭示生产的规律，生产力与生产关系发展的规律，社会经济发展的规律。"[1]

生产方式的变化、生产力和生产关系发展的相互关系（相互适

---

[1] 斯大林:《辩证唯物主义与历史唯物主义》。莫斯科外国文书籍出版局，1951年版，第26页。

应或相互矛盾），决定着政治生活、社会意识等相应的变化。因此，解决历史分期的标准，首先必须从生产方式中、社会经济中、生产力与生产关系中去考察。

但是在阶级社会中，一切社会的历史都是阶级斗争的历史。阶级斗争的阶段，正是当时社会经济变革最深刻的反映，也是当时整个社会生产力和生产关系的实际发展情况最显明的标志。因此，决定历史分期的标准，同时又必须从阶级斗争的表现中去考察。

苏联历史学界在讨论苏联历史分期问题时，所得出的结论正是这样。在历史问题杂志编辑部所作的讨论总结中说："马克思主义认为历史过程系以生产力及生产关系的发展为基础，参加讨论的人从这一马克思主义的原则出发，企图从国家生活中发掘出那反映生产方式变化同时足为本国史明确标志的现象来。""参加讨论的人一致反对着根据纯然经济性、基础性的现象来在社会经济形态以内划分时期的企图……把历史分期建基在纯经济性的现象上，便必然会走到经济唯物论的立场上去。""但历史家们切不可把阶级斗争的表现视作社会经济形态内部历史过程之唯一的和普遍的界标。""要拿一种单纯的、普遍性的标志来严格划分历史，其不能得到肯定的结果是不言而喻的。"[1]

如果分期的标准应该是将社会经济（生产方式）的表征和阶级斗争的表征结合起来考察，那么这个原则又如何具体运用到中国近代历史的研究上来呢？

毛泽东同志明白地指示过："自从一八四〇年的鸦片战争以后，中国一步一步地变成了一个半殖民地半封建的社会。""中国的封建

---

[1] 石父辑译：《苏联历史分期问题讨论》，中华书局版，第8—10页。

社会继续了三千年左右,直到十九世纪的中叶,由于外国资本主义的侵入,这个社会的内部才发生了重大的变化。""帝国主义列强侵略中国,在一方面促使中国封建社会解体,促使中国发生了资本主义因素,把一个封建社会变成了一个半封建的社会;但是在另一方面,它们又残酷地统治了中国,把一个独立的中国变成了一个半殖民地和殖民地的中国。""帝国主义和中国封建主义相结合,把中国变为半殖民地和殖民地的过程,也就是中国人民反抗帝国主义及其走狗的过程。""帝国主义和中华民族的矛盾,封建主义和人民大众的矛盾,这些就是近代中国社会的主要矛盾。……而帝国主义和中华民族的矛盾,乃是各种矛盾中最主要的矛盾。这些矛盾的斗争及其尖锐化,就不能不造成日益发展的革命运动。"[1]

毛泽东同志的这些指示,清楚地指出了中国近代历史的一条基本线索。

中国近代社会是一个半殖民地半封建的社会。但是这个社会并不是在 1840 年后就立刻完全形成的。相反,它是由封建社会"一步一步地变成"的。因此,研究中国近代社会内部如何一步一步地发生了重大的变化;封建社会如何逐步解体,资本主义如何逐步发生和发展,中国社会内部如何产生了新的阶级(资产阶级和无产阶级),中国如何变成一个半封建社会;同时帝国主义又如何一步一步地和封建主义结合起来残酷地统治中国,使中国变成一个半殖民地社会:一句话,研究中国近代社会经济结构、生产方式的发展变化,应该是研究中国近代历史分期问题的第一个着眼点。

中国近代历史是一部充满了中国人民反抗帝国主义及其走狗的

---

[1]《毛泽东选集》第二卷,第 596—602 页。

阶级斗争的历史。随着社会经济（生产方式）的发展变化、中国社会内部阶级力量的新的配备，这个斗争在性质上内容上也就不断地引起了新的变化。研究中国近代历史上阶级斗争的发展及其在性质上的变化，应该是研究中国近代历史分期问题的另一个着眼点。

## 二 对胡绳孙守仁二同志分期标准的意见

胡绳同志也承认："如果我们不是全面地考察当时社会的基础和上层建筑，我们就不可能恰当地进行分期。"但接着他就这样地提出了问题："要为中国近代史分期，就须要具体地考察中国近代历史的特征，当时社会生产力和生产关系的发展的具体表现主要是在那一方面。"并且回答说："中国近代史是充满了阶级斗争的历史。""由此可见，按照中国近代史的具体特征，我们可以在基本上用阶级斗争的表现来做划分时期的标志。"[1]

这里，胡绳同志显然忽视了中国近代历史也是社会经济结构发展变化极为急骤、极为猛烈的历史。正是社会经济结构这种急骤猛烈的发展变化，才是这个时期内尖锐复杂的阶级斗争产生的基础。恩格斯在《反杜林论》中说得很明白："经济情况改变以后，政治情形，或是早，或是迟……也总是要被改变的。""暴力非但没有支配经济情况，而且反被迫为经济目的服务。"

胡绳同志的提法给人一个错觉，似乎"充满了阶级斗争"这只是中国近代历史的特征，因此按照中国近代历史的具体特征，就必须"用阶级斗争为标志来划分时期"。但事实上，"充满了阶级斗争"

---

[1]《历史研究》，1954 年第 1 期，第 8—10 页。

这是一切阶级社会中共同的特征，并不是中国近代历史的具体特征，虽然阶级斗争的内容和程度彼此是有不同的。

阶级斗争只有和社会经济、生产方式的发展变化结合起来考察时才能用来作为划分历史时期的标准；如果离开了作为其基础的生产方式之发展变化来考察，那么它本身就成为"无本之木"而变得不能真正理解，也不能看清它对社会历史真正的推动作用。

当然，胡绳同志并不是完全没有注意到社会经济的发展，实际上他在这方面也作了一定的分析。但是由于胡绳同志对中国近代历史分期标准的看法是片面的、不完全的，因此在具体划分时期及指出各个时期的主要历史内容时也就使人觉得不完全、不明确了。

有的同志也许会提出一个问题，联共党史这一经典著作以及中国革命史的许多著作，难道不也正是以几次革命或几次国内革命战争作为划分时期的标志吗？作为党史或革命运动史，那当然应当以革命运动的发展作为划分时期的唯一标准。而作为整个社会的历史，阶级斗争和革命运动的发展自然应该作为划分时期的重要标志之一，但就不能不需要同时明确地指出整个社会经济结构发展变化的标志。

至于胡绳同志在具体运用这一标准时，以几次革命运动的高涨来做分期的标志。这样提法，也容易使人模糊了这几次革命运动在性质上的某些变化。

孙守任同志进一步指出了"分期的主要标准，应该是主要矛盾性质的某些变化"。[1]"不能不特别注意到这个社会的性质上的某些变化，阶级斗争性质上的某些变化"。[2]这一点我认为是正确的。

---

[1]《历史研究》，1954年第6期，第7页。
[2] 同上书，第2页。

但是如何来分析社会性质的发展变化,按照马克思主义的原则,"是要到社会在每个一定历史时期所采取的生产方式中,即要到社会经济中去探求"。[1]孙守任同志在这个问题上的看法是模糊的、混乱的。

首先,孙守任同志认为:"以阶级斗争的表现来作为一个社会经济形态内的划分时期的标准,基本上是合适的。"这样他是同意了胡绳同志的意见的。在具体分析时,以第一第三两时期为例,孙守任同志写道:"一八三九——一八六四年,资本主义国家侵略势力发动了三次侵略战争,满清政府终于为着镇压人民革命的高潮,投降了侵略者,与侵略者相勾结,学习洋枪洋炮,镇压了太平天国的起义。一八六四年天京的陷落,说明革命走向了低潮,说明资本主义国家已在中国巩固了自己的市场。在封建基础遭受破坏的空隙上资本主义的成分有了萌发,随着革命的失败,遭受了阻碍,中国已经形成为自由资本主义时期的半殖民地半封建社会。""一八九四——一九〇五年,帝国主义十年以上军事侵略的结果,获得了大批帝国主义性质的特权,大大削弱了封建统治,资本主义的成分有了初步发展,广大农民手工业工人的反帝运动与资本主义的政治运动有了激烈的表现。但统治者终于投降了侵略者,镇压了起义和改良运动。中国已经形成为帝国主义时期的半殖民地半封建社会。"[2]

这里,孙守任同志除了提到一二句资本主义的萌芽或初步发展外,很显然的,他对社会性质变化的分析是以对阶级斗争形势阶级关系演变的叙述来代替了对社会经济结构变化的具体分析的。这样

---

[1] 斯大林:《辩证唯物主义与历史唯物主义》,第 26 页。
[2] 《历史研究》,1954 年第 6 期,第 1、8、9 页。

就使人无法看清中国近代社会经济结构内部如何一步一步地发生了深刻的重大的变化，也就使人对中国近代社会性质的发展变化无法得到真正清楚的理解。

在另一个地方，孙守任同志又写道："假如说它（半殖民地半封建社会）有形成或完全形成的规格，这规格不能是别的，而只能是看它是否具有资本主义的成分及是否和侵略国殖民政策相适应。"[1]这个提法，我认为是更不恰当的。

按照这个提法，加上孙守任同志又已经说过："中国新式的民族工业在一八六〇年后已经出现，资本主义工场更早。"[2]这样，划分中国近代社会性质发展变化阶段的标志就只有一个："是否和侵略国殖民政策相适应。"而实际上就成为只能跟随侵略国的殖民政策的演变来划分了。孙守任同志将中国近代社会变化的进程分为两个阶段四个时期：自由资本主义时代半殖民地半封建社会开始形成期，自由资本主义时代半殖民地半封建社会巩固和加深期，帝国主义时代半殖民地半封建社会形成期，帝国主义时代半殖民地半封建社会继续加深期，就正是从这个看法的基础上得出的结论。

我并不认为外来的因素与内在的历史规律无涉。但是外国资本主义的侵入仅仅是作为引起我国社会经济结构内部深刻变化的重要因素来看，才必须给予极大的重视的；如果不是主要来对中国社会经济结构内部的发展变化过程进行具体分析，而单纯将外国殖民政策的演变及满清统治者对外国殖民政策是否适应作为分期的标准，那就是以外来因素的演变发展代替了内在历史规律的分析，而会得出错误的结论来。

---

[1]《历史研究》，1954年第6期，第10页。
[2] 同上书，第10页。

以第一第二两时期为例：

1840—1864年，外国商品输入在鸦片战争后迅速增加，对东南沿海地区的封建自然经济起了最初的破坏作用，在此后期中国已有个别的新式工业出现，中国开始走上半殖民地半封建的道路；但是就整个说来，当时外国商品输入，数量仍属有限，影响的地域主要也限于东南一隅，中国社会的性质基本上还是封建社会，封建主义和农民大众的矛盾依然是中国社会内部的主要矛盾，这也就是当时爆发的太平天国革命运动，就性质上说只能是农民的反封建运动的根本原因所在。到1864—1894年，第二次鸦片战争后，外国资本主义大大扩大了它们在中国的商品倾销和原料搜刮，中国日益卷入资本主义世界市场之中，成为它们的农业原料附庸；同时一部分商人地主官僚开始投资于现代工业，民族资本主义有了初步的发展，半殖民地半封建社会逐步形成；新兴的民族资产阶级开始感受到帝国主义和封建主义的束缚和压力，因此就开始了资产阶级倾向的改良主义运动。

这样看来，这两个时期中国内部社会经济情况是有着很显然的发展与变化的，这两个时期中阶级斗争性质的发展变化也都可以从这中间得到说明。

而孙守任同志从前面所说的原则出发，简单地认为既然第一个时期中，外国资本主义已经采取了商品推销和原料掠夺的侵略方式、中国新式工业也已经有了个别的出现，因此第二个时期就只能是第一个时期在程度上的巩固和加深，中国社会的性质并没有很大的变化。这种结论我认为是不正确的。

由于对中国近代社会经济的发展变化缺乏正确的具体分析，这样对中国近代阶级斗争性质的某些变化也就不能得到清楚的认识，而常陷于模糊与矛盾之中。

第二个时期，孙守任同志认为它的阶级斗争的表征是"资产阶级民主主义革命的酝酿时期"。但这个时期中国的民族资本主义尚处在初步发展阶段，资产阶级还没有成为独立的政治力量，并且他们中大部分都是从封建的地主官僚商人转化来的，和封建势力并没有割掉经济上的联系，因此在政治上只是通过地主阶级中一些愿意走资产阶级道路的知识分子提出一些微弱的改良主义要求。孙中山在这个时期已经开始了他的活动，但还是停留在改良主义的范围内。1894年8月李鸿章上书说："我中国地大物博，无所不具，倘能推广机器之用，则开矿治河，易收成效，纺纱织布，有以裕民。"[1]以为"如此项条陈得鸿章采纳，则借此进身，可以实行中央革命，较地方革命为事半功倍"。同年10月，在檀香山成立兴中会，宣言中将中国衰弱原因归之于"庸奴误国"，"皆由内外隔绝，上下之情罔通，国体抑损而不知，子民受制而无告"。[2]"苟非发之自上，殆无可望"。只是"欲以和平之手段，渐进之方法，请愿于朝廷，俾倡行新政。其最要者则在改行立宪政体，以为专制及腐败政治之代"。"冀九重之或一垂听，政府之或一奋起也"。[3]1895年初，孙中山至香港，与辅仁文社联合，成立兴中会总会，宣言中仍规定其会宗旨"专为联络中外有志华人，请求富强之学"。[4]直至《马关和约》后，国内舆论哗然请愿变法，满清反下诏谓此等条陈以后一概不得擅上。孙中山等至此始"怃然长叹，知和平之法，无

---

[1] 孙中山:《上李鸿章书》。
[2] 转引冯自由:《兴中会组织史》。
[3] 孙中山:《伦敦蒙难记》。
[4] 转引邹鲁:《中国国民党史略》，第9页。

可复施,然望治之心愈坚,要求之念愈切,积渐而和平之手段不得不稍易以强迫"。"怨望之心,愈推愈远,愈积愈深,多有慷慨自矢,徐图所以倾覆而变更之者"。[1]同年10月兴中会组织了在广州的第一次武装起义。因此孙中山后来所说"中法战败之年,始决倾覆清廷创建民国之志"[2]是不符合事实的。而孙守任同志将1864—1894年整个时期在阶级斗争的表征上称之为"资产阶级民主主义革命的酝酿时期"那就更不恰当了。

第四个时期,孙守任同志认为它的阶级斗争的表征是"小资产阶级、资产阶级所领导的反封建革命的高潮及其向新民主主义革命转变的时期"。毛泽东同志曾经明确地分析过辛亥革命时的阶级矛盾关系:"当着帝国主义不是用战争压迫而是用政治、经济、文化等比较温和的形式进行压迫的时候,半殖民地国家的统治阶级就会向帝国主义投降,二者结成同盟,共同压迫人民大众。这种时候,人民大众往往采取国内战争的形式,去反对帝国主义和封建阶级的同盟,而帝国主义则往往采取间接的方式去援助半殖民地国家的反动派压迫人民,而不采取直接行动,显出了内部矛盾的特别尖锐性。中国的辛亥革命战争……都有这种情形。"[3]又说:"中国反帝反封建的资产阶级民主革命,正规地说来,是从孙中山先生开始的"。[4](引文中着重点是我加的——笔者)这里都很明确地指出辛亥革命的性质是反对帝国主义和封建阶级同盟的资产阶级民主革命,而不仅仅是什么"小资产阶级、资产阶级所领导的反封建革命

---

[1] 孙中山:《伦敦蒙难记》。
[2] 《中国近代史资料选辑》,第542页。
[3] 毛泽东:《矛盾论》。见《毛泽东选集》第二卷,第787页。
[4] 毛泽东:《青年运动的方向》。见《毛泽东选集》第二卷,第527页。

的高潮"。孙守任同志大概在这里强调了当时帝国主义采取"比较温和的形式进行压迫"而"不采取直接行动",却忽视了毛泽东同志分析的三种矛盾形式中不管是哪一种,"帝国主义和中华民族的矛盾乃是各种矛盾中最主要的矛盾"这一原则是始终没有改变的。而孙守任同志自己在另一处也提到过:"一九〇五——一九一九年是反帝反封建的资产阶级民主主义革命的开展……阶段"。[1]这样就陷于自相矛盾之中了。

这个时期的起讫,孙守任同志规定为1905—1919年。以1905年为上界的理由是:"不仅因同盟会的成立标志着资产阶级民主主义革命'比较更完全意义'的开始,标志着第三次革命高潮的开始;而且一九〇五年日俄战争已经结束,日、俄、英侵略军决定自东北及西藏撤退,帝国主义侵略中国的形式转入'比较温和的'形式,社会主要矛盾形式转入了第二种。"[2]但是,1900年后(特别是1903年后),民族资本主义已经开始迅速地发展;1900年的巨大事变对中国人民起了极大的震醒作用,小资产阶级迅速地革命化,资产阶级民主革命思想首先在日本留学生中及上海地区迅速高涨,并得到很快的传播;各地反满组织纷纷成立。同盟会的成立正是1900年后新的革命形势迅速高涨的结果(当然也不可否认同盟会成立后对革命运动进一步推动的重大作用);同时,帝国主义在1900年前纷纷在华争夺势力范围(英俄在华北的争夺尤为激烈),并用武力侵略方式,企图瓜分中国;但到1900年后,各国在华势力范围大体划定,列强谁也没有力量独吞或瓜分中国,门户开放政

---

[1] 《历史研究》,1954年第6期,第12页。
[2] 同上书,第14页。

策已为各国接受,帝国主义列强缔成了"和平联盟"[1]共同加深对中国的经济侵略。(虽然1905年前东北仍有沙俄驻军,但这只是局部的问题了。)当然这种联盟是不稳定的,只是两次战争中的暂时休战,1904年的日俄战争即是由于日俄两国生产发展不平衡所引起的重分势力范围的战争,但战后日本又立即与各国订结协约保持共同对华侵略的"和平联盟"。而满清"封建官僚政府早就依靠帝国主义的支持和帮助来压迫中国人民的革命运动。而在一九〇〇年的战争失败以后就完全投降了帝国主义"。[2]因此,孙守任同志说第一种矛盾形式——帝国主义举行侵略战争,国内各阶级暂时团结起来举行民族战争以反对帝国主义——在1894年至1905年间延续达十年以上,这是说不通的。我认为这个时期的上界还是以1900年为宜。这个时期的下界,孙守任同志断至1919年。但1914年在国际上爆发了第一次世界大战,在国内袁世凯解散国会及省议会、修改临时约法,辛亥革命残留的一些资产阶级民主形式全部消失,袁世凯对资产阶级民主革命派获得了完全的胜利。在这以后,中国无论在社会经济上或是阶级斗争上又都有其新的特点,因此我认为1914年后应另单独划一时期。

## 三 对中国近代历史分期的具体意见

根据以上意见,我认为中国近代历史可分为五个时期:

一、从1840年到1864年,这是中国由封建社会开始走上半殖民地半封建的道路,及农民反封建运动高涨时期。

---

[1] 列宁:《帝国主义论》。
[2] 胡乔木:《中国共产党三十年》。

这一个时期，社会经济的表征是：鸦片战争后，中国政府承认了五口通商和关税协定，外国商品输入迅速增加，东南沿海地区的自然经济开始解体，中国开始走上半殖民地半封建社会的道路。但是就整个说来，中国社会的性质基本上还是封建社会。地主、商业资本、高利贷资本"三位一体"残酷地压迫和剥削着农民大众，农民生活痛苦不堪，封建主义和农民大众的矛盾依然是中国社会内部主要的矛盾。

这一个时期，阶级斗争的表征是：鸦片战争中，中国内部各阶级暂时地团结起来举行民族战争去反对外国侵略者，这次战争以满清封建统治者的对外投降而告终。战后，外国侵略者以加强商品输入的较为温和的方式进行压迫，而中国社会内部原来的封建主义和农民大众的矛盾却因外国资本主义的入侵而更加尖锐化了。这样就爆发了以太平天国革命为中心的全国农民大起义。（国内各少数民族起义就其实质而言，也是农民的反封建斗争。）这次革命运动打击的对象主要是封建势力，而其规模在中国农民运动史上是空前的。《人民日报》社论指出："太平天国是旧式的农民战争——没有先进的阶级领导下的农民战争所发展到的最高峰。"[1]由于外国资本主义势力已经入侵，这一次农民运动也就带上了一些资产阶级思想影响的色彩。（如初期上帝会教义中的平等思想、进入长江下游后对工商业的"轻税"和"保护"政策、洪仁玕的《资政新编》等。）在农民革命的烈焰面前，外国资本主义通过"以打为拉"的第二次鸦片战争，取得满清更大的让步后，就和中国封建势力进一步勾结起来了，汉族的地主阶级和满清封建皇朝也进一步结合起来了，它

---

[1]《人民日报》1951 年 1 月 11 日社论,《纪念太平天国革命百周年》。

们共同对农民革命进行了血腥的镇压。在新的历史条件下，太平天国革命又已经同时担负起反对外国资本主义侵略势力的任务来。但是由于单纯农民革命先天的各种弱点，这次革命终于失败了。

二、从 1864 年到 1894 年，这是中国半殖民地半封建社会逐步形成，及反动统治秩序暂时稳定时期。

这一个时期，社会经济的表征是：第二次鸦片战争后，通商口岸扩大至北方沿海和长江内地，外国资本主义以通商口岸为据点，利用他们对中国海关的控制，税轻货廉；利用他们对中国航运的控制，运输方便；利用在华新设银行的资金，利用新兴买办的中介，不断扩大自己在华的商品倾销和原料搜刮。外国商品的输入在 30 年中增加到 276%。中国出口的主要商品，传统的茶叶逐渐为棉花、大豆、生丝等工业原料所代替。技术作物耕作面积增加。中国农村的封建自然经济进一步解体，日益卷入资本主义世界市场之中，成为其农业原料附庸。满清统治阶级也开始创办新式的军火工业和民用工业，但其目的只是为了巩固和加强封建的统治秩序，而在经营上也依然是腐朽的官僚制度，对社会经济并没有多少直接的影响。但是随着农村自然经济的被破坏和农民手工业者的大量破产，就为民族资本主义的发展提供了市场和劳动力的条件。一部分商人地主官僚看到新式工业的有利可图，开始进行投资。民族资本主义有了初步的发展。中国社会内部开始出现了新的阶级（资产阶级和无产阶级）。半殖民地半封建社会的各种特征在这一时期都渐次形成。民族资本主义从一开始起，就遭受到外国资本主义商品倾销的压力和封建官办企业垄断的排挤，不能自由地成长起来。

这一个时期，阶级斗争的表征是：满清皇朝、汉族地主和外国侵略者在共同镇压国内农民革命的基础上取得了进一步的合作关系；农民聚众经过上一时期中外反动派共同进行的大量屠杀后，暂时没有力量重新发动起大规模的斗争；新兴的资产阶级还处在萌芽状态，没有形成独立的政治力量。因此反动统治秩序取得了一个暂时的稳定局面——这就是所谓"同治中兴"的背景。但是，新兴的民族资产阶级由于感受到封建主义和外国资本主义的双重压迫，开始通过地主阶级中愿意走资本主义道路的知识分子——冯桂芬、王韬、容闳、马建忠、郑观应等，提出了微弱的改良主义要求；农民大众随着外国侵略势力的逐渐深入内地，也在各地展开了此伏彼起的以反教会为特点的群众性斗争。

三、从1895年到1900年，这是中国半殖民地半封建社会正式形成，资产阶级倾向改良主义运动和农民自发的反帝运动高涨时期。

这一个时期，社会经济的表征是：国际资本主义进入帝国主义阶段，他们一面大大加强对华的资本输出（政治借款、铁路借款、工厂投资、矿山投资、银行投资等），一面纷纷划分在华势力范围，以取得势力范围内投资和原料的垄断权。《马关条约》中，满清承认列强在华直接投资的合法权利，更便利了帝国主义经济侵略的深入。帝国主义加深在华经济侵略的结果，使正在进一步发展中的民族资本主义愈加感到窒息；也使北中国的农民、手工业者、运输工人等大量破产，社会秩序发生了骤然的变化。全国各社会阶层都承受到帝国主义的直接压力，中国进一步堕入半殖民地的社会中。

这一个时期，阶级斗争的表征是：伴随着帝国主义侵略的深入和势力范围的划分，列强倡议瓜分中国，亡国惨祸，迫在眉睫。帝国主义与整个中华民族的矛盾成为当时的主要矛盾。中日战争的失败，在中国社会中引起了强烈的反应。于是，在上层士大夫中，以康有为为首的地主阶级中愿意走资本主义道路的知识分子，展开了维新变法运动，实行了"百日维新"。他们在政治上主张君主立宪，反对绝对专制；在经济上主张奖励和发展民间企业，反对官办企业的垄断和对私营企业的排挤；在对外上主张独立自主，反对帝国主义的侵略和压迫。这些主张都反映了发展中的民族资产阶级的要求，也是有着强烈的爱国主义色彩的救亡运动，在当时条件下，是有进步意义的。但是由于中国资产阶级力量的薄弱，并且还没有在经济上和封建势力割断联系，因此这个运动只能是改良主义性质的运动，不能充分地发动群众，提出革命的主张。在封建顽固势力的反攻下，终于失败了。在下层农民中，由于直接感受到帝国主义的压力，特别是受到深入内地的外国传教士的压迫，也爆发了义和团的反帝爱国运动。人民反帝运动迅速高涨的强大压力，和帝国主义积极准备瓜分已危及满清统治的存在，这些就推动出现了又一次的武装反对帝国主义的民族战争。但是义和团运动的性质依然是自发的农民运动，特别是北中国社会经济比较落后，使它以比50年前的太平天国农民运动更为落后的形式出现。在帝国主义列强联合起来进行武装进攻和满清统治的叛卖下，结果也归于失败。但是，中国人民的这种英勇反抗，加上帝国主义本身间矛盾的无法解决，终于阻止了列强瓜分中国的企图。在这个时期，以孙中山为首的资产阶级革命民主派已经由改良主义走上了革命的道路，兴中会业已成立，并在华南各省开始组织反满的武装起义。

四、从1900年到1914年，这是中国半殖民地半封建社会继续加深，反帝反封建资产阶级民主革命高涨时期。

这一个时期，社会经济的表征是：1900年后（特别是1903年后），民族资本主义有了很大发展；中国重要的新式工业如纺织、面粉、缫丝等此时均初具规模；民生日用品可使用机器者如火柴、水泥、烟草、造纸、制糖乃至瓷业、玻璃,此时亦均有大量新式工业之兴办;甚至重工业及大规模农场中亦有民族资本主义之投资,汉冶萍公司即于此时成立。民族资产阶级力量已有显著增强。资产阶级、小资产阶级知识分子,数量亦急剧增加。但是《辛丑条约》缔结后,帝国主义的侵略形式转到加强对华的经济侵略。这个时期它们的侵略有两个特点:一、铁路借款和政治借款占有最大的比重(1914年的统计,交通运输业投资及政府借款占帝国主义在华投资的53.5%,而交通运输业投资中主要为铁路借款),这种借款不仅为帝国主义食利者提供极为优厚的高额利息,并且通过这些借款还可以直接地控制中国的交通、财政和政治。而工矿生产事业之投资则所占甚微,1914年仅占帝国主义投资的10.6%。因此,这种外资对中国工业发展的破坏作用特别大。二、《辛丑条约》规定中国须缴纳巨额赔款,本息共达白银9亿8000万两,每年须缴本息2000万两。这样帝国主义就成为牢牢骑在中国人民头上吮吸膏血、阻碍民族工业发展的寄生毒瘤。满清封建皇朝财政益为困难,更加加紧对农民进行各种苛捐杂税的勒索,农民生活痛苦不堪。

这一个时期,阶级斗争的表征是:资产阶级民主革命思潮迅速高涨,小资产阶级群众迅速革命化,或多或少地有了资本主义的科学知识,富于政治感觉的青年留学生成为传播这种思想的急先锋。1905年,同盟会成立,正式揭示了推翻满清、建立民主共和国、提倡发展实业的资产阶级民主革命的政治纲领。粉碎了君主立宪派在革命青年中的影响;组织了多次革命起义,这些起义虽然都失败了,但仍起了重大的革命宣传作用。国内的与封建势力关系较密切的资产阶级,展开了收回利权运动和请愿立宪运动,这种运动发展的顶点就是1911年的四川保路风潮。农民群众在各种苛捐杂税下,掀起了遍及全国的抗捐暴动；会党在这种暴动中起了重要的组织作用，并和同盟会取得了一定的联系。帝国主义在这个时期又从军事压迫转为采用政治经济文化等较为温和的方式进行压迫，在幕后积极支持满清。满清政府自1900年事变后在全国人民心目中已经完全破产。他们一面对外完全投降了帝国主义，对内更加残酷地剥削农民；另一面为了缓和国内的革命危机，又扮演了假立宪的骗局，并对资产阶级做了一些微弱的让步。但是，革命危机已完全成熟了。1911年爆发的辛亥革命推翻了满清统治，结束了中国两千多年的封建帝制，建立了新的民主共和国。但是，领导革命的资产阶级民主革命派没有一个彻底的反对帝国主义和封建主义的纲领，没有广泛地发动和组织人民大众的力量，这个革命也失败了。政权仍然落到以袁世凯为首的封建反动军阀手中。

五、从1914年到1919年，这是中国由旧民主主义革命转变到新民主主义革命的时期。

这一个时期，社会经济的表征是：由于第一次世界大战的发生，帝国主义列强卷入战争之中无暇东顾，民族资本主义得到了空前的发展，中国工人阶级的队伍也随着得到显著的发展和壮大。但在辛亥革命后，封建主义在中国的统治基础完全未被触动。日美帝国主义利用欧洲列强忙于战争而扩大其在中国的侵略势力，英法二国在战后又卷土重来。民族资本主义的进一步发展就遇到了严重的障碍，同时也加深了中国工人阶级和人民大众的灾难。

这一个时期，阶级斗争的表征是：辛亥革命失败后，孙中山虽然还继续领导进行了微弱的反对北洋军阀的斗争，但这些斗争实际上只是说明了旧民主主义革命的破产。在黑暗的封建军阀统治下，思想界产生了反对封建主义的强大的新文化运动。随着民族资本主义的发展，工人阶级队伍的壮大，工人运动日益展开，工人阶级逐渐准备以独立的阶级力量的姿态走上了政治舞台。1917 年十月革命炮声一响，给中国送来了马克思列宁主义，科学的社会主义思想开始为先进的知识分子如李大钊等所接受。从 1919 年五四运动起，中国历史就开始了一个新的阶段——以无产阶级为领导的人民大众的反帝反封建的新民主主义革命时期。

我的很多看法都是以胡绳同志的意见为根据的，孙守任同志的文章也给我不少启发，但是对分期的标准和具体的分期看法，我有一些不同的看法，因此就大胆地提出来，参加这次讨论。

1955 年 1 月于上海复旦大学

# 云南护国运动的真正发动者是谁？*
## ——兼论护国运动的社会背景与性质

1915年反对袁世凯恢复帝制的护国运动是中国近代史上的重要事件。

护国运动表明：辛亥革命以后，帝国主义、封建主义与中国人民大众的矛盾日趋尖锐，民主主义思潮在广大人民群众中业已高涨，帝国主义、封建主义在中国的统治秩序变得更加脆弱、更加不稳定了。

正是在人民反对力量的冲击下，袁世凯恢复帝制的愚蠢企图不能不归于失败。

一

在近代史的著作、论文中，至今还没有对护国运动进行过比较详细、系统的叙述和分析。不少书籍对护国运动的性质还作了错误的表述。这种情况，相当程度上是由于护国运动史实的淆乱没有得到应有的辨证所引起的。

1915年云南护国运动的真正发动者是谁？这个问题，我们曾经看到过三种不同的答案。

---

\* 原载《复旦学报——人文科学》1956年第2期。

第一种，认为护国运动是由蔡锷、梁启超策划发动的。这种意见最为普遍。第二种，认为护国运动是由唐继尧策划发动的。这种意见以云南地方人士中与唐继尧有关者主张最力。如庾恩旸《再造共和唐会泽大事记》、白之瀚《云南护国简史》等。第三种，认为护国运动是由孙中山领导的中华革命党策划发动的。这种意见以国民党的党史著作中主张最多，如邹鲁《中国国民党史稿》、陆丹林《革命史话》等。

这三种说法和客观的历史事实，都并不尽相符。

我们先来看第一种主张——护国运动是不是由蔡锷、梁启超策划发动的。

最早提出这种说法的，正是梁启超自己。他在1916年护国运动结束后不久，就在《大陆报》上发表了《国体战争躬历谈》一文。文中说："当筹安会发生之次日，蔡君（锷）即访余于天津，共商大计。……又招戴君戡来京面商。……戴君以去年（笔者按：1915年）10月到京，乃与蔡君定策于吾天津之寓庐。后此种种军事计划，皆彼时数次会谈之结果也。时决议云南于袁氏下令称帝后即独立。贵州则越一月后响应。广西则越两月后响应。然后以云贵之力下四川，以广西之力下广东。约三四个月后，可以会师湖北，底定中原。此余与蔡戴两君在津之成算也。其后因有事故障碍，虽不能尽如前策，然大端则如所预定也。议既定，蔡戴两君先后南下。"[1]

这种说法，后人多所沿袭。甚至连宋云彬、李赓序所编《高级中学课本：中国近代史》中，也转引了这种说法。课本第137页至138页写道："前云南都督蔡锷是梁启超的学生，在北京做将军府

---

[1] 梁启超：《盾鼻集》，中华书局，第144页。

将军，筹安会成立的第二天，他到天津看梁启超，有所计划。后来秘密离开北京，于 1915 年 12 月到达云南，把他的反袁计划告诉了云南的将领，取得了他们的同意，并和他们联合发出通电，要求袁世凯取消帝制、惩办祸首。袁世凯置之不理，云南就于 25 日宣布独立。"[1]只要和上面一段文字比较一下，就可以看出，高级中学课本的这一段话就是根据梁启超的说法写成的。

好，我们就拿当时的事实来对证一下吧。

根据上面的说法：蔡锷和梁启超是在 1915 年 10 月定策于天津梁寓的；这个计划是在 1915 年 12 月蔡锷到云南（笔者按：蔡锷是 12 月 2 日方才离开北京的），将计划告诉了云南将领后，才取得云南将领同意的。此外，梁启超原文还有一段话，说护国军的前队是 12 月 23 日（即蔡到滇后第四天）方始出发的。

但事实是：该年 8 月，筹安会消息传入云南，云南中下级军官激愤异常，即已密议起义。9 月，云南团长以上人员秘密会议已一致决议反对帝制，"整理武装，准备作战"。10 月初，第二次秘密会议，决定起义时机。议定后，即派刘云峰等往广西、四川、湖南、南洋等地联系。[2]唐继尧并于 10 月间通过他在上海的代表李伯英致书孙中山先生，称："枭雄窃柄，大盗移国，会设筹安，欲行帝制，举国靡靡，谁敢抗颜。继尧自入同盟会以来，受我公革命之训导，义不苟同，秣马厉兵，待机报国。云南全省人民亦复义愤填膺，誓不与此贼共视息。……窃盼我公登高一呼，俾群山之皆应；执言仗义，重九鼎以何殊。一切机宜，祈予随时指示，得有遵

---

[1] 宋云彬、李赓序编：《高级中学课本：中国近代史》，人民教育出版社，第 137—138 页。

[2] 庾恩旸：《再造共和唐会泽大事记》，云南图书馆，第 30—31 页；白之瀚：《云南护国简史》，新云南丛书社，第 3 页。

循。"[1]凡此种种，都在蔡、梁等"定策"天津之前，或与之同时。11月初，云南开第三次秘密会议，推罗佩金拟定作战方略。12月9日，邓泰中、杨蓁两支队开始向川边出动。凡此种种，又都在蔡锷抵达云南，将蔡、梁的计划告诉云南将领之前。

事实是清楚的：蔡锷只是事前与云南将领有所联系，自己也有所打算；云南起义前赶到云南，参加了起义，并担任护国军第一军总司令（该军总司令本拟由罗佩金担任）率军入川。不能说起义是由蔡锷所策划发动的。

再引用一些云南起义当时在场人物或有关人物的记载来对证：

李根源（军务院副都参谋）《护国军始末谈》："蔡以12月20日抵云南，至则众志已定，遂于25日宣布独立。云南之独立，纯粹为自动的。盖罗佩金、黄毓成、李曰垓、赵复祥、邓泰中、杨蓁、吕志伊、李临阳、赵伸诸君，皆主持最力者，而唐公继尧实综其成。外间有传说云南独立出于被动者，殊与当日之事实不合。"[2]

叶夏声（中华革命党当时在港代表）《国父民初革命纪略》："蔡抵昆明为12月19日，相见之际尚云：真使吾喜出望外，公等早已定计，而对我们仍优礼有加，殊深感激。"[3]

李曰垓（护国军第一军秘书长）《云南护国军入川之战史》："罗佩金、黄毓成、赵又新、邓泰中、杨蓁、吕志伊及某等屡次密议进行计划，决后乃由黄毓成、邓泰中、杨蓁三君谒商唐督军，一夕密谈，大计已定……蔡锷亦于12月20日偕戴戡、殷承瓛入滇齐集会

---

[1] 白之瀚：《云南护国简史》，第61页。
[2] 李印泉、李梓畅君：《关于护国军之谈话》，《北京中华新报》1917年版，第6页。
[3] 叶夏声：《国父民初革命纪略》，孙总理侍卫同志社，第94页。

商出兵计划。"[1]

庾恩旸（云南都督府军务厅厅长）《再造共和唐会泽大事记》："议定后……旋又闻蔡君松坡（锷）在京住宅被搜，随即接京电，蔡君已与同志数人，联袂赴日本，乃派邓君和乡（泰中）前往香港、上海，探其踪迹，要约来滇。"[2]

潜广（当时驻滇记者）《云南共和军纪实》："洎筹安会兴，知袁氏决心谋叛。于是滇省军人自将军以至中下军官，共集黄毓成家中，密议数次，皆一致决心讨袁。居中主持，尤以罗佩金、黄毓成、邓泰中、杨蓁、赵复祥、刘云峰诸人为最力。绅学界中，则有李曰垓、吕志伊、李临阳、赵伸、谢树琼等互相策应。……滇省举师讨袁，本俟袁氏登极之日，与之同时发表，为其大典之庆祝。不料五国警告后，袁氏对内则亟定君臣之名义，对外则极力交涉，运动列强承认。滇人深恐登极举行之日，即利权丧尽之时，将坠国家于万劫不复之地。于是变更计划，决定提前发表。先将军队往川黔边界进发。适得港电，蔡锷、戴戡、殷承瓛亦即日赴滇，神气益形壮旺，因延期数日以待之。及蔡戴殷三君抵省，翌日遂对袁氏下哀的美敦书矣。"[3]

以上所有记载中都从来没有说到过云南起义如何在蔡锷计划、策动下发动，只是说到起义计划已定之后，蔡锷等亦由京入滇，声势益壮云云。事实真相，实可大白。

此外，叶夏声在《国父民初革命纪略》中还写道："经界局总裁蔡锷将军，初奔日本，志在出亡。旋抵香江，已闻滇变。李根源

---

[1] 李印泉、李梓畅君：《关于护国军之谈话》，第18页。
[2] 庾恩旸：《再造共和唐会泽大事记》，第35页。
[3] 《共和军纪事》，《军情纪事》，第61页。

因而劝驾，张木欣慨赠盘川。此皆国民党总绾港澳党务之叶夏声亲预其间，共参密勿，知之最详。"[1]可作参考。

这里需要说明：应该承认蔡锷在北京时与云南起义的准备是有一定联系的，对改变唐继尧的态度是有相当作用的。在到达云南后，由于他过去长期在云南工作，辛亥革命时期，又担任过云南都督，在云南的影响很大，因此起了很大的号召作用；率军入川后，又与袁家军做了英勇的战斗。辨明云南起义不是在蔡锷策划发动下发生的，并不等于可以将蔡锷在护国运动中的作用功绩一笔抹杀。

梁启超与云南起义的关系则更少。云南起义后，云南都督府及护国军重要人员中，进步党员只有财政厅厅长籍忠寅、政务厅厅长陈廷策、左参赞戴戡三人。戴戡是后来才去的，情况与蔡锷相近。籍忠寅等"初亦甚不欲动"[2]，并没有重要的影响，后来又被梁启超调往江苏，担任梁与冯国璋之间联系的代表[3]。梁启超本人从来没有到过云南。军务院成立时，梁因对滇唐的控制力薄弱，密派代表黄群入滇，建议以抚军长一职畀之梁所掌握的广西都督陆荣廷，后来因唐反对而没有实现，但是梁启超和云南的关系不深，从此也可看出。[4]

为什么一般人常将云南起义的发动看成是蔡锷、梁启超的功绩？

最深刻的原因是："英雄造时势"的唯心史观几千年来深入人心。护国运动这样一个席卷全国的革命浪潮掀起后，当时一般人就

---

[1] 叶夏声：《国父民初革命纪略》，第91—92页。
[2] 李剑农：《最近三十年中国政治史》，太平洋书店，第348页。
[3] 梁启超：《盾鼻集》，第55、57、58页。
[4] 白之瀚：《云南护国简史》，第34页。

不相信这样一个运动竟会由一些不知名的小人物发动起来,总想找出几个知名的英雄,把他们看作这个运动的真正发动者。蔡锷是民国初年的云南都督,他到云南后又起了很大的号召作用,再加上"小凤仙"那么一段脍炙人口的传奇性故事,于是大家就认为云南起义一定是他到云南后才发动起来的。部分的新史学家也受了这种思想的影响,因讹传讹不敢打破传统看法的束缚,使这种不正确的叙述直到今天还保持了下来。

此外,还有两个因素,也要加以估计:

一、护国运动刚结束时,梁启超就在《大陆报》上发表了《国体战争躬历谈》一文,将护国运动的发动说成了蔡锷和他的功劳。这自然只是梁启超为扩大自己的政治本钱自吹自擂的政治宣传。但不少人认为梁启超是当时军务院两广都司令部都参谋,云南起义后不少文告又为其手笔,作为当事人的"第一手史料"当属可信,从而误信了这种说法。

二、云南起义后,袁世凯发了一个电报,说"唐(继尧)任(可澄)非出本心,全由蔡锷胁制主使"。这自然也只是袁世凯为分化护国军内部,继续争取唐继尧的一种政治伎俩。但不少人又将这个电报当作了"第一手史料",误信了这种说法。

对第一种说法的意见,大致如此。

第二种说法,将唐继尧看成护国运动的发动者,也是不恰当的。

不错,唐继尧在早年参加过同盟会,也参加过辛亥革命时期推翻清朝政府的云南起义。但是唐为人长于权术。辛亥革命云南独立时,他在云南的地位原在蔡锷、罗佩金、李根源、殷承瓛、谢汝翼诸人之后，"若无所表见"[1]。不久，他奉蔡锷命，提师北伐，协助贵州君主立宪派分子镇压了贵州的革命党人，从而得任贵州都督。蔡锷被调入京时，"衔汝翼等异己，举继尧为都督，假中央政府命临之。……继尧为都督，袭锷成规，复去诸不附己者，众协然无异议"[2]。同时，他也忠实地执行了袁世凯的政策，屠杀云南的革命党人。1913年12月，唐派连长李春龙率兵二十余人暗杀辛亥革命时期首先在滇西发难、宣布独立的革命党人张文光。中华革命党云南支部总务徐天禄（李根源的妻弟）在云南从事革命活动，"唐继尧承袁意旨捕君，君数世凯继尧罪，骂不绝口，遂于甲寅（1914年）重九夜被难，断身首手足为六"[3]。1915年初，黔军团长王文华派参谋长李雁宾谒唐继尧，谋共讨袁。唐借口推托"滇逼强邻，黔则汤芗铭扼驻于湘。此时惟有勤自蒐练，不可轻露，先取覆灭"[4]，按兵不动。直到筹安会发生，滇军军官愤慨异常，屡次向唐进言，唐仍"表示赞成，惟顾及云南一省之力，贫瘠之区，且只一师一旅兵力，而抗袁全国之师，众寡悬殊，实有以卵投石之虑"。"一意稳静，荏苒数月，莫得要领。"罗佩金等甚至商议如唐不赞助将杀唐以举事。直到最后，他一面逼于内部军官的反对，如不起义，唐本身在滇的统治地位亦将无法继续；另一面，唐不是袁世凯的嫡系，袁对他亦有疑忌，准备将他撤换，四川都督当时已更换为袁世凯的亲信陈宧，率领北洋军三混成旅入川，对唐更是直接的威胁，唐与袁之间也存在着尖锐的矛盾。这样，唐继尧方始被迫表明态度，参

---

[1] 邓之诚：《护国军纪实》，五石斋精印本，第2页。
[2] 邓之诚：《护国军纪实》，第3页。
[3] 李根源：《雪生年录》，《曲石丛书》，卷2，第9—10页。
[4] 白之瀚：《云南护国简史》，第30页。

加讨袁起义；同时，立刻将讨袁的领导权紧紧抓到自己手中。他的态度纯然是被动的、投机的，自然不是护国运动的真正发动者。

这里，附带说一句，唐继尧在滇军内部反对袁世凯称帝的声浪日高时起，所采取的是观望、敷衍、两面投机的手法。一方面"一意稳静"、按兵不动，另一方面也向他的部下"虚与委蛇"采取了一些不关痛痒的步骤。前面所引唐在1915年10月致孙中山先生书，和唐在当时所采取的一些其他措施，都不能脱离他当时整个的态度，孤立起来加以考察，也不能把这些作为唐对反帝制运动始终是积极的、主动的，唐是护国运动的真正发动者等说法的证据。

最后，我们再来考察一下认为孙中山和他的中华革命党是云南起义的真正发动者的说法。

孙中山自1913年所谓"二次革命"失败后，逃亡日本。这时，国民党已经完全涣散，内部成员也很复杂，已经不足以成为一个可以用来发动和组织革命的领导力量。孙中山想总结过去失败的教训，重新组织一个革命政党，发动革命，就在1914年7月发起组织中华革命党。但是，这时候，孙中山还不能正确地认识过去革命中的教训。新建的中华革命党不仅仍然没有提出明确的反帝反封建的政治纲领，并且比同盟会时期更加脱离群众，成为一个和人民大众很少联系、仅仅不断在个别地区组织武装暴动的小组织。许多国民党人对反袁已经失去信心，没有参加中华革命党。连国民党的第二领袖黄兴也认为"袁世凯方得势，进步党又拥之以为重，国人被其虐未甚，鲜所自觉。吾党新败，宜遵养时晦，徐图进取"[1]，和李烈钧、李根源、熊克武、钮永建、冷遹、林虎、程潜、但懋辛、陈

---

[1]《护国军纪事》卷5，后编，第1页。

炯明、方声涛、谷钟秀、张耀曾、徐傅霖等百数十人另外组织欧事研究会，不参加中华革命党。[1]中华革命党直接领导的武装起义大多集中在山东、江苏、广东、福建等沿海各省。中华革命党代表吕志伊虽然参与了起义前军官的密议，但是并没有取得领导的地位，不久又被遣往南洋联络，离开了云南。说中华革命党是云南起义的策动者，自然也是夸大了的。熟知护国运动内幕的日本人吉野作造在他的《支那革命小史》中也这样写道："第三革命（笔者按：指护国运动）之计划，孙逸仙并其一派，殆无任何关系。"[2]

就来看一下孙中山先生自己对这个问题的说法吧！他在《中国革命史》一文中对同盟会、国民党、中华革命党所组织的历次起义，叙述都很详细，但在第五节"讨袁之役"中写道："及乎国会解散，约法毁弃，则反形已具。帝制自为之心事，跃然如见矣。余乃组织中华革命党……自二年至五年之间，与袁世凯奋斗不绝。及乎洪宪宣布，僭窃已成，蔡锷之师，崛起云南，西南响应，而袁世凯穷途末路，众叛亲离，卒郁郁以死。民国之名词，乃得绝而复苏。"[3]"蔡锷之师"一语，自然是沿袭了当时流行的说法。但是如果云南的护国运动是由中华革命党所策动的，那么孙中山在他的记载中一定会大书一笔，绝不会用"蔡锷之师"四字轻轻带过。遍翻《中山全集》，对中华革命党策动云南起义一事，不但没有任何当时的文电函牍保留下来，甚且连事后的记载、谈话和讲演中也从来未提到。邹鲁自己在《中国国民党史稿》1929年民智书局版"洪宪之役"一节中也完全没有提到这一点（直到1947年上海修订版中

---

[1] 李根源：《雪生年录》卷2，第10页。
[2] 吉野作造：《支那革命小史》，万朵书房，第153页。
[3] 孙中山：《总理全集》，民智书局第1集下册，第926页。

方始增加上述说法）。云南护国运动不是由孙中山的中华革命党所发动，实在是很明显的了。

邹鲁、陆丹林等一定要把云南护国运动的发动说成国民党的功劳。第一，他们夸大了吕志伊在起义中的作用，这一点在前面已经说过了。第二，他们的重要证据是：云南发动起义的新军军官，大部分隶籍同盟会和国民党。但是他们难道忘了同盟会这时早不存在，国民党这时也业已涣散，而这些军官却一个也没有参加中华革命党！为了证明国民党是革命的"正统"者，硬把一切革命的起义的首功都算到国民党的账上去。这种说法实在是站不住脚的。

## 二

这样，显然可以看出，将护国运动的发动仅仅归功于蔡锷、梁启超、唐继尧、孙中山等，是不恰当的。护国运动的发动，首先有着它内部的条件，那就是辛亥革命时期受过革命民主主义思想熏陶、参加过推翻清朝政府建立民国的云南新军军官。

在叙述这个问题前，我们先来看一看云南都督府和护国军将领的名单和他们的省籍、当时最后曾隶党籍表：

| 云南都督 | 唐继尧 | 云　南 | 同盟会 |
| 左参赞 | 戴　戡 | 贵　州 | 进步党（后转任统兵官） |
| 右参赞 | 任可澄 | 贵　州 | 无党籍 |
| 政务厅厅长 | 陈廷策 | 贵　州 | 进步党 |
| 财政厅厅长 | 籍忠寅 | 山　东 | 进步党 |
| 参谋厅厅长 | 张子贞 | 云　南 | 国民党 |
| 军务厅厅长 | 庾恩旸 | 云　南 | 国民党 |
| 秘书厅厅长 | 由云龙 | 云　南 | 国民党 |

续表

| 第一军总司令 | 蔡锷 | 湖南 | 国民党 |
| --- | --- | --- | --- |
| 总参谋长 | 罗佩金 | 云南 | 同盟会 |
| 第一梯团长 | 刘云峰 | 江苏 | 国民党 |
| 第一支队长 | 邓泰中 | 云南 | 同盟会 |
| 第二支队长 | 杨蓁 | 云南 | 国民党 |
| 第二梯团长 | 赵复祥 | 云南 | 国民党 |
| 第三支队长 | 董鸿勋 | 云南 | 国民党 |
| 第四支队长 | 何海清 | 湖南 | 无党籍 |
| 第三梯团长 | 顾品珍 | 云南 | 国民党 |
| 第五支队长 | 禄国藩 | 云南 | 同盟会 |
| 第六支队长 | 朱德 | 四川 | 国民党（现中国共产党） |
| 第四梯团长 | 戴戡 | 贵州 | 进步党（后改右翼总司令） |
| 第七支队长 | 熊其勋 | 贵州 | 无党籍 |
| 第八支队长 | 王文华 | 贵州 | 国民党 |
| 第二军总司令 | 李烈钧 | 江西 | 同盟会 |
| 第一梯团长 | 张开儒 | 云南 | 同盟会 |
| 第一支队长 | 钱开申 | 云南 | 未详 |
| 第二支队长 | 盛荣超 | 湖南 | 未详 |
| 第二梯团长 | 方声涛 | 福建 | 同盟会 |
| 第三支队长 | 黄永社 | 未详 | 同盟会 |
| 第四支队长 | 马为麟 | 山西 | 未详 |
| 第三梯团长 | 何国钧 | 云南 | 同盟会 |
| 第五支队长 | 林开武 | 未详 | 未详 |
| 第六支队长 | 王锡吉 | 未详 | 未详 |
| 兼第三军总司令 | 唐继尧 | 云南 | 同盟会 |
| 第一梯团长 | 赵钟奇 | 云南 | 同盟会 |
| 第一支队长 | 华封歌 | 云南 | 未详 |
| 第二支队长 | 李植生 | 云南 | 同盟会 |

续表

| | | | |
|---|---|---|---|
| 第二梯团长 | 韩凤楼 | 河南 | 未详 |
| 第三支队长 | 吴传声 | 贵州 | 同盟会 |
| 第四支队长 | 彭文治 | 云南 | 未详 |
| 第三梯团长 | 黄毓成 | 云南 | 同盟会（后改挺进军司令） |
| 第五支队长 | 杨杰 | 云南 | 国民党（后改第一纵队司令） |
| 第六支队长 | 叶成林 | 云南 | 未详（后改第二纵队司令） |
| 第四梯团长 | 刘祖武 | 云南 | 同盟会 |
| 第七支队长 | 杨体震 | 云南 | 未详 |
| 第八支队长 | 李友勋 | 云南 | 未详 |
| 第五梯团长 | 庾恩旸 | 云南 | 同盟会 |
| 第九支队长 | 唐继禹 | 云南 | 国民党 |
| 第十支队长 | 赵世铭 | 云南 | 未详 |
| 第六梯团长 | 叶荃 | 云南 | 同盟会 |
| 第十一支队长 | 马骢 | 云南 | 未详 |
| 第十二支队长 | 邓塤 | 云南 | 无党籍[1] |

注：一梯团约合一旅，一支队约合一团。

从这个表中，有两点是值得注意的。一、整个名单中，他们的曾隶党籍可查的有三十四人，其中曾隶籍同盟会、国民党者就有三十人。这些人大部分都在辛亥革命时期参加过推翻清朝政府创造民国的武装起义，接受过革命民主主义思想的熏陶。因此，在袁世凯恢复帝制的消息传来后，他们的反应就特别强烈，情绪就特别激昂。二、整个名单中，绝大部分都是云南本省人士，其他也都是与云南有长期深厚关系的人（如蔡锷、李烈钧、方声涛、韩凤楼等），因此与本省群众的关系较为密切，发动起义后比较能得到本省群众

---

[1] 白之瀚：《云南护国简史》，第7—9页。

的支持。

  1915年8月，筹安会发起后，消息传入云南。云南军官愤慨异常。罗佩金、黄毓成、赵复祥、邓泰中、杨蓁等首先秘密商议，决定四项办法：一、唐继尧如果反对帝制，仍推他为领袖；二、唐如中立，就以礼遣送出境；三、唐如附和帝制就杀掉他；四、如果实行后面二项，拥罗佩金为领袖。[1]恰值方声涛从海外归国，潜入云南，住黄毓成家，告以各地反袁活动情况，各军官意志更坚决，"议定后，始由黄邓杨三人代表全体同志请于唐，谓唐等终不从时，则将杀唐以举大事"[2]。

  唐继尧当时采取的是两面投机的态度。一方面，慑于袁世凯的威力，"恐滇黔力弱非敌"[3]，迟疑久不决，不敢发动起义还参加了劝进，捕杀在滇的中华革命党人。另一方面，他也"虑及内变"，同时如前所述，他与袁世凯也存在着矛盾，不敢和不愿坚决地支持袁世凯称帝，因此始终以"虚与委蛇""一意稳静"的态度出之，"荏苒数月，莫得要领"。[4]

  此时，袁世凯又派侍从武官何国华入滇，伺察动静，逐日密电报告。"第二师长沈汪度一夕暴卒。汪度曾于酒酣盛言帝制非宜者也，其他指摘帝制者皆不自安。"[5]事机危急，无法拖延。9月11日，唐继尧召开团长以上秘密会议，举行无记名投票，结果全体一

---

[1] 邹鲁：《中国国民党史稿》，1947年上海增订版，第三篇乙第四章，转引自荣孟源主编《中国近代史资料选辑》，生活·读书·新知三联书店1954年版，第714页，参考吉野作造《支那革命小史》第152页及李印泉、李梓畅君《关于护国军之谈话》第17—18页。

[2] 吉野作造：《第三革命后之支那》，转引自李剑农《最近三十年中国政治史》，第348页。

[3] 邓之诚：《护国军纪实》，第4页。

[4] 蔡锷：《松坡军中遗墨》，转引自李剑农《最近三十年中国政治史》，第347页。

[5] 邓之诚：《护国军纪实》，第4页。

致反对帝制，决议整理武装，准备作战。10月7日，再开第二次秘密会议，"决定起义之时机：（一）中部各省中有一省可望响应时，（二）黔桂川三省中有一省可望响应时，（三）海外华侨或民党接济饷糈时，（四）如以上三次时机均归无效，则本省为争国民廉耻计，亦孤注一掷，宣告独立"[1]。议定后就派赵伸、吴擎天等往广西，李植生等往四川，杨秀灵等往湖南，吕志伊等往南洋，进行联系。11月3日召开第三次秘密会议，推罗佩金拟定作战方略。12月9日邓泰中、杨蓁两支队开始向川边出动。12月17日欧事研究会重要分子李烈钧、熊克武、程潜、但懋辛、李明扬等抵滇。19日蔡锷、戴戡、殷承瓛等抵滇。21日、22日唐继尧召集第四、五次会议，蔡、李等都出席，商议起义大计和内外一切布置。23日以唐继尧与巡按使任可澄名义，致电袁世凯，重申"拥护共和"的誓言，并请将杨度等十三人明正典刑，限二十四小时答复，否则武力解决。25日云南正式独立，组织护国军，通电讨袁。

云南宣告独立后，人民群众情绪极为高昂。昆明人民自动书贴"拥护共和万岁"标语，遍悬国旗。十日内，退伍兵纷纷投到者不下五六千人。"其未编入出征军者，有泣求数次而不得者。"[2]"新兵报名亦门限踏穿，各校学生之应征者甚多，经各该局查明，一律拒却，谕令回校专心修业，故各学生皆以不得受征为憾。"[3]

云南护国军起义的实际情况大抵如此。

云南起义后，贵州、广西、广东、浙江、湖南、陕西、四川各省相继独立。袁世凯在1916年3月22日撤销帝制，6月6日焦灼死去。

---

[1] 庾恩旸：《再造共和唐会泽大事记》，第30—31页。
[2] 《共和军纪事》，《军情纪事》，第71页。
[3] 《共和军纪事》，《军情纪事》，第54页。

在这些相继独立的省份中,大多数省份(贵州、广西、浙江、陕西)发动的基本力量也是辛亥革命时期受过革命民主主义思想熏陶的新军军官。

贵州在护国运动发生前,没有将军,只有护军使,由刘显世担任。刘显世在清朝末年本是君主立宪派人,民国成立后亦一贯依附袁世凯势力以自存。但是贵州的军权实际上掌握在刘的外甥、黔军团长王文华手中。王文华曾隶籍国民党,倾向革命。1915年2月,日本提出"二十一条"要求后,王就派参谋长李雁宾到云南,要求唐继尧共同讨袁。秋间,王又命李雁宾再度入滇,探询唐意,"且谓万一差池,愿以所部属滇一同行动"[1]。云南起义的第四、五次秘密会议与起义前的歃血宣誓,李都参与。[2] 云南宣布独立后,"刘显世方别与世凯通消息,得滇电多置不答"[3],又"曾请于滇,绕道北伐"[4]。而王文华和黔军其他两个团长熊其勋、吴传声激烈反对,主张独立。熊并致函刘显世谓:"现在形势,非独立不可。吾已计不反顾。将来无论成否,功罪均在公云云。一面并将己子二人,改姓寄养,以示必死。"[5] 不久,滇军先遣纵队徐进等入黔。25日,蔡锷率军行抵贵阳。贵州绅士因北兵将入境也集会主张独立。刘显世于1916年1月27日宣布独立。

广西将军陆荣廷护国运动初起时,态度亦甚暧昧。一面陆与袁本有矛盾,袁对陆亦甚不信任,派广西巡按使王祖同对陆秘密监视,陆子裕勋又被袁害死于汉口。故陆原来就和梁启超、李根

---

[1] 白之瀚:《云南护国简史》,第14页。

[2] 庾恩旸:《再造共和唐会泽大事记》,第36—38页。

[3] 邓之诚:《护国军纪实》,第6页。

[4] 文公直:《最近三十年中国军事史》,太平洋书店,第37页。

[5] 李印泉、李梓畅君:《关于护国军之谈话》,第20页。

源等暗通消息，但另一面陆又害怕袁世凯的威力，广西兵力也较薄弱（当时云南有军21400人，贵州有军12100人，广东袁家军有38800人，广西军队则仅4000人）[1]，因而仍参与劝进，并随同龙觐光向云南出兵，实际上是采取观望态度。3月15日，广西军官逼迫镇守使陈炳焜、谭浩明、莫荣新向陆荣廷提出哀的美敦书，要求宣布广西独立。（陈等书文中有"帝制议起，中外哗然，凡有血气，靡不愤痛。我省军心民气日益激昂。大势所趋，独力难挽。炳焜等迫得电致堂处"[2]等语，可见广西独立的主动力量亦属中下级军官。）陆荣廷得书后，当日就宣布广西独立。

浙江的独立"盖半出于一部分军官之自动，半由于民意之促成，绝未尝取同意于当时执政者"[3]。浙省高级军官如旅长童葆暄、警察厅厅长夏超、嘉湖镇守使吕公望等大多为辛亥革命时期发动武装起义推翻清朝政府的同盟会员、光复会员。帝制运动发生时，他们就愤激不平。广东独立后，童、夏等连日开军事会议，要求浙江将军朱瑞独立。朱不得已，一面声称中立，一面准备杀童、夏等。童等乃于4月11日进攻督署，朱瑞逃亡。12日，浙江正式宣布独立。[4]

陕西的独立首先由陕北发难。云南起义后，陕西退伍兵士等相继起事。陕北各州县纷纷响应。陕西将军陆建章命陕南镇守使陈树藩率部前往讨伐。"殊陈部多辛亥革命时有功者，其兵士亦极倾向共和，暗与民党联络一致，往往迫陈宣布独立。"[5] 5月9日，陈被公举为陕西护国军总司令，宣布独立，旋即占领西安，逐走陆建章。

---

[1]《共和军纪事》，《军情纪事》，第43—44页。
[2]《护国军纪事》卷3，《对内文告》，第10页。
[3] 文公直：《最近三十年中国军事史》，第46—47页。
[4] 同上书，第47—48页。
[5] 同上书，第51页。

广东、湖南、四川的独立，情况虽与上不同。但省内民军的到处起义，护国军又着着进逼，龙济光、汤芗铭和陈宧在本省的统治无法继续维持下去，也是迫使他们宣布独立的一个重要原因。

## 三

为了更深刻地认识护国运动发生和迅速发展的原因，我们还必须进一步考察两个问题：（一）袁世凯称帝前，他的统治是建筑在怎样的一种基础之上的？在他统治之下，中国社会内部的各种矛盾、社会各阶层对这种统治的憎恨和不满比清朝末年、辛亥革命时期是得到缓和，还是继续向前发展了？（二）袁世凯的称帝，在中国人民中引起了怎样的反应？为什么这一个事件会并且能够立刻引起全国人民如此猛烈的反对，卒至导致护国运动的发生和袁世凯的失败？

现在先来看第一个问题：

1911年的辛亥革命推翻了清朝的统治，结束了中国几千年来的君主专制制度，在中国人民中散播了民主共和国思想的种子。但是，由于没有一个彻底的反帝反封建的纲领，没有发动和组织可以依靠的人民大众的力量，这次革命终于失败了，革命的果实落到袁世凯的手中。

袁世凯的统治，依然是大地主大买办阶级在中国的统治。

在这个统治下，中国人民没有得到任何一点经济上和政治上的解放；人民群众（包括资产阶级在内）对袁世凯统治的不满和憎恨日益加深；清朝末年导致革命爆发的各种社会矛盾一个也没有得到解决，相反却继续激化着。

现在，从下列三个方面来考察一下当时中国社会内部各种矛盾的发展情况。

一、帝国主义与中华民族的矛盾。

19 世纪末叶和 20 世纪初叶，帝国主义在欧美日本各工业先进国家建立了统治。"垄断制占统治的现代资本主义的特征是资本输出。"（列宁）中国这样一个地大物博、人口众多的国家，在帝国主义国家看来，正是它们大量倾入剩余资本以提高利润的好投资场所。袁世凯上台后，为了表明自己愿意充任帝国主义在华忠实的代理人，匆忙地发表宣言——"凡从前缔结之条约，均当切实遵守"[1]，并欢迎帝国主义国家在华大量投资。于是，帝国主义在华资本输入的总额迅速地增长了。

首先，是与政治支配结合在一起的大量财政借款。自 1912 年至 1914 年秋，袁政府对外借款"不三年间共加增 12.45 亿元，几占前清数十年来积欠金额三分之二以上"[2]。（其中最重要的是 1913 年 4 月五国银行团的善后大借款，共借 2500 万镑，以中国盐务收入为保，规定外人稽核盐务，用外人审计用途，这是外国侵略者得以直接干涉中国财政的开始。此外，日本的汉冶萍借款和美国的导淮借款造成中国的权益的损失也很大。）"财政——仰给于借款"[3]，"中央政府之生存，全持外债以维持"[4]。袁世凯政府随着对帝国主义国家财政上依赖的加深，也日益加深对帝国主义国家政治上的依赖。

其次，是大量的铁路投资。帝国主义对中国铁路权益的掠

---

[1]《袁大总统书牍汇编》卷首，上海广益书局 1936 年续版，第 4 页。
[2]《甲寅杂志》1 卷 8 号，《欧洲战争与各国财政经济上所受影响（皓白）》。
[3]《甲寅杂志》1 卷 1 号，《列强与经济借款》。
[4]《中国经济年鉴》，财政。

夺，曾有过三次高潮。其中攫取路权最多的是第二次——1911年至1914年袁世凯统治期内。在这期间，帝国主义国家共取得路权18000公里[1]，其中包括陇海、吉会、同成、对大、浦信、沪杭甬、南浔、钦渝、南京、沙兴、宁湘、滇缅等路（大多支付部分借款，但部分并未筑成）。铁路借款不仅为帝国主义国家提供优厚的超额利润，也是它们在中国划分势力范围的重要内容和分割中国的重要标志。

航运事业方面，1913年中国外洋航运和国内航运的吨位中，外国船占78.7%，中国船连同机帆在内，只占21.3%。[2]

再次，是工矿企业中的投资。根据1914年的统计：煤，在帝国主义控制下的开采量占全国机械采煤量的89.6%；生铁，在帝国主义控制下的产量占全国总产量的100%；纺织业，外厂所有纱锭占全国纱锭总数的40%，外厂所有布机占全国布机总数的50.1%。[3]中国工业的命脉全部处在外国帝国主义者的支配或控制之下。

需要指出的是，尽管如此，但就整个说来，帝国主义在中国投资的分布还是以商业掠夺性的投资为主。1914年外国在华企业资本中，金融、贸易、运输三项合计就占总数的49%，制造业、矿业两项合计却只占16.9%，因此这种投资对中国的生产事业的破坏性也就特别大。[4]

帝国主义的在华投资，垄断了中国的经济命脉，直接从中国人

---

[1] 吴承明：《帝国主义在旧中国的投资》，人民出版社1955年版，第37页。
[2] 同上书，第98页。
[3] 严中平：《中国近代经济史统计资料选辑》，科学出版社1955年版，第124、127、134页。
[4] 魏子初：《帝国主义在华投资》，生活·读书·新知三联书店1951年版，第10页。

民身上榨取大量超额利润，使中国的民族工商业窒息得气都透不过来。此外，袁政府为了支付巨额外债与赔款（1913年度国家预算支出项中，外债支付竟达 2.99 亿元，占整个预算总支出的 46% 以上）[1]，加捐加税，增发通货，这些也都是帝国主义国家对中国人民经济上的掠夺和榨取。

1914年第一次世界大战爆发后，日本乘欧洲帝国主义列强卷入大战旋涡之中无暇东顾之际，更加迅速地扩展它在中国的势力。8月23日，日本向德国宣战。接着日本军队立即在山东半岛登陆，将德国在山东的势力完全取而代之。1915年1月18日，日本公使日置益向袁世凯提出企图独吞中国的"二十一条"要求，并称"总统如接受此种要求……日本政府从此对袁政府亦能遇事相助"[2]。5月9日，袁世凯除保留最末一部分外，承认了其他全部要求。严重的民族危机，在中国人民中引起了强烈的反应。全国各地都展开了以"抵制日货""反对亡国的二十一条"为口号的爱国运动，爱国人士慷慨激昂，奔走呼号，大大促进了人民群众的觉醒。

二、封建主义与农民大众的矛盾。

辛亥革命时期，革命政党并没有深入地发动农民群众开展土地斗争。辛亥革命失败了，袁世凯政府完全支持封建大地主阶级的利益。地方基层政权也完全掌握在豪绅、地主、官僚、恶霸的手中。"州县之官，十九为前清声名狼藉之污吏。"[3]在袁政府刺刀的保护下，地主阶级气焰更加高涨，为所欲为，加紧对农民的盘剥与掠夺，封建的剥削率更加提高了。

---

[1]《甲寅杂志》1卷4号，《欧洲战争与中国财政（运甓）》。

[2] 王芸生：《六十年中国与日本》，大公报社，卷7。

[3]《甲寅杂志》1卷7号，《言之者无罪（伍子余）》。

封建剥削率提高的两个显著标志是：

第一，土地兼并过程的加剧，土地集中的加速进行，大量原来的自耕农破产沦为佃户：

|  | 江苏昆山 | | | 江苏南通 | | | 安徽宿县 | | |
|---|---|---|---|---|---|---|---|---|---|
|  | 自耕农 | 半自耕农 | 佃农 | 自耕农 | 半自耕农 | 佃农 | 自耕农 | 半自耕农 | 佃农 |
| 1905 | 26.0 | 16.6 | 57.4 | 20.2 | 22.9 | 56.9 | 59.5 | 22.6 | 17.9 |
| 1914 | 11.7 | 16.6 | 71.7 | 15.8 | 22.7 | 61.5 | 42.5 | 30.6 | 26.9[1] |

第二，地租剥削率的提高。再以苏皖地区为例（以1905年为100。在1914年的指数）：

|  | 江苏昆山 | 江苏南通 | 江苏奉贤 | 安徽来安 | 安徽宿县 |
|---|---|---|---|---|---|
| 钱租指数 | — | 207 | 145 | 150 | 81 |
| 谷租指数 | 157 | 155 | — | — | — |
| 分租指数 | — | 155 | — | — | 158[2] |

封建主义的残酷剥削和袁世凯的一意搜括，严重地破坏了农业生产力。1915年全国范围内发生了规模巨大的灾荒。广东、广西、云南、江西、河南、湖南、湖北、安徽、奉天（今辽宁）、吉林、黑龙江各省发生了水灾；四川发生旱灾，"几于无县不荒、贫民采食草根树皮充饥，被灾之重，为数十年所未有"；直隶、河南一带发生蝗灾；江苏、浙江一带又遇风灾。天灾人祸交煎交迫，农民生活痛苦不堪。[3]

---

［1］《中国劳动年鉴》，第447页。

［2］《中国经济年鉴》，租佃制度72。

［3］《东方杂志》13卷，6、8、9、10号《中国大事记》。

三、袁世凯政府与全国人民的矛盾。

袁世凯在建立了自己的统治后,也立即开始对中国人民进行敲骨吸髓的剥削与榨取。极端严重的财政危机(这个危机,首先是由于巨额的外债支出和军费支出所引起的,也就是说是由袁政府本身性质所决定的。1913年度财政预算支出中,外债支付占总支出的40%以上,军费支出占34%;财政赤字达3.83亿元,超过了当时岁入的总额)[1],使袁政府更加疯狂地对人民进行榨取和掠夺。

袁政府对人民进行掠夺和榨取的主要手段是:加捐加税和滥发通货。

田赋收入1913年至1916年间增加几达2000万元[2],自1915年起袁政府又命增收地租附加税,到1916年财政预算中,此项收入竟达780余万元[3]。其他捐税的增加,仍以1916年与1913年比较,印花税增加8倍,烟酒税增加3倍,统捐统税增加60倍[4],各种新税亦巧立名目,层见叠出。以1914年8月为例,一月之中,拟办的新税有13种。[5]1914年4月7日的《生活日报》讽刺这种情况说,"甚至财政学上所有之税目俱抄袭而实行之"[6]。

通货膨胀的情况亦极严重。1914年公布的不完全数字(只包括二十一省),仅各省地方银行发行的纸币已达162910557元。[7]广东纸币发行额达3000万元,一元的实际币值低至三角几分,省

---

[1]《甲寅杂志》1卷4号;《东方杂志》13卷5号;《甲寅杂志》1卷4号。
[2]《中国年鉴》第1回,第445、457页。
[3] 同上书,第507页。
[4]《中国经济年鉴》,财政D416。
[5]《时事新报》1914年8月23日。
[6]《生活日报》1914年4月7日。
[7]《中国年鉴》第1回,第752页。

城以外各县市场很多拒用纸币。湖南发行纸币 3600 多万元,超过准备金 41 倍,省府规定纸币不能作纳税之用,并用武力抑制人民兑现数额,或竟停止支付,纸币信用完全破产。[1]

高额捐税和通货膨胀的直接后果是物价高涨。根据湖南一地的记载:1915 年的物价与光绪十余年间相较,米一升由十余文涨至八九十文,棉布一尺由二十文涨至四五十文,煤一斤自三百文左右涨至五六百文,食盐一斤自五十余文涨至一百余文,"百物昂贵,民无所资以为生"[2]。

袁世凯主义在政治上就是反革命独裁主义。

他在窃取了辛亥革命的果实后,就逐步将国家的全部权力集中到他一个人手中。1914 年,辛亥革命留下的最后一点残余痕迹——《临时约法》被废弃,由袁御用的约法会议公布了所谓《中华民国约法》。修改后的约法,规定大总统"总揽统治权",将总统的权力扩大得和专制皇帝一样。同年宣布的《大总统选举法》,又使大总统不仅可以终身连任,并且还可以用推荐的办法,将职位传之子孙。无怪连当时法文的《北京日报》也这样公开评论:"自事实言之,袁总统现时之权力,已广漠无比,炙手可热,为中国历来天子所未能望其项背。"[3]广大人民没有丝毫参与政权的权利。

1914 年 3 月 2 日袁政府又公布了《治安警察条例》[4],12 月 4 日公布了《出版法》[5],1915 年 4 月 3 日公布了《报纸条例》[6]。这

---

[1]《东方杂志》13 卷 5 号,《中国物价腾贵问题(海期)》。
[2]《东方杂志》13 卷 5 号。
[3]《生活日报》1914 年 4 月 15 日。
[4]《东方杂志》10 卷 10 号。
[5]《东方杂志》12 卷 1 号。
[6]《生活日报》1915 年 4 月 4 日。

些法令，将人民的言论、出版、集会、结社、身体、信仰等一切基本自由剥夺得干干净净。

如前所述，袁政府下一切直接控制人民的地方基层政权完全掌握在豪绅、地主、官僚、恶霸的手中。"一般县知事都有都督府执法科的兼衔，欲杀则杀，欲枪毙则枪毙"[1]。1914年4月初，又正式颁布《县知事兼理司法事务暂行条例》与《县知事审理诉讼暂行章程》，司法的独立完全取消，百姓的生杀大权任意操之于他们手中，一点也得不到法律的保障。

为了保护这个反革命专政，为了镇压人民群众因不堪忍受这种黑暗野蛮的压迫榨取而掀起的反抗运动，袁世凯统治的一个重要特点就是建立了遍布全国的特务统治。

袁政府在中央设立了警察总署，在华北各省都设有探访稽查局，在南方各省责成各地镇守使组织清乡警队，戒备非常。袁的暗探特务缇骑四出，密布各地。此辈暗探大多是地痞无赖之徒，在各地任意鱼肉人民，敲诈勒索，挟嫌倾陷，栽赃诬害，为所欲为。河南："侦探之欲得功发财也，莫不可以任意捏造乱党……其所以如是者，以每获一人赏银五十两"，"甚至审计分处某科员以遗失一车纹布袍之故，将城内之衣裤褴褛形似小窃者八十余人，一律枪毙"，"计一年中所杀之人约在二万二千有余。孤儿寡妇泣血吞声。清平世界忽变一惨无天日之黑暗地狱"。[2]北京："现北京稽查极严。缇骑四出。消息灵通。故各饭店茶居皆贴出'诸君小心，勿谈国事'两联语。惧城门失火殃及池鱼也。至于出版物之不能言论自由，更

---

[1]《生活日报》1914年4月9日。

[2]《生活日报》1914年5月19日。

无俟论"。[1]袁世凯势力所及的地区成为一个黑暗恐怖的地狱世界。

此外，在文化教育方面：袁世凯亦大力提倡"读经尊孔"，宣扬封建道德。安徽都督倪嗣冲的呈文中将袁世凯这种做法的心事一语道破，他说："十岁至十五岁嗜欲未盛，性灵初开。教之善则善，习于恶则恶。听自由平等之演说印入脑筋，故虽杀身破家，趋之若鹜；闻事亲敬长之正论深入心理，亦必守死善道，甘之如饴"；"果能改良以读经为本，以余力习有用之科学，即戡乱之上策，治病之良方也"[2]。

以上三方面矛盾（帝国主义与中华民族的矛盾、封建主义与农民大众的矛盾、袁世凯政府与全国人民的矛盾）的发展和激化，最终交织成袁世凯统治下中国社会经济的一幅悲惨的图画：社会生产力萎缩不前，人民生活日益贫困和痛苦。

工业生产在袁世凯的统治下，处在停滞的情况下。全国各种工业拥有的职工总数，根据日本人的记载：1912年为661784人，1913年为630890人，1914年为624521人，1915年为619729人，呈现了惊人的倒退。[3]

拿民族工业中首屈一指的纺织业来看，这几年内亦"初无若何之进展"[4]。上海是中国棉纺织业最集中的城市，华裔纱厂1912年有7厂，167596纱锭；1913年减为6厂，141920纱锭；1914年也只有7厂，160900纱锭。[5]查一查严中平同志所编的中国纱厂沿革表，1912—1914年，除了英人在上海开设了杨树浦纱厂外，华

---

[1]《甲寅杂志》1卷7号，《言之者无罪（伍子余）》。
[2]《生活日报》1914年6月3日。
[3] 马场明男：《支那政治经济年表》，庆应书房，第144页。
[4]《中国棉纺统计史料》，棉纺资料，第73页。
[5]《中国近代经济史资料选辑》，第162页。

商开设的纱厂竟连一个也没有。[1]这种情况直到第一次世界大战爆发后，由于欧洲帝国主义国家忙于战争暂时放松了对中国的侵略才发生了变化。

商业的情况也是一样。听一听当时商人们的呼声吧："十里一卡，二十里一局，剥削留难，无所不至"，"厘捐愈重，商业愈减，金融愈滞，是直使我商人无生活之希望，而置诸死地矣"。[2]

农业生产力萎缩的情况更为严重。随着袁世凯军阀政府和地主阶级对农民更残酷的压榨，农民大量破产，游民日益增加，荒地不断增多。只要看一看下面的两例数字就足够了：全国农户的总数在1914年为59402315户，1915年就减为46776256户；全国荒地面积在1914年为191272014亩，1915年就增为229463464亩。[3]

人民的生活痛苦不堪，广大的工人农民、劳动群众更是陷入水深火热之中。当时的《东方杂志》中已经可以看到这样的描写："国事日非。百吏尸位于朝，万民废业于下。士不安其校，贾不安其市，工不安其肆，农不安其田。加以苛税繁兴，盗贼毛起，生计废绝，十室九空。行旅所经，考询所至，上之惟口议腹非，下之惟狐鸣篝火，内之惟妇号儿啼，外之惟陇叹路哭而已。"[4]

随着社会内部矛盾的尖锐化，阶级矛盾也日趋尖锐。

农民大众在痛苦的生活熬煎下掀起了不断的斗争。

规模最大一次，是1913年的白朗起义。起义群众编了个歌谣在人民中传唱："老白狼（白朗别名），白狼老，抢富济贫，替天行

---

[1] 严中平：《中国棉纺织史稿》，科学出版社1955年版，第351—352页。
[2] 《生活日报》1914年5月17日。
[3] 《中国年鉴》第1回，第1134、1137页。
[4] 《东方杂志》13卷1号，《我（民质）》。

道，人人都说白狼好，两年以来，贫富都匀了。"[1]参加起义队伍的有两万多人，纵横河南、安徽、陕西、甘肃、四川、湖北等六省，"所向无敌，袁军之追剿者疲于奔命，竟无寸效，惟以骚扰商民为事"[2]。直到1914年8月，这支起义军方告失败。

各地农民小股暴动更多。1915年，贵州、奉天、热河、江西、云南、吉林各省均有规模较大的民变发生。士兵大多出身破产农民，在军队中又受着长官的剥削压迫，也常发生兵变。

工人阶级当时还处在自在阶级的状态中，但也开始展开了为改善自身经济情况而作的斗争。

1913年1月，北京邮政工人为反对送信次数增多进行罢工；同年5月，汉阳兵工厂工人为反对以跌价的纸币发给工资而罢工；1914年10月，上海招商局、太古、怡和三个轮船公司中的宁波籍海员为要求增加工资宣布总同盟罢工；同年12月，上海人力车夫因反对车厂增收车租而同盟罢工；1915年3月，湖北大王岩煤矿矿工因公司加长工作时间要求增加工资而罢工。[3]

小资产阶级充满了正义的愤怒。他们一面看到严重的民族危机，起而呼号奔走。袁政府接受"二十一条"的消息传出后，广东学生召开国耻大会；天津绅学商界人士联合召开国耻大会，"会员痛哭陈词，情极愤激……当时断指血书者七人，断指誓仇者五人"[4]；浙省留日学生全体退学表示抗议。另一面，他们又猛烈抨击袁政府的黑暗、野蛮与腐败。连章士钊主办的《甲寅杂志》上也

---

[1] 陶菊隐：《六君子传》，中华书局1946年版，第78页。
[2] 《袁世凯全传》，文艺编译社，第92—93页。
[3] 《学习杂志》4卷11期，《中国共产党成立前中国工人阶级发展的情况》；《神州杂志》1卷1期，《汉阳兵工厂罢工记》；《东方杂志》12卷4期，《中国大事记》。
[4] 《新闻报》1915年5月30日。

已有"政府欤？盗府欤？"和"时日曷丧"的呼声出现。

资产阶级和商人要求有稳定的国内市场，因此最初一般都倾向于维持现状和保守主义，但是由于受着袁政府的赋税重担和帝国主义经济势力的排挤，不满现状的情绪亦逐渐滋长。

各省纷纷发生商人反对苛捐杂税的同盟罢市。以1915年为例：4月，山东济宁两千余家商店反对官府强迫购用印花全体罢市；5月，江苏江都商民反对落地税罢市，安徽芜湖商民因常关提高税率罢市[1]，广东七十二行商集会反对印花苛税；6月江苏吴县肉店因县署实行屠宰税全体罢市[2]；9月，云南大理商民反对灯捐罢市，江苏吴县绍酒业不服征税同盟罢市[3]。各省又纷纷发生抵制日货的行动。"二十一条"消息传出后，各地商会致电袁政府激烈反对。太原商会电文中有"苟政府不待人民与知，将损害主权及国威诸条件遽行承诺，商民誓不承认"等语。[4]

《字林西报》载某西人南京通信中说："商人厌于满清失德，当辛亥之变，力助革党，其结果遂推翻满廷。及癸丑之役，商民望治心殷，援助袁氏，故不数月而事变全定。总言之，则商界者，乃忍耐爱治之民也。然以商民忍耐力之富，今犹不克忍而诋排袁世凯之压制者随地而然，则袁之不得民心，从可想矣。"[5]这里对资产阶级和商人作用的估计自然是夸大的，但确实也反映出中下层资产阶级几年来对袁世凯政府态度的变化。

毛主席说："如问中国革命高潮是否快要来到，只有详细地

---

[1]《东方杂志》12卷6期，《中国大事记》。

[2]《新闻报》1915年6月5日。

[3]《亚细亚日报》1915年7月10日。

[4]《中日交涉纪事本末》，第58页。

[5]《护国军纪事》卷3，《外论》，第516页。

去察看，引起革命高潮的各种矛盾是否真正向前发展了，才能决定。"[1]察看一下1911年至1915年的整个历史发展过程，可以看出，帝国主义、封建主义和中国人民大众的矛盾更加加深了，由此形成的革命危机更加深广了。了解了这一点，才能更深刻地了解为什么护国运动能够在这样短的时期内，迅速地形成一个全国性的反袁高潮，迫使袁世凯不得不撤销帝制，忧灼死去。

现在，我们再来看第二个问题——袁世凯称帝在中国人民中引起的强烈反应。

历史上一切反动统治者，从来都是迷信自己的实力地位，看不到人民群众的力量，看不到历史发展的客观规律的。

袁世凯也不例外。1913年，国民党在南方的主要军事力量被消灭后，他就认为"天下莫予毒"了，认为"意外之乱，果或猝起"，"政府自信无论何时均有完全对付之力"，于是就一心一意地准备将黄袍加到自己身上，"使帝制再见于中国"。[2]

帝制运动就这样着着开展。1915年12月12日，袁世凯正式称帝。

《人民日报》1955年3月12日社论中说："民主精神的高涨是辛亥革命的直接的结果。由于经历了这种高涨，人们在思想上获得了解放。在辛亥革命以后，封建帝制的一切余孽……他们的任何恢复帝制的愚蠢企图都不能不遭受到彻底的失败。帝国主义和封建主义对于中国的进步的阻碍尽管是严重的，但是在辛亥革命以后，这种阻碍之被克服是必然了的。"[3]

---

[1]《毛泽东选集》第1卷，第1060页。
[2] 白蕉：《袁世凯与中华民国》，第298页。
[3]《人民日报》1955年3月12日。

袁世凯帝制运动消息传出后,在人民群众中特别是青年学生和华侨中立刻引起了强烈的反应。在青年学生方面:上海学生"大都醉心民权……自筹安会发现后,……连日诣报馆探听消息者,不知凡几。某君欧洲留学生也……极力主张保持共和,并谓杨度等为背叛民国"[1]。武汉学生"国家之观念亦富,对于此次变更国体,则纯持反对态度,竟谓……以革命先烈牺牲无数金钱生命所争得之民主国,曾不数年仍复为君主……则中国纵不亡于大总统之身,亦必亡于大总统之子孙。孙杨诸人之肉其足食乎"[2]?留日学生通电:"袁氏无端图谋帝制……千钧一发,转危为安,惟吾国民履行主权者资格,迫袁负咎退位。"[3]华侨方面:美国波士顿中华公所全体华侨通电"请反对君主,实行民主"。泗水全体华侨通电要求"严办杨度等,解散筹安会,以弭大患,而维国本"。[4]其他各界反对亦烈,如"自北京有筹安会出现,上海人士顿引起极大之注意,讨论者纷纷不绝,然大抵诋责之论为多。……上海各团体,逐日开会讨论此事,但多出以秘密会中人,无不昌言反对"[5]。军队中特别是各省新军中下级军官,闻得帝制消息时,亦多"愤慨异常"。

连日本帝国主义当时也清楚地看到了这一点。在日政府劝告袁世凯中止帝制运动时就说:"中国组织帝制,虽外观似全国无大反对,然根据日政府所得之报告……反对暗潮之烈,远出人意料之外,不靖之情,刻方蔓延全国。……若总统骤立帝制,则国人反对

---

[1] 南华居士:《国体问题》首卷,直隶书局,第64页。
[2] 同上书,第103页。
[3] 黄毅:《袁氏盗国记》下篇,国民社1916年版,第25页。
[4] 同上书,第24页。
[5] 南华居士:《国体问题》首卷,第119页。

之气态,将立即促起变乱。"[1]英国的《伦敦记事报》当时说:"袁氏帝制自为,即能侥幸于一时,然反动之力无有不作,且其为力之杂,或足使全局因而糜烂……其原因所在,则无非以帝政之谋,为优秀之国民所一致反对耳。"[2]连封建老官僚岑春煊也看到了这一点。他在致陆荣廷书中说,"袁氏辛亥之成功,实因南北一致愿假以位。癸丑之成功则由赣宁操之稍急,国内人心尚未尽去。今则急进者不必论,即稳健者亦切齿刺骨"[3],并由此得出"袁世凯必败"的结论。

人民群众对袁政府的痛恨和反对是造成袁世凯称帝失败的决定性原因。

在人民群众高涨的反袁浪潮面前,帝国主义列强也不能不重新考虑它们对袁世凯称帝的态度。

袁世凯虽然是各帝国主义在华的总工具,但他依靠的主要后台是英帝国主义。当时欧战正酣,英国实在无力给予袁世凯以任何有力的援助,希望袁世凯暂缓称帝,以免引起国内革命的爆发。英日俄三国公使联合向袁政府提出的劝告中,就清楚地说明了他们的这种心情:"恢复帝制一举,默察中国现状,恐有危机之事件发生。当此欧战正亟之时,国于东亚者,务宜慎重处事。若因处置不善而召起祸乱,则非独中国之不幸,凡与中国有密切关系之各邦均将受其影响。愿袁总统顾念大局保持现状,将改变国体计划从缓实行。"[4]以后,当云南起义后,英人所办京津《泰晤士报》的社论

---

[1] 白蕉:《袁世凯与中华民国》,第293页。
[2] 《护国军纪事》卷3,《外论》,第1页。
[3] 《护国军纪事》卷3,《对内文告》,第18—19页。
[4] 《东方杂志》。

《袁世凯之前途危险》一文中也充分流露出英帝国主义这种"爱莫能助"的心情来:"无论胜败如何,袁世凯之威望必落。今日者,正吾人渴望中国元首得保其威望之日也,而事竟如此,吾人对于袁氏不识取劝进之时机,以自保威望,能勿致其惋惜?……虽常人对于袁氏未尝不望其保有威权而以成中国现在之最大政治家,但因奉袁为帝以致再生内乱,能勿觉其为值太大而于国家无所裨益耶?"[1]这里,话说得很明白,英帝国主义是希望袁世凯能"保有威权"的,但是在"欧战正亟"无力东顾之时,如继续支持"袁为帝以致再生内乱",那么,他们也只好宁愿牺牲袁世凯另外换一个适当的工具,以求得在东方维持安定秩序了。

日本帝国主义对袁世凯的态度,在日本对支联合会、国民外交同盟会的文件《对支问题解决的意见》中说得也很明白。"支那多数人民对于袁政府攻击猬集,国论沸腾。假令有日本之声援,袁政府之位置却陷于困难,仍不能免其崩坏。且袁总统本一喜用权数术谋之政治家。即一时买日本之欢心,出亲日之态度。必于欧洲大战终结之日,又背我而就列国。证彼以往之历史,殆无疑义。今我日本不视支那民众之趋势而拥护袁总统,共图对支问题之解决,非策之得也。"[2]这里,它们的意思是两点:第一,中国人民反对袁世凯的力量是强大的,即使日本政府支持袁世凯,"仍不能免其崩坏",因此支持袁世凯是不得策的;第二,袁世凯历来是亲英的(日人所著《支那革命外史》一书中曾直指袁为"英公使之买办"),目前即令亲日,亦只是一时的姿态。日本冒了危险支持袁世凯政府,也许到最后,袁世凯仍旧会"背我而就列国",这样就更不得策了。因

---

[1]《护国军纪事》卷2,《外论》,第10—11页。
[2]《东方杂志》12卷6期,《对支问题解决的意见》。

此，对日本说来，最好的办法，是乘此将袁世凯打下台去，另外扶起一个能更忠实地投靠日本的新工具来（以后它找到的是段祺瑞），这样，既能避过中国人民的反袁浪潮，而其结果可以对日本更为有利。

帝制运动在人民中遭到普遍的反对，欧战即将爆发，帝国主义列强不能给予袁世凯以有力的支持，这两个因素早就预决了袁世凯的称帝必然归于失败。

## 四

根据以上的分析，可以得出几点结论：

（一）袁世凯的统治，是大地主大买办阶级在中国的统治。在这个统治下，中国社会的各种矛盾不仅不可能得到解决，相反却继续激化着。人民对袁世凯统治的憎恨日益加深。革命的危机在中国社会内部不断地酝酿着、发展着。袁世凯的统治正是建筑在一座喷薄欲发的人民革命的火山巅上。

袁世凯的帝制自为，彻底撕开了他在辛亥革命时期欺骗人民并赖以取得政权的假面具，暴露了他自己真正的面目。历史的车轮是向前进的，人民的巨流是向前进的。经历过辛亥革命的洗礼并在思想上获得解放的中国人民绝不容许封建君主专制制度在中国的重新出现。人民群众几年来对袁世凯反动统治的全部憎恨在护国运动的旗帜下集中起来，形成了汹涌澎湃、不可抗拒的反对力量。

当时，欧洲帝国主义列强被卷入第一次世界大战的旋涡之中，没有力量给予它们在中国的忠实奴仆——袁世凯以任何有力的援助；日本帝国主义在人民反袁的巨大浪潮面前，不敢也不愿给予还不是它最称心的工具袁世凯以有力的支持。

在人民力量的冲击下，袁世凯恢复帝制的愚蠢打算不能不被打得粉碎。

（二）云南护国运动的真正发动者，是受着革命民主主义思想熏陶的新军军官。

这些新军军官能够成为护国运动的首先发难者，不是偶然的。毛泽东同志在《战争和战略问题》一文中写道："在中国，主要的斗争形式是战争，而主要的组织形式是军队"，"经验告诉我们，中国的问题离开武装就不能解决"。[1] 袁世凯统治下的情况，也正是如此。人民没有真正的议会可以利用，没有组织合法斗争的任何权利。国民党直接领导的军事力量已在"二次革命"中被粉碎了。中华革命党和广大群众失去了联系，只进行一些少数人的武装暴动，不能取得重要的成效。各地的农民起义处在自发的状态中，没有先进阶级政党的领导，尽管此起彼伏绵延不绝，都不能长期地坚持下去，更不能汇合成为一支反袁的革命主流。无产阶级还没有作为一个独立的政治力量走上中国的政治舞台。环顾全国，能够起来首揭义帜用武装斗争的形式来反对袁世凯称帝的军事力量，只有西南各省受过革命民主主义思想熏陶而还没有被袁世凯消灭的新军。

而云南能成为各省中首先发难的地点，也是有原因的：

1. 云南军队上级将校大多是日本士官学校出身，中下级军官大多是云南讲武堂出身。他们绝大部分参加过辛亥革命时期推翻清朝的武装起义，多数并曾隶籍同盟会、国民党。袁世凯建立了自己的统治以后，特别在1913年北洋军占领江苏、安徽、江西等省消灭

---

[1]《毛泽东选集》第2卷，第507、509页。

了国民党在南方的主要军事力量以后，一步步着手铲除异己，剪灭辛亥革命时期各省的革命力量。但是云南因地处边远，袁世凯的势力一时还来不及深入。除了在袁政府的命令下，蔡锷被调入京，一部分高级军官罗佩金、黄毓成、顾品珍等被黜外，新军内部的辛亥革命时期的革命火种基本上还是被原封不动地保存了下来。这是护国运动能在云南首先发动的主要原因。

2. 云南是西南边界重镇，从清朝末年开始就驻扎重兵。在护国运动发动前夜，云南共有军队二师与一混成旅，共21400人。编练纯采西式。山炮、机关枪、野炮无一不备。各队步枪都是一式，并无参差不齐之弊。弹药亦丰，每挺机关枪配有子弹4500发。云南本省复有弹药厂，每日加工可制出子弹约2万发。云南的军事力量实为西南各省之冠，有足够的实力支持它首先发难，与袁家军对抗。[1]

3. 云南四境多山。西、南两面同法属越南和英属缅甸接壤。护国运动起后，袁世凯请求假道越南攻滇，为法国拒绝，故后方无军事威胁。作为首先发难的根据地，这点虽然是次要的，但确实也是一个有利条件。

这个运动在展开后，得到了工人、农民、知识分子和城市小资产阶级的热烈同情和支持，资产阶级在不少地区公开表示了赞助，一些投机的政客、军阀也加入了起义的行列。这样就汇合成为一个巨大的反袁联合战线，推翻了袁世凯的皇朝。

（三）但是，护国运动终究还只是一个自发性的斗争。无产阶级政党固然还没有出现，资产阶级革命政党——中华革命党也没有将斗争领导起来。护国运动仍然蹈着辛亥革命的覆辙，没有明确的

---

[1]《共和军纪事》，《军情纪事》，第43、57页。

反帝反封建的政治纲领（包括发动起义的新军军官在内，他们所知道的只是要推翻袁世凯的帝制，恢复中华民国），也没有充分发动和组织可以依靠的人民大众的力量。当唐继尧、陆荣廷、岑春煊、梁启超等上层人物纷纷以反对袁世凯帝制的面目出现时，起义的真正发难者——天真的新军军官们，就认为那些人有着较大的"政治号召力"，而将斗争的领导权拱手让给他们。到袁世凯死去、帝制撤销以后，群众更失去了继续斗争的共同目标；唐、陆、梁、岑等这些人在日帝国主义的拉拢下，迅速地和北洋政府取得了妥协，结束了护国运动。

护国运动后，中央政权还是把持在以段祺瑞为首的北洋军阀手中，斗争的发难地区——西南各省也变成少数地方军阀的地盘。中国仍然处在帝国主义与封建军阀统治的黑暗局面下。护国运动对中国政治、经济、社会的基本问题，依然一个也没有加以解决。

但是，历史是永远不停留的，历史是不断地向前进的。辛亥革命、护国运动和以后的护法运动的失败，证明了旧民主主义革命的破产，证明了资产阶级民主共和国的纲领和资产阶级革命政党领导下的革命并不能将中国从半殖民地半封建社会的绝境中挽救出来。于是，先进的中国人重新经历了失望、彷徨、探索和追求新的救国理想的道路。但是，在这时候，随着第一次世界大战期间民族的进一步发展，中国无产阶级的队伍壮大起来了，中国的工人运动日益蓬勃地发展起来了。护国运动结束的下一年，俄国发生了伟大的十月社会主义革命。"十月革命一声炮响，给我们送来了马克思列宁主义。"[1] 中国先进的知识分子开始接受马克思列宁主义，重新考

---

[1]《论人民民主专政》，《毛泽东选集》第4卷。

虑国家的命运和问题。护国运动结束后的第三年，在新的民族危机面前，具有初步共产主义思想的知识分子、革命的小资产阶级知识分子和资产阶级知识分子联合在一起，掀起了五四运动。接着，广大的工人和农民参加了这个运动。1921年7月，中国共产党成立，从此中国的革命就进入无产阶级领导的新民主主义革命时期。中国的历史展开了完全崭新的一页。

# 合作数十年的老大哥胡绳武

1981年，我随胡绳同志到日本参加纪念辛亥革命70周年的国际学术活动。在京都大学一次讨论会上，当我起立发言时，主席台上的前辈学者、京都大学名誉教授岛田虔次插话说："在我们印象中，你和胡绳武先生的名字总是联系在一起的。"会后，韩国研究中国近代史的泰斗闵斗基教授问我："在学术界，两人共同署名发表研究成果是不少的，但像你们这样能持续合作几十年的很少，你们为什么能做到这样？"

记得我当时回答了两点：第一，我们长期相处，相聚时谈的大多是中国近代史方面的学术问题，时间一长，对许多重要问题都逐渐形成共同的看法，而且不断深化。如果彼此看法很不一致，那就谈不上长期合作了。那时新中国的近代史研究还在起步阶段，许多新问题总觉得两个人商量着做，彼此取长补短，比一个人埋头单干要有把握些。第二，合作中可能遇到的一些具体问题，如署名和稿酬等，比起来这都是小事，不放在心上，一开始怎么做以后就延续下来，没有改变，从来没有发生过矛盾。

这是三十多年前说的话，现在想起来始终如此。如果要讲得稍具体些，那就说来话长。

一

胡绳武同志（70多年来，我一向叫他"老胡"，没有改过口。以下仍这么叫，以免觉得别扭）1923年出生于山东枣庄，抗战时流浪到大后方，1944年在重庆考入复旦大学史地系（解放后改为历史系）。我是复旦迁回上海后，在1947年入学的。那时我在一年级，他在四年级，虽然相差7岁，总还算是同学。经过八年全民族抗战，在当时这是普通的事。和他同年级的张靖琳是资历很老的共产党员，1941年太平洋战争爆发后，是和胡绳同志等一起从香港经东江游击区辗转到大后方的。她看到我的学生证上写着"16岁"时，笑道："真是个小孩子！"我的同班同学魏绍杰（解放前曾和我在地下党同一个党小组），也比我大5岁。

当时史地系的同学人数很少，这在当时也很普通。我们一年级人最多，一共15人，他们的名字我至今还全部讲得出。四年级只有5人或6人，彼此往来自然很容易。1947年是解放战争发生大转折的一年，学生运动十分活跃，毛泽东同志把它称为"第二条战线"。一般说来，史地系一年级同学年轻些，行动比较激烈。四年级同学年长些，行动比较稳重。但大家的政治态度是一致的，而且他们的理论水平比我们高，读过不少理论著作和进步书籍，生活经验也比我们丰富。记得老胡当年就对我说过："你们过去生活在沦陷区，抗战胜利时对蒋介石还抱着不少希望，我们生活在大后方，在抗战后期对他就不抱什么希望了。"我们有时把这些老大哥（还有和他同年级的赵人龙同志等）称为"元老派"，对他们很尊敬。

一年过去，到1948年8月间，我被国民党"特种刑事法庭"

以"扰乱治安,危害民国"的罪名传讯并通缉,根据党组织的安排匿藏起来。四年级同学这时毕业了。当时有一句流行的话:"毕业即失业。"大学四年级学生到最后一年,都得忙着寻找职业。老胡毕业后曾到光复不久的台湾省想当个中学教师,没有成功,又回到上海。因为业务成绩好,被学校聘为史地系助教。那时的情况和以后大不相同:复旦史地系没有讲师,史学方面的助教只有比老胡高一个年级的林同奇一人,但我始终没有见过他。还有一个地理方面的助教叫闵煜铭。那年暑假,我被国民党"特刑庭"追捕。这样,在解放前夜将近一年里我和老胡没有来往。

这里有个小插曲:"文化大革命"期间,复旦有人找我"外调",盘问老胡那一年去台湾干什么?意思自然是问去台湾同国民党特务机关有没有关系?我说:台湾刚光复时就像福建一样是一个省,没有什么集中而特殊的特务机关,这和1949年以后很不一样。那时台湾中学生很多还不会讲普通话,需要补充一些大陆去的大学生当中学教员,去找工作的人很多。老胡没有找到工作岗位,只能回上海,结果倒是回到了复旦。我对来"外调"的人说:"你们如果要那样怀疑,当时国民党政府和特务总机关都在南京,是不是去过南京的人都要怀疑和进行'外调'?"这事自然不了了之。说说这类花絮,也可以看到"文革"中的"审查"常常荒唐到何等程度。

1949年5月上海解放。党组织要我回到复旦,先后担任复旦校务委员会常务委员(学生代表)、学生会主席、第二届上海各界人民代表会议青年界代表。老胡担任上海解放后新设的政治课教师。各人忙各人的,相见就少了。

## 二

两人关系的重要变化,发生在1952年下半年。

那时,全国高等学校进行大规模的院系调整。教育部制订的大学教学计划中规定:在文科一些系,要开设一年的中国近代史课程。

复旦历史系的教师队伍很强。那时,一级教授有周谷城先生,二级教授有周予同、谭其骧、胡厚宣、陈守实、蔡尚思、王造时六位先生,讲中世纪世界史的有耿淡如先生,讲中国民族史的有马长寿先生,讲亚洲史的有田汝康先生。但解放前史学界的风气,除太平天国史以外,往往不把中国近代史看作学问,老先生极少专治中国近代史的。这门课没有合适的教材。解放前我读过金陵大学陈恭禄教授的《中国近代史》和武汉大学李剑农教授的《最近三十年中国政治史》,但并不适合当时的教学需要。复旦历史系在1952年成立了中国近代史教研组,由专治明清史和中国古代土地制度史的陈守实先生当教研组主任,成员还有老胡和我两个人。这年本系开设的这门课由陈先生来讲,老胡和我以范文澜同志的《中国近代史》上册(讲到义和团运动为止)和胡绳同志的《帝国主义与中国政治》为主要依据,参考苏联叶菲莫夫教授的《中国近代史》讲义,编写出这门课的教学大纲。1953年,陈守实先生不再讲这门课了,历史系这门课由老胡来讲,新闻系这门课(是讲一年的必修课)由我来讲。教研组成员在几年内以后陆续增加了戴学稷、赵清、陈匡时、张遵骧、余子道、黄美真等。以后,教育部借调老胡去北京,在黎澍同志主持下,和宁可、李时岳一起编写《史学概论》教材。从1960年毕业的那个年级起的本系《中国近代史》课程就由我接着讲,直到1965年我被调北京工作为止。

因为在十多年内，我们两人一起编《中国近代史》教学大纲，又同时讲这门课程，而当时除原始资料外，可供参考的中国近代史研究著作极少，所以，在教学和研究工作中遇到的问题，两个人总在一起商议探讨，达成共同认识后去讲，这就逐步形成两个人的学术见解高度一致。这是以后能够在学术研究上（包括写论文和著作）如此长期亲密合作的根本前提。

我们合作所写的第一篇文章（谈不上学术论文），是20世纪50年代中期在《学术月刊》上发表的关于太平天国《天朝田亩制度》实质的论说。以后，我们合作写的论文总有二三十篇，那是正规的学术论文，不少在《历史研究》上发表。当时史学刊物还非常少，因此引起了史学界的关注。

我们第一本合作撰写的史学著作，是1959年由上海出版社出版的《论清末的立宪运动》。这本书，本来是出版社约老胡写的。他提出由我们两人合作写，我也答应了。我写的是第一部分《立宪运动的阶级基础和背景》，他写的是第二部分《立宪运动的发展过程》和第三部分《有关立宪运动的若干问题》。各部分的内容都经过两人反复讨论。书中比较引人注目的是，提出立宪派的阶级基础可称为"地主－资产阶级"，也就是指刚由、正在或准备向资产阶级转化的地主阶级分子。他们往往是地主和资产阶级一身而二任，不仅多是从地主阶级转化而来，而且常把资本所得又用来购买土地进行封建剥削，因此它们的两重性不同于西方初期和中国后来资产阶级具有的革命性和软弱性并存，而是资本主义性和封建性并存，这是半殖民地半封建社会早期中国的特殊现象。这种论断，没有人这样说过，如果没有经过两人充分讨论，单独一人也许不敢这样贸然提出。和我们同在上海常相见的华东师范大学陈旭麓教授向我们表示过：这个讲法也有一定道理。我们以后也没有放弃这个看法，只是因为多数人对此觉得生疏，就不再多说了。这也显示两个人合作有时确比一个人闷头苦想有它的长处。

以后，湖南人民出版社出版过我们合著的《从辛亥革命到五四运动》，山西人民出版社又出版了它的两卷增订本。

在合作研究和写作中，也曾看到熟识朋友间在署名和稿酬分配等具体问题上产生不快和矛盾，甚至因而分手。我们在几十年的密切合作中没有发生过一次这类情况。原因大概是：彼此都觉得这种合作获益很大，那些小事不值得计较；而且从同学开始，几十年相交、无话不谈的挚友，这类事从来没有放在心上。从一开始合作起，自然地形成一种"不成文法"：两人共同署名时，谁执笔或主要执笔，谁就署在前面；稿酬，不管是谁执笔的，一律平分。几十年来没有过例外。彼此都习以为常，十分自然。如果两人分在两地，没有经过共同商量的作品，就各自署名。但这种情况在当时很少。

## 三

我们两人学术合作中最重要的成果，是由上海人民出版社陆续出版的四卷本、150万字的《辛亥革命史稿》。

这以前，因为讲中国近代史的课程，在教学中遇到一些问题，也相应地发表过一些文章。那时的中国近代史课程，讲的只是从鸦片战争到五四运动那一段历史。我们对太平天国、洋务运动、甲午战争、戊戌变法、义和团运动等也都写过文章。这样做，在最初起步是有好处的，对整个中国近代史的基础打得扎实些，视野宽一些，不至于一开始就把自己的眼光限制在一个太狭窄的范围内；对教学有好处，也可以练练笔，而且刚处在入门阶段，确实还没有能力选定最适宜自己的重点研究方向。但这门课教了几年后，如果研究工作力量长期太分散，就不容易深入，并且常会和别的学者做重复劳动。我和老胡在这方面处境相似，往往在一起议论这个问题。

经过反复比较，终于确定把辛亥革命作为研究的重点方向。下这个决心，有几个原因：第一，这个题目重要，辛亥革命推翻了统治中国几千年的君主专制制度，建立了共和政体，它的重要性是不需要多说的。第二，它在当时恰恰是近代史研究工作的薄弱环节：范文澜同志的《中国近代史》刚好写到义和团运动就停笔了，国民党统治时期一些有关书籍的内容不很适合新中国的需要，而值得研究的问题不少，我们对这些问题有很浓兴趣（"文化大革命"以后，这种研究薄弱的状况完全改变了）。第三，复旦大学图书馆中这方面的图书资料不少，特别因为复旦新闻系的历史久，所藏清末民初的报纸、刊物和其他原始资料比较丰富，在当时是不多见的。

下这个决心，我们是一致的。

在辛亥革命研究上，对我们起了极大作用的，是1961年10月由中国史学会和湖北省社联在武汉举行辛亥革命50周年学术讨论会。

现在的年轻学者也许难以想象，当时国内史学界这种大型学术活动极少。复旦不算闭塞，我同好多从事中国近代史教学和研究的学者神交也已多年，但参加全国性的学术讨论会还是破天荒头一次；除1955年被中国人民大学点名叫到北京去参加他们学校的学术讨论会同戴逸同志辩论中国近代史分期问题外，也是我这辈子第一次参加上海以外的学术讨论会，结识了许多从事中国近代史研究的学者，并成为挚友。

这次武汉会议，盛况空前。我和老胡写了两篇关于辛亥革命的论文到武汉参加会议。久仰的前辈学者如吴玉章、李达、范文澜、吕振羽、吴晗、白寿彝、何干之等都是在会上第一次见到，还听了范、吕两位前辈的讲演。同辈学者章开沅、李文海、龚书铎、林增平、陈庆华、茅家琦、张磊、萧致治、段云章等也是在这次会议上第一次见面，以后成为挚友。

这次会上，提交的学术论文多，讨论热烈，使我们大开眼界。黎澍同志在大会上有个发言。他说辛亥革命的研究还很薄弱，如黄兴这样的重要人物，至今连一篇论文还没有。又说我们不单是写论文还要写出"大书"来，并且做了一个很厚的书的手势。这些，给我们两人留下很深的印象。回到上海，我们就商议自己该做些什么。第一件比较容易做的，是两人商讨后由我执笔写了一篇《论黄兴》，在《历史研究》上发表。这篇论文，经黄兴的女婿、美国马里兰大学华裔教授薛君度译成英文和法文，在海外发表。第二件是下决心写一部黎澍同志所说的"大书"，即后来出版的四卷本《辛亥革命史稿》。

对这部书怎么写，我们进行了详细的讨论，确定第一卷是《中国资产阶级革命派的形成》，从 1894 年甲午战争期间兴中会成立写到 1905 年中国同盟会成立之前。在第一卷后记中说明：全书的着眼点是考察这场革命运动的发生、发展、胜利和失败的全过程，这自然必须叙述当时的时代背景、社会状况、对外关系和各种政治力量间的较量等等，但并不企图把它写成这个时期的中国通史，因为这是我们两人当时的力量做不到的。撰写第一卷的分工是，1903 年以前部分由我执笔，1903 年到中国同盟会成立前由老胡执笔。并同上海人民出版社约定由它出版。

工作立刻抓紧开始了。当我们刚在紧张地工作时，教育部来文，借调老胡到北京，在黎澍同志主持下，由他和宁可、李时岳三人执笔，编写《史学概论》的教材，时间是1962年至1964年。老胡负责的是写马克思主义唯物史观的形成那一部分，他在年轻时对马列主义经典著作读得很熟，至少比我要熟。他曾对我说："因为是年轻时用心读的，这些观点在头脑里根深蒂固。"为了写好这部教材，他除重温这些经典著作外，还认真读了达尔文的《物种起源》、摩尔根的《古代社会》等有关著作。以后写成并出版了一本探讨历史唯物主义形成过程的专著，这在当时是少见的。去北京前，他已认真读了一批1903年留日学生出版的刊物，如《江苏》《浙江潮》《湖北学生界》《游学译编》等，并把摘采的资料留给我，成为我以后写这部分书稿的主要依据，虽然有些我也又重读了一遍这些刊物的原文。

1963年，我把《史稿》第一卷写完。他因在北京，要我把书稿直接送给上海人民出版社。出版社编辑看后，同意出版，并把一些具体意见写成纸条，夹在书稿的有关部分内。本来，万事已经齐备，只要稍修改后就可出版。但这时国内的政治空气已日益紧张。听到说夏衍同志准备拍一部关于秋瑾的电影，江青说："怎么？现在还要宣传国民党？"这一来，电影拍摄工作就此搁置下来。我们这部书，是讲从兴中会成立到同盟会成立前这段历史，不更要被说成"还要宣传国民党"吗？不是自己迎着枪口往上撞吗？不如暂时先放一下，看看情况再说。哪里想到，这一放就足足放了13年，到1980年才见天日。

以后，政治局势越来越紧张。老胡在1964年从北京回到上海，到上海郊区的奉贤县参加"四清运动"，我先到中共华东局和上海市委的《未定文稿》和写作组工作了一年多，接着在1965年1月随华东局宣传部长兼上海市委文教书记石西民同志调到北京，参加文化部的"整风"工作组。还没多久，"文化大革命"就开始了。老胡是复旦历史系副系主任，运动初便被拉上"斗鬼台"，头上被套着铁丝编成的纸篓，充当无常鬼的高帽子，被用黑墨水从头浇到脚，进行批斗。我先是在1968年1月被复旦造反派学生从北京以"走资派"名义押上火车送到上海，在复旦学生宿舍关了整整一年，和老胡虽曾远远望见过，但也无法招呼和说话。这年12月，我又被押回北京。押我的人携带了一份由正在青海劳动改造的国民党特务分子、原暨南大学新闻系学生后转入复旦新闻系的罗怀瑜无中生有地说我在1948年被人告发是地下党员后，便成为国民党特务组织"学运小组"一员的材料。材料我没有见过，据说写得又具体又生动，有人有事，其实全是凭空编造的。罗怀瑜后来自己供认是为了让"共产党自相残杀"。为了这件事，我又被在"群众专政"下审查了四年，有三年不准回家，不少地方传闻我已"自杀"。在这种情况下，我们两人自然被迫多年中断往来，连消息也不能互通。

1973年初，轰动中外的马王堆汉墓被发掘后不久，我被国务院图博口调回北京担任文物出版社副总编辑（没有总编辑）。第二年，老胡也被国务院科教组借调到北京，参加准备复刊《历史研究》工作，我们又可以自由见面了。

他离开《历史研究》时，"文革"并未结束。因为他有"文革"初期在复旦被送上"斗鬼台"批斗的痛苦经历，不想回复旦去。我就推荐他到文物出版社当副总编辑，事实上负责马王堆、银雀山等出土竹简帛书的整理工作，以后又担任国家文物局新建立的古文献研究室负责人。

"文化大革命"一结束，万众欢腾。他应戴逸同志的邀请，担任中国人民大学清史研究室教授。这时，我们搁置13年的《辛亥革命史稿》编写又能重新提上日程。记得我当时说过：这件事，不管如何（包括我1981年到中央文献研究室工作后），一定要做完，咬紧牙关，"走不到，爬也要爬到"。他也下了同样的决心。原有的第一卷初稿，稍加修改后，在1981年辛亥革命70周年时仍由上海人民出版社出版。

　　接着，我执笔写成第二卷和第三卷（其中第二卷第十七节是根据老胡所写长篇论文《二十世纪初年的中国无政府主义思潮》改写而成的），他执笔写成第四卷，也就是最后一卷。为了完成这项工作，他在三四年时间里，几乎每天到北京图书馆查阅清末民初很多种报纸和刊物，逐日地看，对重要原始资料作了详细摘录，在此基础上经过反复思考和推敲，写出第四卷来。虽然我又写了两卷、他写了一卷，但他投入的时间和精力，绝不比我少。他写作的特点是：史料扎实可靠，分析细腻，有自己的独到见解。只要把书稿仔细地看一下，不难看出这些事实。全书在1991年出版，以后得了第一届郭沫若中国历史学奖。如果不是两人同心合作，要写成这部150万字的著作是很难做到的。完稿时，他67岁，我60岁，了却了我们一生中一件重大心愿。

　　这以后，我在中央文献研究室根据工作需要，已把研究重点和主要精力转到中共党史方面，他在人民大学清史研究室，也有许多任务，各人重点不同，住处相隔又较远，很难随时商讨。他的体力也逐渐衰退，特别是右手写字时颤抖很厉害，难以下笔，两人就没有再共同写作，但彼此仍常往来，天南海北地谈论。他有两个优点：一个是一直关注和阅读新发表的史学论著，看得很多；一个是不少年轻的史学工作者喜欢常到他家去聊天,因此,他对各个阶段史学界(特别是中国近代史方面)的动向和涌现哪些新的学者和论著相当熟悉,这对我很有帮助。

2013年他90岁诞辰的时候,我们两人一起到外面吃了顿饭,为他祝寿。2014年,也是他离世的一年,他家是我前往拜年的唯一一处,那也是我同他最后一次相见。当时他的精神还好。回想起来,写下这些多少对自己也算一点安慰。

文物出版社十年

中年时期的石西民

与作者在文化部政策研究室工作和咸宁五七干校的患难之交。左起：沈竹、金冲及、靳静、龙文善

陪同王冶秋会见日本专家。右一王冶秋、右二金冲及

陪同王冶秋去新疆考察文物工作。前排：左一唐长孺、左二王冶秋、左三谭其骧，后排：左二金冲及、左三谢辰生

2013年8月,与文物界熟人合影。左起:樊锦诗、金冲及、谢辰生、傅熹年

# 跟随石西民来北京

回顾我的成长过程，有幸接连在四位有着长期革命经验和渊博知识的领导同志身边工作，深受他们的教育和熏陶。他们是杨西光、石西民、王冶秋、李琦（以同我相处时间早晚排列），其中两位是20世纪20年代后期入党的，两位是30年代初入党的，都是富有政治经验、知识渊博的前辈共产党人。

相对来说，我在石西民同志身边工作的时间比较短，但知道他的名字却最早。

他在1929年10月已加入中国共产党，又长期在党的宣传部门担任负责人。社会各界许多人熟悉他，因为他抗战时期先后在武汉、重庆担任中国共产党在国民党区域的机关报《新华日报》采访部主任和编辑部主任。听说胡绳同志是1938年在武汉《新华日报》工作时由他介绍入党的。杨西光同志说："我在重庆最初见到他的时候，西民才27岁，已和范长江、孟秋江、陆诒一起被大后方读者誉为四大名记者。""在重庆新闻界，他是个十分活跃的人。尽管周围环境那么险恶，他的工作却总是充满活力，待人又总是谦和诚恳，给我留下很深的印象。"国共关系破裂后，他撤回延安，担任新华社和延安《解放日报》总编辑。以后，党中央迁到西柏坡后，他和范长江、吴冷西、朱穆之、梅益等二十多人也到西柏坡，在毛泽东、刘少奇、周恩来等同志直接指挥下，从事新闻报道工作。那时，这是向全国人民及时传达党中央声音的重要途径，受到人们极大重视。新中国成立初，他担任过中共江苏省委宣传部长兼《新华日报》社长、中共中央宣传部副秘书长。1955年起调上海工作，先后担任中共上海市委宣传部长、市委文教书记，并兼任华东局宣传部长。

石西民同志的名字，我虽早已知道，但那时我在复旦大学工作，见到他的机会很少。后来，杨西光同志兼任了中共上海市委常委、教育卫生部部长，经常要我到市委去做些事。石西民同志主管上海的文教工作，同他也有了一些接触，特别是起草文件时。他给我的印象仍是一介书生，诚挚坦率，平易近人。尽管他的地位很高，但在他面前说什么话都没有顾忌，讲错了也不要紧，不像同有的领导干部相处时讲话要小心翼翼。1960年，有一次吴云溥、唐海同志和我曾为他起草在上海文教工作会议上的报告。他事先把报告的要点向我们讲得很清楚，稿子写出后他又自己动手仔细修改。我至今记得他添写的话中有这样一句："清新刚健的民歌，是我们时代的新国风。"为什么一直还记得，因为当时我很惊奇：他不但有很高的领导水平，而且有这样好的文字功力。这在我当时接触到的领导同志中并不多见。

我同石西民同志开始有比较密切的接触，是从1963年中共中央华东局和上海市委创办内部理论刊物《未定文稿》开始的。

创办这个内部理论刊物的背景，是中苏两党关系急遽恶化，两国展开了大规模的理论论争。1963年6月14日，中共中央为了答复苏共中央来信，公开发表《关于国际共产主义运动总路线的建议》。这年9月起，连续发表9篇同苏共中央论战的公开信，通常称为"九评"，引起广泛注意。

在这样的政治背景下，中央召开了全国理论工作会议，又在北京创办内部理论刊物《未定文稿》。1963年12月18日，中共中央发出通知，提出：有必要在更大范围内从更多方面开展对现代修正主义的批判，不仅在《人民日报》和《红旗》杂志上，而且逐步在中央一级报刊和省、市、自治区一级的报刊上，发表批判文章。批判的内容，要从政治、理论方面逐步扩展到整个哲学社会科学和文学艺术方面。华东局和上海市委的内部理论刊物《未定文稿》就在这时创办，从1964年初开始工作。

《未定文稿》的总编辑由华东局宣传部长兼上海市委文教书记石西民担任，副总编辑由华东局宣传部副部长俞铭璜担任。俞铭璜是著名理论家，全国解放前写过一本很有影响的谈人生观的著作。但他到上海没多久突然病逝，记得他那时只有47岁。于是，由华东师范大学党委书记周原冰接任副总编辑。下有五个主编：沈竹、姚文元、钦本立、金冲及、李宝恒，分别负责哲学、文学、经济、历史、自然辩证法方面的工作。各组成员的编制都仍在原单位，平时居住和工作在上海丁香花园。也有从南京等地临时调来的人，工作结束后就回去。经常在那里的是哲学、文学、历史三个组，哲学组的文章由三位作者署名，文学组的文章署名是丁学雷（意思是在丁香花园学雷锋），历史组的文章署名是罗思鼎（是螺丝钉的谐音），钦本立也在丁香花园上班但不见他的活动，李宝恒却始终没来过。石西民同志常来丁香花园，讲讲当时党在宣传工作和理论工作方面的精神（当然在那时有着"左"的倾向），并且听我们谈谈在写作中遇到的问题。有一次他带大家看了正受重点批判的电影《早春二月》（那是根据革命作家柔石的作品改编的），并同大家一起座谈。记得他讲：影片的主人公是一个中间人物，这在当时是个好人，但我们今天拍电影，不应该着重宣传这样的中间人物。这比当时批判的调子要低些。大家发言也比较随便。这样便同他逐渐熟悉起来。

内刊的历史组共有五个人，我是组长，组员有朱永嘉、朱维铮、王知常、吴瑞武，都是复旦大学历史系的教师，分别教中国古代、近代、现代历史的，相处多年，名单由我确定。大家天天住在一起，共同议论和从事写作，没有别的事，关系很融洽。主要是为《未定文稿》写稿，前后写了三篇：第一篇讲沙俄侵华史，因为当时的理论批判的重点首先是从中苏论战开始的；第二篇是上海百年，因为刊物是在上海办的，结合实际研究上海这一百年是怎样走过来的；第三篇是论乾嘉学派的，因为当时认为中国史学领域内的错误倾向是只看重史料考订而不看重正确理论的指导，认为乾嘉学派的影响是史学界当前主要错误思潮的根源，这个批判有着严重的"左"的错误。

写作方法始终依靠集体。先共同讨论文章的主题和论说层次，再由一两人执笔成稿，在全组逐段宣读并议论如何修改，最后仍由一两人据此修改定稿。由于全组各人相交有素，认真负责，合作颇为顺利。记得当时大家常讲的一句话是得"捏捏紧"，也就是要努力做到主题突出、文字干净。对这段合作生活，大家是愉快的。

1964年这一年很快就过去了。到年底，发生了一件我完全没有思想准备的事：石西民同志要我和沈竹等四人随他到在北京的文化部工作。这是怎么回事？那是源自毛泽东主席当时对文艺工作作了两个十分尖锐指责的批示。接着，文艺界许多重要领导人阳翰笙、田汉、邵荃麟、刘芝明等先后受到批判。接着，文化部进行整风，部长沈雁冰（茅盾）因不过问文化部实际工作而没有参加，批判对象主要是副部长齐燕铭、夏衍、陈荒煤、徐光霄、徐平羽和各司局长。中央决定成立文化部整风工作组,由中宣部副部长周扬任组长,到这年12月又决定增派石西民为文化部整风工作组副组长。

我们看得出来,石西民得到通知后十分为难和苦恼。他特地到广东从化去看正因严重肺癌停止工作而在那里静养的中共华东局和上海市委第一书记柯庆施,向他请教该怎么办。回来后,他对我说,柯老劝他:你去看看,如果顺利就多做些工作;如果不顺利就少做些工作。他并没有具体解释什么是顺利或不顺利,也没有讲做什么工作。接着石西民就宣布要调我和沈竹等四人随他去文化部。他在12月底先动身去北京。

老实说,从个人来讲,在上海工作的人大多不愿意离开上海,在大学里教书的人一般不愿到机关工作,何况当时文化部的情况这样复杂。但作为共产党员,组织的决定必须服从,已经成为习惯。这样,我们四人就在1965年1月到北京报到。

我们到北京时,文化部整风工作已近尾声,几位副部长正陆续在大会上作检查,我们在整风工作组的简报组工作了一段时间,初步了解文化部的一些情况。不久,中央决定改组文化部,由陆定一代替沈雁冰为部长(实际上没有来部工作),原来作检查的几位副部长都调离文化部。从外地调入"两个将军、两个书记"当副部长,就是南京军区政治委员萧望东(中将)、武汉军区政治部主任颜金生(少将)、上海市委书记处书记石西民、湖北省委书记处书记赵辛初,他们都是副部长。在北京又调入林默涵、刘白羽两位党员文艺工作负责人,也任副部长。文化部原有副部长保留的有就任不久的李琦。并宣布成立文化部党委,萧望东为党委书记,石西民为党委副书记。这阵营相当可观,但谁也没有想到它只存在一年多,在"文化大革命"的"一月风暴"中又被打倒。

石西民同志调文化部工作后,他原来担任的华东局宣传部长职务,由副部长夏征农接任;上海市委文教书记的职务由候补书记张春桥接任。《未定文稿》不再继续出了,但原有的文学、历史、哲学几个组还留下,成为上海市委写作组。活动地点也由丁香花园迁到武康路。

张春桥接任上海市委文教书记后,本来同他没有任何联系的市委写作组改由他领导。他做的第一件大事就是紧紧勾结江青,由姚文元执笔写批判《海瑞罢官》的文章。姚文元本来分管文学组,但《海瑞罢官》涉及明代历史不少问题,所以他就移到历史组来写作。这篇文章从1965年5月开始写,11月发表在《文汇报》上,揭开发动"文化大革命"的序幕。1966年1月,我随石西民同志回上海看看。姚文元去看石西民时,说这场讨论还要继续,能不能把我留下。石西民同志大概是担心我被他们扣下,没有答应,说:"写文章,在北京也能写。"但这件事后来没有再提起过。现在想想,我如果不是随石西民同志调到北京工作,或者石西民同志当时答应把我留在上海,他们当时又打着很高的旗号,以我那时的认知水平,最大可能是难于识别而逐步误陷其中。这对我实在是极大的幸事。

再回到我们在文化部那些日子的情况。

我和沈竹等三人在文化部整风结束、部机构大调整时,被安排在新设的文化部政策研究室工作(同来北京的另一位到文化部办公厅工作)。室主任任命原南京军区政治部宣传部长刘宗卓(大校)担任。我们几个没有职务名义,称为"处级干部",做过的工作是起草萧望东在全国文化厅(局)长会议的报告,我还奉命为周总理和小平同志各起草过一篇讲话稿。一次有幸的是,1965年11月5日周恩来总理在人民大会堂福建厅接见罗马尼亚文化代表团,我被派去，贴坐在周总理身后做记录。这份记录现还保存在中宣部档案中。而在文化部工作这一年多的主要时间和精力是投入编选一部供地方用的《毛主席语录》。

怎么又会编选一部《毛主席语录》呢？当时石西民告诉我们的是：那本被称为"红宝书"的《语录》，本来是按部队的需要来编的，如包括"教育和训练"等章节，而对地方需要的有些重要内容却没有编入，所以要再编一部分别使用，要文化部派人参加这项工作。石西民就派沈竹和我两人去参加。在文化部的一年多，主要的工作是做这件事。

这部《语录》的编选由田家英同志负责。我们到他在中南海的家里去，听他谈工作的要求，记得他还讲到过康生对编这部《语录》的意见。实际参加编选工作的有五个人：中宣部理论处（注：相当于局）副处长洪禹、人民出版社副总编辑梁涛然、中央办公厅的逄先知、文化部的沈竹和我。工作的地点在人民出版社，每天都到那里去工作，逐篇逐条推敲，大约有近一年的时间。我和逄先知就是在这次工作中相识的。编选完成后的稿件送上去后的情况，我就完全不知道了。

"文化大革命"中，这件事据说成了咸宁文化部干校的两大案件之一，被称为"同林副主席唱对台戏"。这样大的罪名，我们能交代出些什么？工作过程中谈的只是怎样编一本适合地方需要的《语录》，从来没有涉及林彪。田家英同志不久已被称为"反革命修正主义分子"，说他主持并不能证明这件事是中央的安排。如果还讲传达过康生讲过的话，在那时只能被称作"炮打无产阶级司令部"而增加罪名，不会有什么好结果。好在干校和军宣队也心里无数，没有穷追猛打。等到林彪"折戟沉沙"，这事也就不了了之。"文化大革命"中有些冤案就是这样来的。(当然,我在这时被"审查"的,主要还是由一个复旦特务学生凭空虚构的"学运小组"问题,成了"特嫌",前后被审查达四年。)

"文化大革命"结束后不久,在报上看到中华书局总编辑傅璇琮的文章,说中央当时确有再编一种《毛主席语录》的计划:田家英负责的是一种,陈伯达也负责编一种,另一种记不住了。还说:邓小平同志看过这三种《毛主席语录》后说,比较起来还是以田家英同志负责的这本编得最好。

把话再说回来。

1966年8月,中共八届十一中全会召开,通过《关于无产阶级文化大革命的决定》,一场史无前例的政治大动乱已不可避免。接着,红卫兵运动兴起,并把"革命造反"的烈火烧遍全国。最初,新成立的文化部党委在部内多少还能控制住局面。进入1967年1月,在号称"一月风暴"的日子里,到处掀起"全面夺权"的狂潮。文化部局面顿时完全失去控制。萧望东由中央设法保护起来。"一月风暴"是从上海开始的,石西民随即被造反派揪回上海批斗,以后又押送北京秦城监狱单身监禁达九年之久。他遭受的不仅是毒打,还被打倒在地,被踏上多少只脚,受尽人格侮辱。因为他在上海历次运动中保护过不少知识分子,如巴金、傅雷等,江青曾两次说过"石西民是一个坏人"。我在这些年头里,日子也很不好过。先是复旦大学造反派以突然袭击的方式把我作为"走资派"绑架坐火车回上海,在历史系学生宿舍隔离了整整一年。睡的是双人铺的上层,一躺下就面对着屋顶上写的"坦白从宽,抗拒从严"八个大字。每天早上八时整,同周谷城、谭其骧等七八个老师排成一队,听红卫兵训话后就去打扫学生宿舍厕所。但同学们因平时同我相处的关系好，对我还比较客气。我被押回复旦的第二天，就有一个"红三司"的历史系学生拿着列宁的《唯物主义和经验批判主义》来问我其中一段话该怎么理解。

以后，一个被判无期徒刑在青海劳动改造的国民党特务分子罗怀瑜凭空捏造我被发现是中共地下党员后，就成为特务组织"学运小组"成员，据说材料写得十分生动具体（我自己始终没有看到）。那时候，造反派即便没有材料也会千方百计地去挖出点什么材料来，何况送来这样一个据说十分"生动具体"的"材料"，就更不放过了，这就带来四年的"政治审查"。在湖北咸宁干校劳动，按规定每年都可以有一个月假期回北京探亲，但却不让我回家。有一次国庆聚餐，一位女同志向各桌人员一个个敬酒，与我也碰了一下杯。第二天大字报就出来了，题目是"阶级斗争新动向"，说有人竟在国庆时同审查对象碰杯。那位同志只得贴大字报检讨说自己是资产阶级人性论。所以我在干校平时不跟人说话，免得给人添麻烦。更荒唐的是平时什么书都不许看。一看就得挨训："怎么，没事了？不考虑考虑问题？"只有在被审时要我大声读出《敦促杜聿明投降书》《南京政府向何处去？》。我的妻子奚姗姗，也是上海地下党的党员，在北京大兴农场的北影干校劳动。当时，文化部干校工作队的总部在北京。她就直接去找工作队负责人，强烈责问："你们不是说金冲及在政治上有问题吗？你们拿出证据来，我就同他离婚。如果你们拿不出证据，就得放他回来。"当然，工作队拿不出任何真的证据，但仍不让我回家看看，也没有改变我的处境。大体上，我有三年没有看书，也没有书读。不少在外地的朋友听说我已"畏罪自杀"，写信来问在同一干校的李侃同志。直到"文革"结束后不久，我到复旦去看朋友，一位并不相熟的解放后从美国归来的化学系于同隐教授看见我时,还向身旁一位副教授问:"这不是金冲及吗?他不是已自杀了吗?"说明这消息传播之广。其实,我连自杀的念头也从未有过。在这种处境下,我和石西民同志之间整整九年不仅没有见过面,连消息也无由得知。

直到 1975 年,石西民同志才从秦城监狱被释放,不久又担任国家出版局局长。那时,"四人帮"还没有被粉碎,还掌着权。我那时在文物出版社工作,去看他,觉得他苍老憔悴,说九年那样漫长的时间里除被提审外没有同其他人说话的机会,更没有人交谈,监禁后期可以看"四人帮"控制下的《人民日报》,出狱时对实际社会情状根本不了解,还以为早像报上所说那样已实现了"大联合"、各方面情况都很好。又说,现在时行的一些语言都不会说,工作起来实在很困难。这种情景,看起来令人很心酸。

以后,他的身体越来越不好,但还做过中国社会科学院副秘书长、新闻研究所名誉所长、郭沫若著作编辑出版委员会副主任,直至 1987 年病逝。

对石西民同志,我是很尊敬的,并且感到很亲切。拿同他共事近半个世纪的杨西光同志在晚年所写的话来说:"西民同志的为人和作风有一个很突出的特点:实实在在。他虽然多年身居领导岗位,从来不是高高在上,而是十分注意做实事,讲求工作成效。""在我眼前的西民,依然不脱他当年那种书生本色,依然不减一个老共产党员为实现共产主义理想而顽强进取的锐气。他不愧是一个为马克思主义奋斗终生的革命者。"这是一个公平而应有的评价。

2022 年 5 月

# 我所知道的冶秋同志

王冶秋同志的名字,我在将近半个世纪前就知道了。那还是在解放前的上海,我正在大学里念书,读过他所写的《民元前的鲁迅先生》(编者注:1956年版改为《辛亥革命前的鲁迅先生》),知道他同鲁迅先生有过密切的交往,这自然使我肃然起敬。时间虽然隔了那么久,这本书的封面的样子,我至今依然记得很清晰。但那时绝没有想到,二十多年后我会在他领导下工作七八年之久,能够同他有很多的直接接触。

我到文物部门来工作,可以说是在非常特殊的情况下发生的。当时还处在"文化大革命"中期,我受到一个坏人的诬陷,说我是国民党的特务,正在干校接受审查。将近四年了,还没有给我作"结论"的消息。处境之艰难,不言自明。我同冶秋同志素不相识,但他听到别的朋友介绍,知道我是学历史的,相信我没有什么问题。正好马王堆汉墓发现后,周恩来总理对文物工作很关心,他就借这个机会,置干校还没有给我作"结论"于不顾,发出调令叫我回北京工作。这是我根本没有想到的。中央部门的正式调令一下,子虚乌有的"特嫌"问题立刻烟消云散。在"文革"期间那种极不正常的紧张气氛中,敢于这样办事的人是很少很少的。但这种做法倒是很能反映出冶秋同志独有的风格。

一回北京,我就到文物出版社工作,当了副总编辑(那时社内没有总编辑）。冶秋同志第一次找我去见他，是因为在日本要办一次南阳汉画像石的展览，日方请他写篇关于鲁迅先生和汉画像石的文章，他要我帮他整理出一个稿子。在被迫停止工作多年以后，领导同志忽然"召见"，我心里难免有点忐忑不安。来到他在黄化门的家里后，他先向我谈这篇文章应该写哪些内容，讲到的事情大多是他当年亲身经历的。他还把鲁迅为这件事写给他的好几封信交给我。接着，就海阔天空地随便聊起天来。这样，我心头的那点紧张情绪很快就被驱散得一干二净。在我面前的，似乎已不是一位严肃的"领导同志"，而是一位谈笑风生的和蔼长者。以后，我见冶秋同志的机会是很多的。每次去，照例都是正事一谈完，便无拘无束地聊天，上下古今，天南海北，无所不谈。

## 传奇式的地下工作者

谈得高兴起来，他有时也讲到过去的一些经历。这些在我们后辈听来，简直是带有传奇性的。我又爱追问，他就跟我讲得比较多。

冶秋同志的哥哥王青士烈士很早就投身革命，做过地下的中共青岛市委书记，后来和何孟雄、林育南、李求实等同志一起被捕牺牲。冶秋同志在1925年参加中国共产党，大革命失败后，在家乡安徽霍邱发动过暴动，以后又长期在北平做地下工作。他第一次被捕是在1930年，同范文澜同志一起关在平津卫戍司令部的看守所，受过多次酷刑。中原大战期间，张学良突然率东北军入关，阎锡山部的看守所看守人员也逃散了，他和范文澜同志趁机跑了出来。范老是高度的近视眼，刚走出门，忽然想起眼镜忘在看守所里，要回身去拿，冶秋同志连忙一把拉住他就走。讲到这里，他爽朗地笑起来说："你看，范老真是个书生！这是什么时候，一回去说不定就出不来啦！"说实在的，冶秋同志给我的感觉，依然是一介书生。但范老的书生气的确比他还要浓重得多。

　　抗日战争期间，冶秋同志在重庆，担任冯玉祥将军的国文教员兼秘书。他的工作由中共中央南方局的董必武同志直接领导。冯玉祥心里也明白他的政治身份，常把一些重要消息通过他告诉南方局。冶秋同志有一次讲到，冯玉祥当时担任着国民政府委员、军事委员会副委员长等要职。每当开完一次重要会议后，就把冶秋同志拉到汽车里，告诉他：在会上谁是怎么说的，谁又是怎么说的。讲完后，努努嘴说："你可以告诉那边。"

　　冯玉祥将军身边的秘书、副官中有不少共产党员。其中有一个姓周的副官后来打入军统机关工作，常常把一些重要情报送给南方局，受到了军统的怀疑。有一次，军统局派人在他从外边进门时突然搜他的身，查出几份秘密文件，就把他扣押起来。党组织对他被捕后的情况以及关在哪里都不知道。那时，重庆有个辈分很高、势力很大的青帮老头子叫张树声，过去在冯玉祥部下当过师长。冶秋同志受党组织派遣，拜了张树声为"老头子"。他早就听说帮会在四川的势力非常大，入帮的人到处可得到照应，就想试一下。有一次，他到饭店里吃饭，按照帮会的规矩，做一个特殊的手势摆在桌上，再对答几句，果然，不但受到很好的招待，连钱都不收。当那个姓周的副官被捕后，冶秋同志就去找张树声，说那个姓周的人没有问题，是别人陷害他的。张树声把他在军统中一个徒弟找了来问。冶秋同志讲到这里，笑着说："军统的纪律是很严的，但帮会的规矩还要严。"张树声把那个徒弟找来一问，立刻弄清了关押的地点。他立即写了封信给关押地点的看守长，让冶秋同志带去看望。看守长一见张树声的信，就把自己的房间腾出来，让冶秋同志和姓周的副官见面。那个副官告诉冶秋同志，他什么都没有承认。冶秋同志报告党组织后，又用其他方法把那个同志保释了出来。后来，军统特务对冶秋同志也有了怀疑，想绑架他，扬言绑去后"用硝镪水化了他"。也是张树声发了话："告诉他们那边，这个人我们这边担保了。"事情就过去了。

抗战胜利后，冯玉祥将军准备出国，冶秋同志随他从重庆到南京。听冶秋同志说，在这段时间内，他做过一件很有意义的事情：帮助正担任第三绥靖区副司令长官的地下党员张克侠和周恩来同志秘密会晤。那时，张克侠同志到南京为冯玉祥送行，他的身份自然难以同周恩来同志率领的中共代表团直接接触。于是，就须经过冶秋同志联系。一天晚饭后，他们两个装作从冯玉祥寓所出去散步。走到一处僻静的山边，周恩来同志坐的汽车按约定时间开到，他们两人悄悄地上了汽车。在汽车继续行驶时，张克侠同志详细汇报了徐州地区的防务情况，并听取周恩来同志的指示。谈完后，他们两个又在半路上下车，漫步走回冯玉祥的寓所。以后，张克侠还整理了一份书面材料，经过冶秋同志送给周恩来同志。这次秘密会晤，对淮海战役初期张克侠、何基沣两同志在前线率部23000多人起义起了重要作用。

冯玉祥出国后，冶秋同志受党的派遣，又到国民党第十一战区司令长官孙连仲那里当少将参议。孙连仲也是冯玉祥的老部下。冶秋同志联系着一个电台，经常把华北地区的军事情报向中央报告。这项工作，康生管过，叶剑英同志也管过。听别的同志说，国民党第三军罗历戎部从石家庄悄悄北上，在清风店战役中被围歼，这个军事情报就是冶秋同志那个电台事先向中央报告的。1947年秋，这个秘密电台被国民党破获，冶秋同志刚好有事出城，幸免于难。一回来，他察觉情况不对，就在清华大学教授吴晗的帮助下，化装转移到华北解放区去了。

冶秋同志笑着说："那时候，别人都看我是文化人，其实我主要做的是军事情报工作。不过，那些军队番号、数字等等都不能用笔写下来，只能凭脑子记，又不能有一点差错。长期做这样的工作，把我的脑子也弄坏了。"

## 新中国文物博物馆事业的奠基人

冶秋同志过去并没有专门从事过文物工作，怎么会担负起这方面的领导职务来呢？我听他说过：解放北平时，北平的文物古迹那么多，接管的任务很繁重。这事由谁来做呢？一位了解他的中央领导同志忽然想起说："王冶秋不是平时爱捡些什么陶片、瓷片的吗？就让他来搞吧！"这样，他就担任了北平军事管制委员会的文物部副部长。新中国成立时，文化部设立文物事业管理局，由著名学者郑振铎任局长，冶秋同志任副局长，主持局里的日常工作。冶秋同志那年刚满40岁。这以后的三十多年中，他就把自己的全部精力献给了文物管理事业，做出了举世瞩目的突出成绩。称他为新中国文物、博物馆事业的主要开拓者和奠基人，冶秋同志是当之无愧的。

我到文物部门工作已经很晚，是在1972年底，正处在"文化大革命"的后期。冶秋同志那时花了很大精力的是举办出国文物展览，还亲自率团先后到英、法、日本、加拿大等国去，那时，中华人民共和国在联合国的席位刚刚恢复。出国展览的文物中包括了许多新出土的稀世珍品，如中山靖王的金缕玉衣、甘肃武威铜奔马、马王堆帛画、长信宫灯、何家村金银器等。举行开幕式时，那些国家都由国家元首或政府首脑出席，在国外引起巨大的反响，不仅使国外许多人士对中国古代的灿烂文化感到震惊，并且对拓展我国的外交活动也起了某些开路的作用。

故宫，是中华民族的瑰宝，在"文革"开始后长期停止开放。美国国务卿基辛格秘密访华时，中央指定冶秋同志陪同他参观了故宫。广大群众都希望故宫能重新开放。但在当时那种异常的气氛中，要重新开放这组封建帝王的宫殿群，面对的难题很多，稍一不慎就会招来"四人帮"一伙的攻击。为了做好这件事，冶秋同志把郭沫若同志请出来，经过逐字逐句的推敲，写出了《故宫简介》，设计了开放方案，终于使这个伟大的古建筑群重新得以同群众见面。

马王堆帛书、银雀山竹简、睡虎地秦简等一大批早已佚失的古文献的出土，对中国古代历史研究的重大意义是不需要多作说明的。但出土时，折叠的帛书已凝结成一厚块，竹简也残缺断裂、次序紊乱，同泥浆混杂在一起，文字很难辨认。冶秋同志亲自邀集了大批国内第一流的专家学者，如张政烺、唐兰、商承祚、罗福颐、朱德熙、杨伯峻、顾铁符、裘锡圭、李学勤、马雍等，集中住在一起，还有许多专业工作者和有着丰富经验的老技工，经过长时期的精心工作，不仅使这些竹简、帛书基本恢复原貌，并且陆续校释出版。在这些日子里，我亲眼看到冶秋同志怀着极大的热情，悉心组织和指导，使这项工作取得令人满意的成果。我常想：当后人利用这些珍贵的历史资料时，是不是还知道冶秋同志曾为它付出了多少心血！

为了保护现存的古代文物，冶秋同志更是到处奔走。1975年，他到新疆去检查库木吐喇、克孜尔等千佛洞的保存状况，邀请谭其骧、唐长孺两位权威学者同行。我和谢辰生、童正洪等同志也随着去了。给我印象最深的是，到了南疆拜城的克孜尔千佛洞，许多重要的洞窟开凿在陡峭的石壁上，只有一架三四米长的竹梯靠在那里。冶秋同志望了一下，毫不犹豫地就扶着梯子爬上去。他那年已经66岁了，又有严重的心脏病，每天都要吸多次氧，当地的同志当然不放心，都上去拦阻。冶秋同志平时待人和蔼可亲，这时忽然用两手猛地往后一推，厉声说："你们要干什么？"把那些同志吓得都后退了。当我看到满头银发的冶秋同志扶着那不停颤动的竹梯独自爬上去时，真说不清心里是什么滋味。从新疆考察回来后，他给主持国务院业务组工作的李先念同志写了一个报告，对克孜尔千佛洞的历史和艺术价值、目前保护工作中存在的问题和需要采取的措施，详细地提出了自己的意见。

那时还在"文化大革命"期间，各地的文物保护工作经常告急。为了保护这些珍贵文物，冶秋同志从来不畏权势，不怕诋毁，挺身而出，同那些破坏行为坚决斗争。他常说，这些文物如果在我们这一代人手里毁了，那就上对不起祖先，下对不起子孙。李先念同志有一次讲到某个文物重点保护单位时说："你要动它一下，王冶秋要跟你拼命的。"我常到各地去，遇到不少当地的文物工作干部，常听他们说："好在有冶秋同志，他是真正懂得文物的，并且以他的声望和地位，讲的话从中央到各省的负责人都不能完全不听。要是没有他，有些事我们是很难顶住的。"冶秋同志这种对事业高度负责的精神，至今仍令人怀念不已。

冶秋同志那样热爱文物，并且十分在行，以他所处的地位来说，要收藏一些珍贵文物是很容易的。但他和郑振铎先生在建国初期就共同提出，文物工作人员自己不得收购和收藏文物，并且始终身体力行。他主持全国文物工作近三十年，从他家里的确看不到任何一件文物，有的只是几件复制品。这条规定十分重要，没有它，许多重要文物很可能就会流入那些"近水楼台先得月"的个人手里。如果所有国家工作人员都能做到像冶秋同志那样严于律己、不以权谋私，那将多么好啊！

## 刚正不阿　嫉恶如仇

冶秋同志历来爱憎分明，通常总是不加掩饰地明白表露出来，有时甚至到了不管场合、不计后果的地步。这一点，在"文化大革命"那种特殊岁月里，要做到是不容易的。

他在"文化大革命"一开始就被"打倒"，受了许多折磨。1970年初，国务院成立图博口，经周恩来同志提名，把他从干校调回来工作。那时候，林彪、江青反革命集团一直把十七年来新中国各条战线的工作都说成是黑线专政。冶秋同志却在多次全国性会议上态度鲜明地说，建国以来指导文物工作的是红线而不是黑线。这句话当时成为他的一大"罪状"，有些人不但给他贴大字报，而且在报纸上写文章公开指责，他却毫不在意，从不改口。

江青那时做着"女皇梦"。有一次，国家文物局筹备举办一个新发现的文物展览。初选入的展品中，有一颗曾被江青特地调去看过的、据说是吕后的"皇后之玺"，还有一件是江青发给正在西沙群岛的解放军的贺信。冶秋同志审查展品时，一看到这两件东西，就要把它们都撤下来。他公开提出的理由：前一件说的是这颗印不是从墓中出土,而是当地民众从山沟中捡得的,未必可靠;后一件说的是涉及军事情况,不宜公开展出。但他的真实用意所在,谁都能明白。

有一件事不能不专门讲一下。当"文革"结束后,不知从哪里刮起一股风,说冶秋同志常去找康生,甚至说他把文物送给康生。这种不负责任的流言蜚语广泛流传,造成很坏的影响。那时,他已病得很重,自己难以出来辩解。但接替他担任国家文物局局长的任质斌同志在一次文物系统各直属单位负责人的会议上专门谈过这两件事。他说:已经查明:第一件事,王震同志说是他要冶秋同志去找康生的,目的是保护文物,因为当时总理处境很困难,而康生个人对文物是爱好的,这方面的有些事情让康生出来讲话,可以免得都把总理推在前面。第二件事,康生掠取的那批文物,是"文化大革命"初期从北京市文管会存放的抄家物资中拿走的,那时冶秋同志已被"打倒",正在接受审查,这件事跟他没有关系。任质斌同志是经过调查后代表组织讲这些话的。话说得很清楚,我是直接听到的。可是,社会上的流言并没有就此停息。对来自敌人的攻击,冶秋同志从不在意;但同志们的误解,一时又难以给予澄清,这使他在晚年深感痛苦。每想起这件事,我总痛心地觉得它对这样一位忠心耿耿地为国家和民族奋斗终生的老人实在太不公平,也深深地感受到什么叫"人言可畏"。

冶秋同志的爱憎分明,另一方面表现在他对老一辈革命家一直怀着深厚的感情。他同领导过地下军事情报工作的叶剑英同志之间,一直保持着密切的往来。"文革"中期,贺龙同志的女儿贺捷生、胡耀邦同志的儿子胡德平处境困难,冶秋同志知道后就把他们都调到中国革命历史博物馆工作。小平同志重新出来工作,使冶秋同志十分兴奋。四届一次人代会后，周总理在第一次国务会议上宣布由小平同志代他主持国务院的日常工作。第二次国务会议是小平同志主持的，冶秋同志开会回来后就对我说："今天的会只开了半个小时。小平同志作风果断，办事干脆。换个人，这次会至少要开三个小时。"当所谓"批邓、反击右倾翻案风"开始后，冶秋同志又在中国革命历史博物馆举办歌颂老一辈革命家业绩的长征展览，并在审查陈列品时指出要保留小平同志的照片。这在当时也要有相当勇气的。

　　冶秋同志长期在周恩来同志领导下工作，对他有很深的感情。周总理病重期间，医生为了他的健康，希望他能够多休息，要他少考虑一点国家大事。这对周恩来同志来说，太难做到了。冶秋同志为此十分焦急，他想得很周到，常送些字画到医院去给总理看，看完一批再用一批去换，使总理多少能分散一点注意力，得到一些休息。有一次，他送去一批在苏南新发现的严复书札，1975年9月，总理在施行最后一次大手术前，叮嘱秘书告诉冶秋同志：如果这批书札是真的（注：后经专家鉴定，发现它并不是真迹），对严复在筹安会时期的思想状况要有个实事求是的估计。总理接着又说：杨度在晚年参加了共产党，受他联系，为革命做了不少好事。这一点要告诉上海的《辞海》编辑部，在条目中，替他把后来加入共产党的事写清楚。总理说的这件事，知道的人极少，他在病危的时候，还记住向有关同志交代这件事，不忘为革命做过任何贡献的人。冶秋同志听到后十分感动，立刻要我把它通知各有关方面。我告诉著名历史学家刘大年同志时，他也没有听说过这件事。后来，冶秋同志在《人民日报》上为此事专门写了文章，夏衍同志也发表文章证实他同杨度有过党的关系。

周总理去世后，这年清明节群众在天安门广场的人民英雄纪念碑周围献了许多花圈，遭到"四人帮"的百般阻挠。冶秋同志特地坐汽车到天安门广场去转了一圈。那是一个晚上，广场附近的路灯全都熄了，周围一片漆黑。冶秋同志十分生气，在车上就大声说："简直不像话！纪念总理有什么错？"这件事，再次反映了他那爱憎分明的耿直性格。

我要讲的话很多，但已经写得很长了，只能说到这里。冶秋同志离开我们已经七年多了，但他的音容笑貌，至今依然时常浮现在我的眼前。

# 《谢辰生口述》序*

我怀着激动的心情,读完了《谢辰生口述:新中国文物事业重大决策纪事》。这是一个祖国文物守护人本着对祖先负责、对子孙后代负责的赤子之心倾吐的肺腑之言。

我与辰生同志相知相交已超过半个世纪。特别是"文化大革命"中期后,我到文物出版社工作十年,先后担任副总编辑和总编辑,彼此成为无话不谈的知己。20世纪80年代初,我调中共中央文献研究室工作,这种友谊和交往依然历久弥新。他常在晚上十时半打电话给我,谈的都是文物保护工作中遇到的甘苦,有时十分兴奋,得意之情溢于言表,有时又义愤填膺,对那些破坏文物事件蔓延感到深深的痛心和忧虑。他写给中央领导人的长信常常复印了寄给我,让我分享他的喜怒哀乐。因此,这本书中讲到的不少事,我是熟悉的。他的话从来是非爱憎分明、一针见血,没有那种常见的含糊其辞、模棱两可的地方,而又思维缜密、有理有据,话说在点子上,富有说服力量。这本《谢辰生口述:新中国文物事业重大决策纪事》整理得很好。我读的时候,常有"如闻其声""如见其人"的感觉。对辰生同志,我是衷心尊敬和钦佩的。

在郑振铎、王冶秋两位前辈之后,人们称辰生同志为"祖国文

---

\* 此篇文章为《谢振生口述:新中国文物事业重大决策纪事》一书的序言。此书由生活·读书·新知三联书店于2018年4月出版。

物的守护人",他当之无愧。要承受得起这个称号极不容易,至少需要有几个条件。

  首先,他必须真正懂得祖国文物的巨大而不可替代的文化、历史和科学价值,而且在这方面有着广博而扎实的知识。否则,就不可能有为此献身的强烈使命感,也不可能在提出意见时把话说在点子上,富有说服力。书中讲到"文化大革命"时保护北京建国门观象台的事,我当时就知道。那是为了兴建中国第一条地下铁道——北京地铁一期工程。这条东西向的地铁线正好要穿过建国门观象台底下,施工单位准备把观象台拆掉,也考虑到把台上的古代天文仪器移放到他处保存。修建中国第一条地铁是何等的大事,我国那时的经济力量又十分有限,施工单位又已经考虑到台上古代天文仪器的保存办法,一般人就不便再提什么意见了。辰生同志和罗哲文等三个同志在"文革"那样的混乱时刻却给周恩来总理上书,说这不仅是天文仪器的保存问题,更重要的是同一个点上有连续数百年的天文记录在全世界只有这一处,如果一移就完了。周总理看后,决定地铁在这里绕道过去,还亲自批了绕道所需的一大笔经费。观象台至今还保存着。书中还讲到一件我当时就知道并且十分钦佩的事情:20世纪80年代,中央有关部门决定将故宫午门前的广场作为冬天迎接外国首脑的仪式场所。辰生同志提出这是清代举行献俘大典的场所,不宜用来迎接外国首脑,这会被对方认为是有侮辱性的。文化部主要负责人说,这件事中央书记处已经进行过讨论和同意,不要再提意见了。辰生同志仍单独向中央上书,最后中央接受了他的意见,改变了原有决定。这件事,我当时听了就肃然起敬。会这样做的能有几人?如果没有那种强烈的使命感和广博的知识,是绝不可能做到的。

其次，必须对祖国文物的全局情况和国家对文物工作的方针政策十分了解和熟悉。如果只是对祖国文物的某一方面有深入的研究，可以成为这方面的优秀专家，却难以称作"祖国文物的守护人"。辰生同志亲历了新中国文物工作的全过程，七十多年的岁月中始终处在文物工作的关键岗位上，奔走在文物工作的第一线。新中国第一批保护文物的法规、第一部《文物保护管理暂行条例》、第一部《中华人民共和国文物保护法》，以至改革开放以来许多文物工作的法令条例几乎都是辰生同志参加起草或主要起草的。由他经手处理的保护文物工作的难题更多。辰生同志今年已是95岁高寿。他自己说："我一辈子都在从事文物工作，可以说一辈子就做这一件事。"能有这样经历的，今天无第二人。他的丰富经验和深刻识见，是我国文物工作的一笔重要财富。这绝非夸张之词。

也许最重要的，他将文物工作，特别是文物保护工作看得比自己的生命更重要。为了它，他可以丝毫不顾个人的任何利害得失。大约两年前，有一次他刚因肺癌做完化疗就参加一场会议，我看他会间神情十分疲惫，午饭时一口饭也吃不下。过了半个多月，我打电话去，他说刚从杭州回来，我说你是该休养一下的。他说："不，我是到杭州郊区去看明清民居。"这真使我大吃一惊。年过八旬后，他写过两首诗，也曾抄了送给我。一首是七绝："革命何妨与世争，平生从未竞峥嵘。惯迎风暴难偕俗，垂老犹能作壮兵。"一首是七律："而今垂老尚何求？维护原则敢碰头。污吏奸商榨民脂，精英文痞泛浊流。群邪肆虐犹梼杌，正气驱霾贯斗牛。蒿目层楼忧社稷，坚持信念度春秋。"他忧什么？大概是爱得愈深，就忧得愈切，犹如范仲淹所说："先天下之忧而忧，后天下之乐而乐。"现实生活永远在矛盾中发展，这是辩证法的精髓。旧的问题解决了，新的问题又会接踵而来。辰生同志在书中痛心地说:"前30年的破坏,可以说主要是由于认识问题,但是在今天,主要是利益问题。"这些直率的话,不能不发人深思。

当然,我不敢说他说的每句话和做的每件事都对,这是任何人都不可能达到的,除非他不做事和不说话。但他的信念是真诚而执着的,有如他诗中所说:"坚持信念度春秋。"

姚远同志做了一件很好的事。这本书(即《谢辰生口述》)忠实而生动地再现了辰生同志的所思和所行。还作了详细的按语和注释,帮助读者更好地理解。

我们不是常说"实践是检验真理的唯一标准"吗?这本书主要不是一般的说理(编者把辰生同志为中国大百科全书所撰长编词条"文物"列为本书的附录,是从另一角度所作的重要补充了),它可以说是辰生同志在七十多年漫长岁月中、处于文物工作全面性岗位上摸索和思考的忠实记录。只有实践才能出真知。希望年轻一些的文物工作者,能够在工作之余认真地读一读这本书,一定可以从中获得不少在其他地方难以得到的教益。

2017年5月6日　时年八十有七

# 难忘的十年[*]

时间过得真快,离开文物出版社已经三年多了。但是,只要回忆起曾在文物出版社度过的那整整十个年头,仍然难以抑制自己内心的激动。

说起来,到文物出版社工作对我实在是一件意外的事情。我虽是学历史的,以后也长期在大学历史系从事教学和研究工作,但做学生时没有读过考古方面的课程,后来熟悉的专业又是中国近代史,对文物考古工作完全是门外汉。这样一个人,怎么会跑到文物出版岗位上来工作的呢?套用一句老话也可以说,这是特定历史条件下的产物。

在"文化大革命"中,同许多同志一样,我也吃足了苦头。特别是受到一个早被判处无期徒刑的反革命分子的诬陷,该人无中生有地说我1948年被人告发是地下党员以后,曾参加国民党的特务组织——"学运小组"。这个"专案"审查了整整四年,其中有三年不许我回家。许多朋友听到传说,说我已自杀了。直到1972年年底,"问题"还没有作结论,党的组织生活也没有恢复。就在这个时候,马王堆汉墓等一系列震动中外的考古新发现先后出来。1972年,以郭老提议,周总理亲自批准,恢复了《考古学报》《文

---

[*] 原载《文物出版社三十年》,文物出版社1986年版。

物》《考古》三个刊物。这是"文化大革命"中最早恢复的三个学术刊物。不久,文物出版社也筹备复社了。感谢当时主持国务院图博口(不久改名国家文物局)工作的王冶秋同志,他听到别人的介绍后,不管我还处在逆境下,就下调令把我从五七干校调回来。当时和我有类似情况的同志有好几位。这样,我就走上了文物出版工作的岗位。

突然跨进文物考古这条战线,对我这个新兵来说,确实充满了新鲜的感觉。那一段时间里,文物考古的新发现真也特别多。文物出版社和国家文物局同在沙滩的红楼里办公。除办公室外,食堂是一个交换信息的重要场所。常常一走进食堂,人们一群群围着,兴奋地谈论:"临沂银雀山出土的竹简里有着《孙膑兵法》!""河北藁城发现了商代的铁刃铜钺!"好消息几乎一个接着一个地传来。河南省博物馆的贾峨同志正借调在《文物》月刊工作,每当接到省里来信,立刻拿给一个又一个人传看,说哪里又发现了一处新石器时代的遗址,哪里又出土了一批重要的铜器!他那种抑制不住的喜悦,迅速地感染给周围的人。坦率地说一句,尽管大多数人都热爱自己的专业,但像文物考古工作者对自己从事的专业表现出来的那股深厚而强烈的感情,我过去还很少见过。

我是个新兵,自然就跟着如饥似渴地学习起新的专业知识来。学习的办法,主要是三条:一个是"读",从文物考古方面的基础知识和最新成果的读物开始,进而有计划地阅读这方面的重要论文和著作。一个是"看",主要是看实物。到博物馆看,到出土文物展览会去看,还有看各地送到文物局来的新出土的实物。以后,还到现场去看。这样看的时候,通常都有熟悉情况的同志在旁边讲一讲,印象特别深。还有一个是"问",向周围有经验、有知识的同志问。文物局的陈滋德、谢辰生、沈竹、罗哲文等同志，早在出版社工作和比我先来的高履方、王代文、杨瑾、俞筱尧、叶青谷等同志，都帮着我学。文物出版社还有一个十分有利的条件，就是同文物考古各条战线的专业工作者之间有着传统的深厚友谊。这种关系已越出一般编者与作者的关系，而像一家人一样。这更给了我们随时请教的方便条件。就我个人来说，请教得最多的是夏鼐同志、苏秉琦同志和俞伟超同志。每过一段时间，总想听听他们有什么新的高见。夏鼐同志和苏秉琦同志都是前辈。但他们对请教者的无知从来没有过一点厌烦的表示。夏鼐同志那些精辟的见解、诚挚的长者风范和严谨的学风，苏秉琦同志闭着眼睛慢慢地抚摸着那些陶片，兴致勃勃地谈论着他对新石器时代"这一块""那一块"文化分布的独到见解的情景，回想起来都像在眼前一样。这里还必须说到，有四五年时间，银雀山竹简、马王堆帛书、吐鲁番文书等的整理工作也是在文物出版社进行的。参加整理的学者阵容，真可说是极一时之盛。他们中间先后有唐兰、张政烺、唐长孺、商承祚、朱德熙、杨伯峻、罗福颐、顾铁符、裘锡圭、李学勤、胡如雷、马雍等同志。能有机会同他们朝夕相处，随时请教，更使自己在耳濡目染之际学到了许多东西。

因为我原来是学历史的，对文物考古工作接触得越多，就越加强烈地产生一种感觉：一个历史工作者，如果不能熟悉并运用丰富的文物考古资料，只是把自己的知识局限在文献的范围内，是很难对历史上的中国，特别是古代中国有一个真切的了解的。这种例子是举不胜举的。比如说，河姆渡新石器文化遗址的发掘，使人们认识到长江流域和黄河流域同样是中国古代文明的摇篮。大汶口新石器文化的遗址以及它同仰韶文化遗址的对比，使人们对古史传说中的华夏和东夷的相互关系获得了新的比较实在的知识。有些学者根据考古发掘材料的排比，认为夏文化分布在河南的中部、西部和山西的西南部；商文化是从河北中部逐渐向河南发展，同夏文化融合；周文化则起于陕西关中平原的西部，又接受已进入关中地区的商文化的强烈影响演变而成的，这些看法都能给人以新的启示。有些学者根据考古发掘材料的鉴定和排队，认为铁器的冶炼和使用开始于春秋后期而盛行于战国初期，对我来说，就觉得比那些只从文献进行奴隶社会和封建社会历史分期考证的文章有说服力得多。再如，马王堆一号汉墓出土那么些精美的纺织品和漆器等等，也使人改变了原来从《史记》中获得的那种印象，而对汉代长江流域的经济发达程度有了新的了解。至于银雀山竹简、马王堆帛书、居延汉简、吐鲁番文书等这些古文字材料的重要价值，就更不待言了。

所有这一切，对我这样一个原来从事历史专业工作，却对文物考古工作十分无知的人带来的感觉，真是如入宝山，仿佛在眼前顿时打开了一个新的天地，产生了强大的诱惑力，吸引我去寻求和探索。

可是，回头来看，过去确有相当多的历史工作者同我一样，对这样一个无限丰富的宝藏十分无知。这里固然有认识上的原因，也有一些实际问题：由于原有知识结构上的缺陷，许多历史工作者常缺乏考古方面的基本知识和阅读习惯。翻开一份发掘报告，见到一大堆地层关系、墓葬形制的叙述和出土器物的清单，什么Ⅰ式、Ⅱ式、敞口、撇口等等，就如堕五里雾中，不能得其要领。这自然反映了他本身的弱点，但有些重要的材料因此而没有被充分利用到历史研究中去也实在是一件很可惜的事情。

面对这种情况应该怎么办？怎样使这样丰富的知识宝库能为更

多人所了解和运用？这是我们这群新到文物出版社工作的同志常常议论的问题。

原来是外行，总难免要讲点外行话、办点外行事。这时，社会上"左"的思潮又正在盛行。但文物出版社的大多数同志在这一点上是一致的（原来在文物出版社工作的同志长期养成的那种严谨的学风更给我们这些新来者以很大的影响）：文物考古工作是一种严肃的科学工作。特别是对新的重要的发掘和调查材料，一定要严格地保证资料发表的完整性和准确性。因为人们认识客观事物往往需要有一个过程，未知的往往比已知的部分大得多。对考古发掘中的许多现象，我们通常一时并不能完全认识它。有时你没有认识的现象，在另一位专家看来却能说明很重要的问题。因此，只有先把客观材料完整准确地整理并发表出来，才能使它先得到保存，以便研究工作者今后从不同角度进行长期的研究和探索。绝不能采取轻率的态度，只是根据自己的观点就任意取舍，或者把许多复杂的现象只作一些简单的笼统的交代。如果现在不注意这一点，以致有些材料不幸散失了，就可能造成不可弥补的损失，受到后人理所当然的责骂。

同时，许多学者严肃的研究工作也给了我们启示，即真正科学的结论必须从全面的详尽的未遭曲解的客观材料中才能得出。有一次，苏秉琦同志在文物局会议室向我们介绍了广东曲江石峡新石器时代墓葬群的发掘情况。他把这个墓葬群划分为若干期，又在每期中分出若干类型，详细地叙述了各期、各种类型的墓葬形制和随葬品及其演变。然后从中得出一系列重要的结论。因为篇幅的关系，在这里只能举一个例子。他在分析"前石峡文化"较晚阶段的墓葬时，指出了一些重要的现象：这时随葬生产工具成为常见现象。值得注意的是随葬多种木工专用工具的主人，在墓制与随葬品方面都比同时期其他墓葬更为突出（如墓坑特大，积炭多，硃红多，烧土壁；有二层台承托葬具，填土夯打；随葬品特多，包括贵重玉器、其他生产工具、成组陶器）。苏秉琦同志从这些叙述中得出重要的结论："说明手工业至少已部分地从农业中分化出来，成为独立的生产部门；而这种掌握一定专门技术的手工业者在氏族中享有比其他成员更突出的地位。"像这样的论断，我觉得是很有见地，并且是有巨大说服力的。这同那种缺乏扎实的材料根据，单凭苦思冥想以至灵机一动得出的所谓"新见解"，是不可同日而语的。

当然，事情也有另外的一面。最初，由于"文化大革命"中文字狱频兴，有些作者确实感到谈虎色变，认为"言多必失"，不如少说为妙，因而送来的发掘简报中，将墓葬形制、随葬器物各材料叙述完毕后，便戛然而止，不着一词。也有的作者，不一定出于顾虑，也许是因为研究不够，也有着类似的状况。结果，有价值的材料湮没在大量的一般叙述中，或者散见各处，不遇到有心人便容易忽略过去。至于在这方面知识不够的人就难免如堕五里雾中，不能得其要领。为了便于使这些重要发现的价值能为更多人所了解和利用，我们支持不少作者的这种做法：摆材料时，有主有次，脉络分明；在把材料摆清楚后，努力把它放到一定历史范围内，同已有的考古材料相比较，或以有关文献资料作印证，进行综合考察，说明自己的看法。当然，有些材料确实一时难以遽下断语的，也可以先把材料介绍出来，供大家研究，自己不武断地作出结论。

文物出版社复社后出版的第一部发掘报告是《大汶口》。主要执笔的于中航同志遇到一个为难的问题：结论部分怎么写？大汶口确实是一处十分重要的新石器文化遗址，可以说明许多问题。作者在详细叙述了发掘结果后还有很多话想说。他最初写了一个五千字左右的结论,但又听到一些议论:"发掘报告哪有写这么长的结论的?""发掘报告只要把材料公布出来就可以了。要研究的话,可以让大家去研究!""发掘报告只能写那些完全肯定了的东西,还有争议的意见不应该写上去。"我和当时担任图书编辑部主任的朱天同志以及此书的责任编辑等好几位同志,都支持于中航同志。我们想,一个正确的理性认识,通常只有在感性认识反复了多少次以后才能获得。发掘工作者长年累月地在发掘工地上,翻来覆去地同这些丰富的实际材料相接触,再拿它同其他材料联系起来进行比较,头脑里自然会产生一种飞跃,形成一些没有参加这项发掘工作的同志不容易体会到的认识。为什么不能让作者在报告的最后讲一讲自己的这些看法?如果因此而引起争议,那不是也很好吗?别的同志尽可以另外写文章去。当然,有些连作者自己还感到根据不充分的看法,那就不能轻率地写进去,最多只是作为一个问题或一种推测提出来,供大家进一步研究。这种慎重的态度是需要的。所以,我和朱天同志都鼓励于中航同志放开手来写,结论部分如果五千字不够,一万字也可以!结果,在于中航同志执笔的这个部分中,写了大汶口文化的被认识和大汶口文化的基本特征,它和龙山文化、仰韶文化、良渚文化的关系,从墓葬看当时的经济生活和社会性质等七个问题,大约有一万五千字。以后的事实证明:这部发掘报告引起了考古学界和史学界的广泛重视,这样做的效果是好的。

在《文物》月刊中,我和王代文、杨瑾等同志坚持这样的做法:在发表重要的考古新发现的简报时,尽可能同时发表几篇研究文章。这些研究文章许多是由发掘单位的同志写的,有些则是编辑部有计划地主动约请各方面专家撰写的。这里说的各方面专家,不仅包括文物考古界、史学界，而且包括冶金、纺织、采矿、造船、音乐、美术、天文、地理、军事等专业部门的专家。例如，同河北平山中山国墓葬发掘简报一起，发表了《试论战国时期中山国历史上的几个问题》《平山墓葬群与中山国的文化》《平山中山王墓铜器铭文的初步研究》，以后又发表了《关于战国中山国墓葬遗物若干问题辨正》《谈几件中山国器物造型与装饰》等论文。同湖北随县曾侯乙墓发掘简报一起，发表了《谈谈随县曾侯乙墓的文字资料》《曾侯乙墓的古乐器》《曾侯乙墓出土的二十八宿青龙白虎图象》《曾侯乙墓青铜器群铸焊技术和失蜡法》《曾侯乙墓编钟的梁架结构与钟虡铜人》。同陕西临潼秦俑坑试掘第一号简报一起，发表了《秦俑坑兵马俑军阵内容及兵器试探》《秦俑艺术》等论文。同泉州湾宋代海船发掘简报一起，发表了《泉州湾宋代海船复原初探》《泉州港的地理变迁与宋元时期的海外交通》《谈宋代的造船业》，以后又发表了《关于泉州湾出土海船的几个问题》。这种成组地将发掘简报和研究文章一起发表的做法，几年来一直坚持了下来，产生了比较大的影响。看来，它对提倡从多方面深入研究考古工作的新发现，对促进文物考古工作部门同其他战线专业部门的密切协作，起了较好的作用。

"文化大革命"期间和在以后的最初一段时间内，许多全国性学术团体的活动都停顿了，中国考古学会还没有成立。为了弥补这种缺陷，文物出版社在一段时间内还同一些兄弟文博单位一起，发起组织了几次文物考古方面的学术讨论会。例如，1978年和南京博物院一起组织了"长江下游新石器时代文化学术讨论会"。第二年，同江西省博物馆联合发起"江南地区印纹陶问题学术讨论会"。这两次讨论会都开得很活跃，大家各抒己见，热烈争论。第二次讨论会还举办了有关各省的印纹陶陶片陈列。会后,《文物》月刊都发表了成组的论文,还出版了讨论会的论文选集。原来还准备同湖北省有关单位联合发起楚文化学术讨论会,后来因为中国考古学会成立,这项活动就由考古学会来组织了。

从1972年年底到1982年年底,我在文物出版社工作了十年。虽然在后两年,我大部分时间已不在出版社工作,余下的也还有八年。记得苏秉琦同志有一次对我开玩笑说,八年,等于念完五年制大学,再加上三年研究生,不能说是外行了。但说来惭愧,因为同时还需要忙出版社的行政事务,加上自己努力不够,到离开时还只能说是一个外行。但十年间文物考古工作给我的教益和那段困难时期中同志们的情谊,实在是终生难忘的。

这篇东西刚写完,突然得到朱天同志不幸逝世的噩耗。尽管早有一些思想准备,听到时仍难以相信这是真的。朱天同志先后担任过文物图书出版部主任、出版社副总编辑,是我尊敬的"兄长"。我在文物出版社工作的这些岁月,绝大部分时间是同他一起度过的。我们的许多想法相同,工作中也一直相互支持。在我对文物出版社的回忆中,时时都会浮现出他那坦白正直、待人宽厚、幽默风趣、从容不迫的身影。最后再补写这样几句,也是用来寄托对他的不尽的思念。

五十岁入中央文献研究室

与李琦、逄先知在中央文献研究室院内合影

编写《中国共产党的七十年》时,金冲及(左一)与胡绳(左二)、郑惠(左三)、龚育之(左四)在玉泉山合影

金冲及与逄先知

重要文件起草组部分成员在玉泉山合影

《周恩来传》获第一届国家图书奖获奖证书

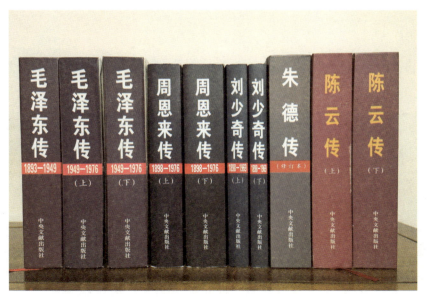

金冲及主编或共同主编的开国领导人传记书影

# 邓大姐同我的几次谈话[*]

邓颖超同志离开我们已经一个多月了。前几天，李琦同志嘱咐我：邓大姐对《周恩来传》这样关心，同你们谈过很多次，应该把这些情况写出来，也是对邓大姐的一个纪念。这件事我也想过，觉得是应该做的。但提起笔来，心里总惴惴不安，因为我同邓颖超同志的接触毕竟很有限，以自己的能力，很难把她的精神风貌表达好。想来想去，邓大姐从来是最实在的，纪念她的办法最好还是朴朴素素地把自己所知道的事实记录下来。

对我来说，知道邓大姐的名字已经近半个世纪了。可是，有机会同她直接接触还是我到中央文献研究室工作以后的事。记得是1982年一个海棠花盛开的日子，李琦同志带着我们到西花厅去。为了怕过早打扰她老人家，我们先在西花厅外面拍几张照。这时，邓大姐由她的秘书赵炜同志等陪同从里面出来，看到我们，远远地就大声说："等我一下！"她走过来，同我们一起留了影，又带我们参观了西花厅的办公室、客厅和卧室。邓大姐自己的卧室和办公室是合在一起的，里面的陈设极简单，空空荡荡的，除了一张木板床、一个写字桌和几把椅子、几张茶几以外，似乎就没有什么别的了。给我印象最深的是：客厅墙上挂着一幅国画，上侧题着"周总

[*] 原刊于《党的文献》1992年第6期。

理的睡衣"6个字,但画面上却没有周总理的形象,画的是邓大姐戴着老花眼镜,全神贯注地在给总理一件旧睡衣缝补丁。这幅朴实无华的画,使我很感动。参观完后,她说:"你们再坐坐,我先撤啦!"我又想:生活中使用这样的语言,大概只有长期生活在战火纷飞的日子里的老战士才会有吧!

以后去看她,是在开始着手编写《周恩来传》后的事。我们自然很希望她能对这本书应该怎样写以及周恩来同志历史上的一些重要问题多谈一些意见。没有想到,她却平静地说:"我要重申一下,对恩来的事,关于他的东西,我不直接提意见。他不是一个普通党员,而是党的干部、领导干部、核心干部。他死后,怎么说,由中央来决定,由组织来决定。不过,你们来找我,我不是完全不负责任。如果你们需要核对一些事实,我不推卸责任。"在以后的编写过程中,对这本书该怎么写,她确实从来没有干预过。

遵照她的嘱咐,我们再去看望她时,大多只是询问她一些事实。她的态度依然是那样实在。她说:"希望你们不要把我当作周恩来一辈子事情的一部电影,不要以为我什么事情都知道。"我们问到土地革命时期中央高层领导中的一些争论时,她说:这我不能作证。你们不要把我今天做政治局委员的资格移到那时候去。我那时还是个小兵小卒。这些事,恩来回来也没有必要告诉我,有的还是今天听你们讲了以后我才知道的。甚至像1958年南宁会议上周恩来同志因为"反冒进"而受到不公正的批评那样的事,她也说:恩来是严格遵守纪律的,很多事也不跟我讲。南宁会议和成都会议后,我知道党内有分歧,但也不很清楚是谁犯了"反冒进"的错误。恩来同志当时回来,他也不漏,我也没看出来。到粉碎"四人帮"以后,薄一波同志有一次找我谈了50分钟,我才清楚那次会议的具体情况。

但问到有些事，她的回答就很干脆："这件事我知道，可以告诉你们。"例如1925年廖仲恺先生的被刺，她说："那件事发生后，恩来同志就知道了，就出去了，两天两夜没有回家。回来时，他唯一的一套灰色西服上有一片血迹。为什么？那天他在蒋介石那里商量要抓凶手，要戒严，决定的是11点钟动手。蒋介石把行动提早了两个小时，9点就戒严了。恩来坐汽车到司令部去，不知道戒严已提前的事。司令部的守卫隔得很远就叫停车，问口令，司机听不见，守卫就开枪。恩来立刻趴在座下，司机的血流在他的背上。他马上打开车门跳出来，高声说：'你们干什么？我是政治部主任。'他介绍了身份，守卫才停止开枪，让他通过。有这么段插曲。"我们又问道：六大以后周恩来同志在上海从事秘密工作那么久，是怎样活动的，为什么能不被国民党发现？她说：恩来最初不留胡子，后来才慢慢留的。他装作商人，有时穿西装。同志间谁也不叫谁的名字，都用别名。别名多啦，一个时期换一个。在上海，我们一个人最多只能知道5个地方，这样的人很少，我是其中之一。为什么我可以知道5个地方？因为我是中央机关党总支书记，要参加小组会。其他人最多知道有工作关系的两三个地方。恩来同志可能知道得比我多。我和恩来从来不敢上电车，因为我们从五四时期起一直是公开活动的，国民党的人都认识我们，认出来了就不行。出去，必定是清早出去，深夜十一二点回来。我们的住处只有两三个同志知道。还经常搬家，有的地方住半个月，有的地方住一个月，有的长一点，但一年就了不起了。每住一处，改用一个名字。名字随我们起，二房东只要给钱就行。住过哪些地方我不愿意说，不然将来又要搞出许多故居来。

对历史的评价,她也一再强调要实事求是。她说,觉悟社不能说是共产主义小组,基尔特社会主义、无政府主义的影响都有些。党成立时,很多人在他所在地加入了党。觉悟社只能说是对共产主义小组的成立做了些组织上的准备。她特别叮嘱我们:有些人不是实事求是的,好像把什么功劳都放在周恩来身上,他是出了名的,还有许多死难的同志连个名字也没有留下来。还有,遇到争论,总是想方设法一定要找到有正确意见的是周恩来,这样做往往就会浪费时间,不能落实。这不实事求是。

1988年是周总理90周年诞辰。那一年,我们把《周恩来传(1898—1949)》的送审本送到了邓大姐那里。12月5日,她给李琦同志和我写了一封信,谈了对"反立三路线"的一些看法,最后说:"总之,你们在写周恩来时,对他既不要颂得过高,也不要贬,应当实事求是。"信是当天上午收到的。没想到,下午3点多钟赵炜同志又特地打来电话,说邓大姐叮嘱在信的最后还要补上8个字:"因病奉告较迟,希谅。"

这本书在1989年2月出版。4月5日,邓大姐叫我到西花厅去。她说:我已经听了从"南开学校"到"在中共中央工作"这几节。"我的第一个印象是觉得这部书是一种创新,文风上也是一种创新。你们花了许多时间收集大量的资料,这样写出的传记不是片面的,而是比较全面的。最难能的是,你们对许多材料去伪存真,写进传记里,使得历史上一些误传的情况得以澄清。我认为这部传记写得很好,是一种创新。特别是对文风我很满意。你们把收集到的大量历史资料经过研究、选材,组织起来,比较完整地反映出一些重要的历史情况,这是一次最好的尝试。""你们费了很大的力量来思考和组织材料,这一点值得发扬,至少要提倡这种写作方法。"

她对这本书的不足也提出了意见。她说："在这里首先需要做自我批评的是，你们请我先看，我没有看，现在书已经出版了才提意见。我想这也无妨，出版了也允许别人提意见。比如，沙基惨案，恩来同志也是参加了群众队伍的。当时三个人一排，机枪扫射过来，恩来同志两旁的人都中弹身亡，他得以幸免。这件事可以说明恩来同群众的关系，他总是身子站在第一线，这是他回国后第一次领导群众斗争，也是他一生中遇到的第一次险情。这件事许多人不知道，他也没有同什么人讲过。但他恰恰同我谈过两次，所以我印象很深。其实像这样一件事情，你们可以来问问我。你们是工作需要，还怕打扰我吗？为什么这件事恩来要对我讲呢？因为这件事发生在他到广州后不久，那时我们刚刚结婚，他还不太忙，还有些时间，所以偶尔和我谈一谈。希望你们再版时把这个内容补充上。"她又说："说句老实话，恩来同志在陕北时实际上是总参谋长。许多作战方案，包括以后朝鲜战争时期的作战方案，都是他先拟好了送给主席看，由主席批，或者他先找主席请示，谈话后由他再来贯彻。所以有人觉得你们在这一段写得不够了。恩来同志当时对前方后方包括军事上许多事他都管。这一点同你们说明一下。当然有些事写不写也没有关系，恩来也不赞成把他的功绩写得有多大，但实际情况在咱们的谈话中可以交流一下。"

去年冬天，赵炜同志给我打电话，说邓大姐问《周恩来传》现在印了多少册。我问了人民出版社社长兼总编辑薛德震同志，向她作了答复：已经超过30万册。还告诉她，这本书的日文全译本，由日本京都大学狭间直树教授监译，分成3册，也快出版了。这以后不久，邓大姐就因病势转重而住院了。可见，她对这本书一直是放在心上的。

本来，在 1989 年 4 月 5 日那次谈话中，她还说："这部传记我还没看完，看完后再谈。"我们一直在期待着再听她看完后的意见。赵炜同志告诉我：邓大姐总是要她的护士抽时间给她念，每次 10 至 15 页，多的时候到 20 页，已经念了全书的三分之二，也因为病势转重而没有能念完。她所说的"看完后再谈"就无法实现了，这对我们来说，真是永远无法弥补的遗憾。

# 深切怀念李琦同志*

2001年4月17日,李琦同志永远离开了我们。他是在工作中突然倒下的。对他的逝世,我们没有一点思想准备,格外感到悲痛。我们和李琦同志在一起亲密工作了20年,他是我们的老领导,始终如师长般关心和帮助我们。虽然,他离开我们已经3年了,但仿佛总觉得他还在我们身边,还在同我们谈工作,谈未来,谈他所关心的一切一切……

李琦同志1918年3月24日出生在河北省磁县,自幼受到良好的家庭教育,特别是受到外祖父李锡九进步思想的影响。李锡九是孙中山领导的同盟会的最早会员,1922年加入中国共产党(当时是中共秘密党员),为革命事业奋斗了一生。李琦同志的母亲是一位进步的知识女性,她常常给少年李琦讲述民族英雄岳飞、文天祥、林则徐的故事。李琦同志直到晚年,仍清楚地记得,母亲讲到腐败的北洋政府同日本帝国主义签订卖国的"二十一条"时,一边绘图说明、一边痛哭流涕的情景。

1929年李琦同志全家迁入北平。1931年至1934年,他就读于北平四中初中部。入校那一年,正值日本侵略军发动震撼全国的"九一八"事变。在"国破家亡的沉重感和危机感"的强烈刺激下,

---

* 此文为逄先知、金冲及、廖心文共同撰写,为纪念李琦逝世三周年而写。

年仅13岁的李琦在一次全校大会上发表演讲，大声疾呼"坚决不当亡国奴"。讲到激愤处，声泪俱下，全校师生为之动容，整个会场一片悲咽之声。此后，他不顾校方阻挠，积极参加校内的抗日活动。在当年初中毕业的同学录里，至今留有一封李琦同志致毕业同学的信，其中写道："我们应当揩去离恨泪，握起拳头，努力地向着恶劣的社会干去；等我们在国难中成就了伟大的事业，将社会改革好了的时候，我们再相聚痛饮，畅谈离怀，岂不快活？！好，朋友们，我们各自努力吧！"

1935年冬，北平爆发了波澜壮阔的"一二·九"爱国救亡运动。和许多爱国青年学生一样，在北京师范大学附属中学上高中的李琦同志积极投身到党领导的这场运动当中。为冲破反动政府对新闻舆论的严密封锁，他通过自费订阅的英文报纸，在校内传播"一二·九"运动的消息，引发同学们采取行动，响应爱国运动的召唤。伴随救亡运动的发展，现实驱使李琦同志越来越深入地思考一系列根本性的问题，从当前局势到中国社会的性质和前途，以至人为什么活着，等等。为了解答这些问题，他千方百计寻找各种书报杂志，包括一些进步的、马克思主义的著作，如饥似渴地阅读这些书籍文章，从中寻求答案。李琦同志后来说：从这时开始，"我认识到只有解放劳苦大众才能解放全人类，只有共产党才能救中国。因而要求加入党的思想，不仅要献身于祖国独立，更要献身于人类解放的思想萌芽了，逐步增强了"。

1936年3月，李琦同志参加了中华民族解放先锋队。"民先"是在中国共产党领导下的抗日进步青年组织。"民先"队员们经常在一起讨论时事，上街鼓动宣传，看进步书籍，唱救亡歌曲，举办壁报和出版刊物，并进行野营训练和游击战术学习等。这些活动，使他进一步开阔了眼界，锻炼了体魄，获得了直接同反动分子作斗争的最初经验。同年夏，在一位同班同学介绍下，李琦同志宣誓加入了少年中国共产党。很快，北师大附中建立起中国共产党的支部，为学校注入新的领导活力。1936年12月，在"一二·九"爱国救亡运动一周年之际，党支部率领同学们冲出校门，举行公开的示威游行。这年年底，经组织严格审查，李琦同志由少共转为中国共产党党员。1996年，他在师大附中95周年校庆纪念会上深情地回顾这段历史，他说："到今天，入党已经60年，一生中经历了不少波折、艰难险阻，但是我始终坚定地走我在师大附中选择的人生道路，矢志不渝，革命到底。"

1937年7月抗日战争全面爆发，李琦同志随全家辗转到天津、青岛等地，同年10月到西安。经同西安八路军办事处联系后，奔赴革命圣地延安，进入陕北公学学习，并任全校"民先"队长。1938年2月，年仅20岁的李琦被党组织派往国民党新编第五军（孙殿英部）从事秘密工作，受中共北方局委员兼军委书记（对外用第十八集团军驻第一战区司令长官部联络处处长名义）朱瑞的直接领导，后担任新五军的中共工委书记。在异常复杂的环境中，李琦同志积极主动地开展工作，团结、凝聚了一批进步青年在党组织周围，不失时机地向新五军官兵和驻地民众宣传党的抗日主张。1939年，国民党发动第一次反共高潮期间，他根据党的指示，努力扩大和保存党的力量。在他的影响下，一位有正义感、掌握实权的副军长，毅然脱离反共行列，在李琦同志陪同下安全到达根据地，不久担任晋冀鲁豫参议会副议长，并加入中国共产党。

1941年初，李琦同志奉调赴华北敌后抗日根据地工作，任中共中央北方局宣传部编审科科长，成为"宣传部里成绩最好的"（北方局宣传部长李大章评语）一名骨干。同年冬，他调任八路军副总司令、中共北方局书记彭德怀同志的秘书。在5年的漫长时间里，李琦同志伴随彭总度过了抗战时期中最艰苦的岁月，亲身感受到彭德怀同志那坦荡质朴的胸襟、叱咤风云的气势和刚正不阿的品格。1942年，日本侵略军对我华北根据地进行最残酷的"五月大扫荡"。面对日军重兵进犯、包围，试图一举消灭北方局和八路军总部机关的严峻局势，李琦同志亲眼目睹彭德怀同志临危不惧、沉着指挥的大将风范。在激烈的战斗中，他经受了战场上的生死考验，跟随彭德怀同志冒着枪林弹雨突出重围。在这个时期，李琦同志参加了敌后根据地的经济建设和政权建设，投身减租减息的斗争中。根据彭德怀同志的要求，李琦同志深入农村，了解贫雇农的疾苦和农村的阶级关系，熟悉广大农民群众的生活。这对从小在城市长大的李琦同志来说，无疑是全新的一课。这段经历，进一步提高了他的阶级觉悟，培养了他对劳动人民的深厚感情。事后，他将所在地左权县麻田镇农村开展减租减息斗争的过程写成报道，发表在《新华日报》（华北版）上。这篇报道，受到毛泽东同志的关注，他专门就报道中的有关情况给彭德怀同志发来电报。李琦同志还跟随彭德怀同志参加了麻田镇开展的合理负担和统一累进税的试点工作，并运用学校所学知识，在实践当中研制出一套简易的统一累进税的计算方法。晋冀鲁豫边区政府对此非常重视，认为可以在全区推广，彭德怀同志还亲笔为此题词。

1943年秋，李琦同志回到延安，在中央党校二部接受培训（任支部书记）。1945年秋天，李琦同志调任中共中央书记处办公室秘书，继续负责彭德怀同志的日常事务。其间，所在党组织对他的评价是："对党忠诚，工作负责，有能力、聪明，有工作经验，能团结人。"1946年3月，李琦同志调往华北太行区工作。后来他回顾在彭德怀同志身边工作的岁月时，这样写道："彭总为人耿直爽快，对党对人民赤胆忠心，坚持实事求是、敢于直言，平易近人，生活俭朴。相处几年，彭总对我的思想影响和帮助很大，使我终身受益。"

以后彭德怀同志遭受错误批判后，他办公桌的玻璃板仍一直压着彭德怀同志的相片，曾受到别人批评，他毫不在意。

1947年7月至1949年11月，李琦同志调至中共太行区先后担任安阳地委的宣传部长和书记。安阳市是华北地区最后解放的城市。入城后，李琦同志担任接管安阳市的军管会主任。

全国解放后，李琦同志担任政务院参事室参事。1950年至1956年这7年间，任周恩来总理办公室副主任。当时，办公室主任是政务院副秘书长齐燕铭兼任，办公室日常工作便由李琦同志负责，协助办理有关党务国务的方方面面具体事项。这是他一生中度过的一段难忘时光。李琦同志后来说："回忆我在总理身边工作的7年，觉得总理很忙，很有才华，不分昼夜工作，对各个领域的事情，抓得很紧，处理得十分周到细致，有条不紊。他作为政府的大管家，也真是不容易，一般人难以做到的，他都可以做到。十一届三中全会后，我参与中共中央文献研究室的工作，从事党的领袖的研究，看了大量的文献，联系本世纪以来中华民族和中国共产党走过的道路来思考，对周恩来的伟大贡献和历史地位，包括他的人格魅力的理解就更加深化了。他给我的印象就不光是过去形成的负责政府运转的一个大管家了，不光是一般意义上的好人了。"

有一件事情给李琦同志的印象尤为深刻。一次，周总理到广州休假，秘书们都为此高兴，因为大家感到总理太忙太累，不能再这样毫不停歇地干下去了。出于对总理的关心爱护，大家经过商议后给总理写了一封信，直率地提出建议，请求总理今后改变工作方式，有些很具体的事，不要事必躬亲，应该更"超脱"一些。回到北京后，周总理同李琦同志谈起这件事，当时总理是在房间里边踱步边谈话。他用很轻的声音问道："李琦，这么久了，你还没理解我啊。"接着，他又用恳切的语气说："我们这样大一个国家就有那么多具体的事情得有一个人管起来。我多做些这样的事情，就可以让毛主席、少奇同志有更多的时间和精力来多考虑些问题。"这是他发自内心的自白。几十年过去了，此情此景始终萦绕在李琦同志的脑际。他后来这样写道："这话虽然很简单，可我在当时的确是不可能懂啊。直到后来，才逐步理解周总理这句话是多么朴素而又多么真实、多么深刻，有着何等丰富的内涵！充分反映了周总理一心为党为国的崇高品德，反映了他的大公无私，他的伟大。"

在周总理身边，李琦同志感受到的不仅仅是周恩来同志高尚的精神境界，还有他善解人意的处事方法和严于律己的党性原则。1953年斯大林病逝，噩耗传来，大家都很悲痛。当天，李琦同志拿着一份准备急送毛主席的报告给总理看，由于打字员出错，他不得不动手在已经打好的报告上改正错字。一向严谨、细致的总理看过报告，却没有责备任何人。他摘下眼镜，边拭泪边低声说道："她们（指打字员）也很难过，就这样送去吧。"这是李琦同志唯一一次见到总理落泪。1954年第一届全国人民代表大会期间，总理接到一个试图通过私人关系"走门子"的电话，他当即毫不犹豫地回绝了对方。放下电话，他对李琦同志说："我这个人从来是对越熟悉的同志越严格，不要想钻空子，利用我的关系达到自己的目的。"他还表示："有人要我任用几个私人，这怎么可能？"

同周总理相濡以沫的邓大姐，与李琦同志一家有着几代人的情谊，给李琦同志留下难忘的记忆。这段时间，邓大姐的身体不好，她除了担负全国妇联的领导职务外，很多时间是养病。尽管人们与大姐接触不多，但李琦同志经常能见到她。邓大姐给李琦同志的印象是：乐观，随和，一位平易近人、充满慈爱的长者。她从不过问秘书们的工作，却以慈母般的心肠关心着在周总理身边工作的每一个人的学习、生活和家庭。直到后来李琦同志离开西花厅，邓大姐仍时常挂念着他。

这是一个革命的家庭。粉碎"四人帮"后不久，中国革命博物馆准备举办一次纪念周恩来同志的展览会，希望借用一些周恩来同志和西花厅的遗物。这个提议最初被邓颖超同志拒绝了。她说："恩来平时常讲，多少同志为革命牺牲了，有的连个名字也没有留下来，我们还要些什么呢？"后来中央做了决定要办这个展览，她才把一些遗物拿出来。这些只是他们平时在家中的谈话，并没有什么豪言壮语，都真实坦露出他们的内心世界。李琦同志三十多岁时在周恩来同志身边和西花厅工作了整整七年，对他的教育和熏陶可想而知。

1956 年底，为了贯彻毛主席和党中央关于干部交流的指示，李琦同志调任中共太原市委第一书记、中共山西省委宣传部长。当时的太原已是一座重工业城市，国家第一个五年计划的 156 个重点项目中有 10 项在太原。此外，太原的城市建设任务也很繁重。在李琦同志领导下，在当地干部的大力协助、配合下，太原市委和市政府凝成一个关系融洽、团结战斗的集体，保证了各项工作的顺利开展。在太原任职的几年里，李琦同志经历了 1957 年反右派斗争、1958 年"大跃进"，以及 60 年代初期经济工作调整等重要事件。

他坚持实事求是、集体领导的原则，尊重各方的意见，体察群众的疾苦，如实地向中央反映了"大跃进"和调整时期当地存在的一些问题。1960年初，由于粮食严重缺乏，在全国范围内相当普遍地发生了浮肿病。李琦同志将这个情况报告周恩来同志，引起中央的重视。

1964年，李琦同志回到北京，任文化部副部长兼中国对外友好协会副会长等职。不久，"文化大革命"爆发，他和其他部领导一起被夺了权，并遭受批斗。1969年，他被下放到湖北咸宁文化部五七干校劳动，全家七口人分散在北京以外的六处地方。在干校期间，李琦同志心情不好，身体也很差，经常出现心绞痛。骄阳如火的酷暑，他还要光着上身挑水送到大田中去，对心脏病急救用的硝酸甘油只能绑在挑水的扁担上。他要求回京看病，干校一直不准。1972年初，周恩来同志和邓颖超同志接到李琦夫人王泓来信，得知李琦同志在干校的情况。经周总理直接过问，最后以国务院办公厅的名义通知李琦同志回京治疗。

1973年夏至1979年4月，李琦同志先后担任国务院科教组负责人、教育部副部长和部党组副书记、联合国教科文组织中国委员会主任等职。对他在这个时期的工作，教育部党组给予高度评价，称他在教育战线"做了大量工作"，在工作中"坚决按党的原则办事，有革命事业心和政治责任感，能做好本身的业务"。"作风民主、细致、平易近人，能团结干部，联系群众"。

1975年邓小平同志领导全面整顿期间，他积极拥护邓小平同志的整顿措施，同"四人帮"及其帮派势力进行坚决斗争。这年秋冬掀起的"反击右倾翻案风"运动，因为刘冰等人那封信是直接交给李琦同志、再由他转送中央的，使他再度受到猛烈冲击，处境十分困难。唐山大地震那样的局势下，他还被拉到教育部职工地震棚去轮流批斗。直到1976年粉碎"四人帮"，他才得以解脱。1978年10月，根据邓小平同志的有关指示，李琦同志随中国教育代表团赴美国参加谈判，经过不懈努力，双方终于达成互派留学生的口头谅解。1979年邓小平同志访美时，两国领导人就这一谅解正式签署协议，载入史册。

1979年4月，李琦同志由教育部副部长调任中共中央毛泽东著作编辑出版委员会办公室第一副主任。当时，正值党的十一届三中全会后不久，意识形态领域内的斗争十分复杂，毛泽东著作的编辑在政治上影响极大，李琦同志在拨乱反正方面做出了重要贡献。1980年5月，在"毛编办"基础上成立了中共中央文献研究室，胡乔木同志任主任，李琦同志任第一副主任主持日常工作，胡绳、吴冷西等同志任副主任。从这时开始，他为党的文献工作奋斗了整整20年。李琦同志曾说过，在中央文献研究室工作的20年是他心情最愉快的时期之一。

这时，李琦同志已经60多岁，而在他面前却正展开一片新的天地。面对新的环境、新的领域，李琦同志开始了新的探索。20年后，他80岁的时候，曾经对自己走过的这条路有过一个小结，他说："晚年，我意外地走上从事党的文献工作的道路。从1979年到现在，虽然深感知识不足，力不从心，但感到是一项有历史感、责任感的光荣事业，因而兢兢业业，从头做起。"

我们两人（逄先知、金冲及）和龚育之同志从80年代开始前后随李琦同志工作。在实际工作中，我们深深体会到：李琦同志身上有着一个老共产党员的那种高度的政治责任感和敏锐的政治识别力。他始终把党的文献工作看作党的整个事业的一部分。李琦同志在文献研究室工作的20年（包括他离休后继续关心并从事文献工作的那些岁月），是党的文献工作为建设有中国特色社会主义事业服务的20年，是党的文献工作紧密配合改革开放蓬勃发展的20年，是宣传马克思主义、毛泽东思想、邓小平理论的20年，是不断开拓进取的20年。中央文献研究室这20年的发展和取得的成就，浸透了李琦同志的心血。

1980年到1982年党的十二大召开之前，是中央文献研究室的创建时期。

李琦同志长期在中央工作，对老一辈中央领导人的思想和业绩十分熟悉。他协助乔木同志，使中央文献研究室在"毛编办"的基础上实现了工作上的重要转变：从原先只编辑毛泽东著作到系统编辑毛泽东、周恩来、刘少奇、朱德、任弼时、邓小平、陈云等老一辈革命家著作的转变。1980年12月，中央文献研究室出版了《周恩来选集》上卷。对这项新的工作，李琦同志以高度的责任心，全身心地投入，具体主持这本《选集》编辑工作的全过程，取得了经验。随后，又开始从事《刘少奇选集》《朱德选集》《任弼时选集》《邓小平文选》《陈云文选》等的编辑工作，形成党和国家主要领导人著作集系列。这是十一届三中全会以后党的文献工作取得的突破性成果。与此同时，又着手对毛泽东、周恩来、刘少奇、朱德、任弼时、邓小平、陈云等老一辈革命家生平和思想的研究做准备。在这个时期，乔木同志和李琦同志十分重视发挥中央文献研究室在思想理论战线上的重要作用，为中央、为现实服务的重要作用。为配合全党学习十一届三中全会路线，统一全党思想，他们组织编辑出版了《三中全会以来重要文献汇编》和《三中全会以来重要文献选编》。这两部书的编辑出版产生了重大的社会影响，并为此后编辑出版新时期文献集系列探出了路子。

1982年到1991年，是李琦同志担任中央文献研究室主任、全面主持室工作的10年。这个时期，在李琦同志直接领导下，中央文献研究室的编辑和研究工作全面发展；干部队伍进一步充实，不少骨干力量是他一个一个挑选并调入的，对青年干部的培养他更以极大的热情花费了很多心血；组织机构进一步健全，党的思想政治工作得到加强；机关管理工作有明显改进，各种规章制度基本建立起来。概括地说，这个时期是中央文献研究室的工作全面开展的时期。文献研究室工作的基本格局大体上就在这时奠定下来。

1982年9月，党召开第十二次全国代表大会，提出了建设有中国特色社会主义的主题和全面开展社会主义现代化建设新局面的任务。作为中央文献研究室主任，李琦同志领导室委会担负的最重要任务，就是根据党中央的要求，适应形势发展的需要，编辑《邓小平文选（1975—1982）》和《邓小平文选（1938—1965）》。《邓小平文选》是在邓小平同志直接指导下编辑并由他本人定稿的。

这期间，在李琦同志关怀指导下，编辑出版了一批毛泽东、周恩来、刘少奇、朱德、任弼时的著作。其中包括《毛泽东著作选读》、《朱德选集》、《周恩来选集》下卷、《刘少奇选集》下卷、《任弼时选集》等，以及有关周恩来、刘少奇的多部专题文集。还有由他担任主编的大型画册《邓小平》等。

这一时期还推出了一批研究毛泽东等党和国家主要领导人生平和思想的成果，包括传记和年谱。

李琦同志鼓励大家做好编辑工作的同时，十分重视研究工作。1983年，他在全国宣传工作会议的发言中说："中央文献研究室是党中央的一个工作机关，但工作带有很大的研究性质。它不同于一般行政机关，实际上是理论研究机构。尽管我们在研究工作方面做得还很不够，却是坚定地朝着这个方向努力的。"在他担任主任期间确定的编研并重的工作方针，一直是文献研究室工作遵循的一个重要方针。

这一时期，李琦同志在年满 73 岁以后不再担任室领导的职务，但作为中央文献研究室的顾问，仍不顾年高多病，继续关心着党的文献编辑与研究事业。他经常亲自组织讨论和审阅稿件，主持和参加有关纪念活动，积极宣传毛泽东思想、邓小平理论，宣传党的基本路线，弘扬老一辈革命家的优良传统和作风。

李琦同志入党 60 多年，是中共第十二次、十三次全国代表大会代表，第五届全国政协常委会委员，第六、第七届全国人大常委会委员，在长期革命生涯中积累了丰富的政治经验。他经常同我们用谈心的方式谈大局，谈形势，谈当前值得注意的动向，帮助我们在面对复杂纷繁的局势时，保持清醒的头脑和坚定正确的政治方向，指出这是做好我们各项工作中最根本的一条。

李琦同志有着很强的组织能力。他对各个时期的主要工作抓得很紧很细，一直抓到底；又不忽视面上的其他工作，能像毛泽东同志所说那样会"弹钢琴"，使全盘工作始终有条不紊地进行。他的办公桌上经常放着一张纸，列出十几件要办的事或要解决的问题，办完一件就划掉一件，做到件件有着落。这是很少见的，也是他工作中高度责任心的表现。

生活上，李琦同志始终保持着一个老共产党员的本色，艰苦朴素，廉洁自律。他在担任中央文献研究室主任期间，到食堂用膳，总是和全室员工一起排队买饭，有时就穿了件汗衫去排队。他的这种作风，对中央文献研究室产生了长远的影响。

由于长期劳累，李琦同志身体一直不太好，患有多种疾病。1984年，他的脑血管病发作，出现轻度偏瘫，能否恢复正常工作和生活是一个很大的问题。李琦同志抱着革命乐观主义精神，同疾病斗争。此后，高血压病、心脏病一直伴随他。他在继续坚持工作的同时，也认真思考身后事。他从1994年开始，多次写信给机关党组织或有关同志，信中说："我有一个心愿，一旦逝世，千万不要举行遗体告别等活动，可由家属送去火化，然后找一海葬经营单位，把骨灰投入海中。"表现出一个老共产党员的崇高思想境界。

李琦同志说过："我做的有益于人民的事，自然会留在人间。"事实确实是这样，李琦同志虽然离开我们3年了，但他为党为人民为革命事业所做的贡献，永远铭记在我们心里。

# 忆胡绳同志[*]

## 一

新华社播发的《胡绳同志生平》中使用了"少年早慧"四个字，这是很少见的。

这四个字用在胡绳同志身上十分贴切。今年春节，我到他家去。他的秘书也是儿媳的黎钢在座，说到她陪胡绳去看望夏衍时，一进门，夏衍就说："神童来了。"黎钢说：我这才知道夏衍同志他们把胡老称作"神童"。夏衍和胡绳 20 世纪 30 年代中期都在上海从事左翼文化活动，但两人年龄相差十八岁，所以夏衍完全有资格把胡绳称作"神童"。"神童"，我想也是"少年早慧"的意思。

我听胡绳讲过他早年的事情：他的父亲是个半新半旧的师范毕业生。胡绳入学前，父亲教过他两年，读的是古文和唐诗，也教过一点算术。他七岁半进小学，一进去就上五年级。九岁半进初中，因为年龄太小，功课赶不上，第一年留级，所以初中读了四年。高中先在苏州中学读了两年，以后从上海的复旦中学毕业，那

---

[*] 这是胡绳同志逝世后不久写的一篇怀念他的文章、原载《党的文献》2001 年第 1 期。文章中有一句："1991 年，我随他在玉泉山修改《中国共产党的七十年》。这件事我准备另写文章来谈。"龚育之同志看后对我说："我等着看你这篇文章呢"。现在，龚育之同志逝世也已经七年多了。整理出一本《一本书的历史：胡乔木、胡绳谈〈中国共产党的七十年〉》，也算是还了一笔欠下十几年的账。

是1934年的事。考大学的时候,报考的是北京大学历史系,结果被哲学系录取,和任继愈是同班同学。他记得的同学还有历史系的刘导生、中文系的扬帆等。读了一年,觉得在学校里读书没有多大意思,1935年上半年学校里的政治空气也比较沉闷,就离开了,回到了上海自己看书和写文章。但在北大这一年对他并不是白费,还是听了一些课,如听郑昕教授讲逻辑,在逻辑推论的严格性上学到了东西。也听过汤用彤教授的《哲学概论》和张颐教授的《西洋哲学史》。胡绳把这些归结起来说,他从1925年至1935年共受了十年的正规教育,在语文、历史、地理等文化知识方面打下了一点基础。复旦中学的数学、物理、化学课本都是英文的,还可以对付。北大用英文的哲学史课本,也读得下去。如果没有这点基础,以后自己学习也会很困难,所以经过正规教育还是很重要的。

离开学校后,他一面自己读书,一面在报刊上发表些文章,收入可以维持最简单的生活。我曾问他写的第一本书是什么?他说:是生活书店"青年自学丛书"中的《新哲学的人生观》。我后来从图书馆中找到这本书,版权页上写着:1937年1月初版,7月第四版。这说明:第一,这本书正式出版的那个月他刚好满十九周岁,那么,他写作这本书的时候还只有十八岁多一点;第二,出版后,不到半年时间内接连出版了四版,可见这本书很受读者欢迎,谁知道它的作者竟是一个十几岁的年轻人呢。

这时,抗日战争全面爆发了。他从上海到武汉参加抗日救亡的文化工作,在社会上已很有些名气。我听前辈经济史家汪敬虞教授说:"我第一次见到胡绳同志在1938年。那时我还是武汉大学的学生,学校请一些名流学者来做报告,里面就有胡绳同志。后来我才知道,他比我还小一岁。"写到这里,我又想起一件事:"文化大革命"期间,日本的小野信尔和狭间直树两位教授到中国来,说他们正在把胡绳的《帝国主义与中国政治》译成日文。那时接待的人粗暴地说:"胡绳是反马克思主义的。"他们回答:"我们认为他是马克思主义的。"当时没有什么当代人名辞典之类的工具书可查。日文译本出版时,译者在后记中说了一句:作者现在七十多岁。事实上,胡绳那时还只有五十多岁。造成这个失误的原因大概是:胡绳享有盛名已有三十多年,国外的学者就以为他总得有七十多岁了,没想到他还那么年轻。这也可以为他"少年早慧"添一条注脚吧!

## 二

龚育之同志在《初读胡绳》的题目下写道:"54年前初读胡绳,我还是个中学生。"这几句话,我似乎可以照样借用。像我们这样年龄的从事社会科学工作的知识分子,在青年时代大概多少都受到过胡绳的影响,从他那里得到过教益。

《二千年间》这本书我在五十多年前也读过。它能把两千年间中国古代社会中许多基本问题,如官僚制度、军队制度的变迁等,一个一个说得那样深入浅出,一目了然,使我为之倾倒。但我不是从《中学生》杂志上读的,看的是"开明青年丛书",那本书的封面样子我也记得。书的作者,我那时同样不知道是胡绳,只知道是"蒲韧"。

他的《辩证法唯物论入门》,我是1947年刚进大学时读的,大概也是生活书店"青年自学丛书"中的一种。这本书并不厚,但里面举的例子,有的我现在还记得。

他在解放前的著作中,对我影响最大的是《帝国主义与中国政治》。这本书是他二十八九岁时写的，我读过好几遍。每读一遍，常觉得又能从中得到以前没有注意到的新的启示。应该说，能使人有这样感觉的书并不多。1953年起，我在复旦大学开始教"中国近代史"这门课。当时史学界还存有一种偏见，似乎研究中国近代史算不上是一门"学问"，所以可供利用的研究成果不多。胡绳这本书和范文澜的《中国近代史》便成了我讲课的基本依据。可以说，解放后大学里较早地从事中国近代史教学的那一代史学工作者，大体上都是这样成长起来的。龚育之的文章里还有这样一段话："提起《帝国主义与中国政治》这样的书来，至今有人还称赞不已。这本书，尽管在史料的运用上限于当时的条件不能不显得粗简了一点，但其史识的清晰、史笔的流畅，不说无与伦比，也要说是成就很高。后来，胡绳写了《从鸦片战争到五四运动》，其篇幅和内容、史料和分析，都已大大超过《帝国主义与中国政治》，但后者还是不能代替前者。金冲及同志同我说，他很重视后者，但更喜爱前者。这个观感，不知道金同胡绳讲过没有，恐怕胡绳也会同意的吧。"

这些话，我确实同胡绳说过，话讲得还要重一些，因为在他面前我一向觉得无论有什么不同意见都可以直说，用不着有任何顾虑。我讲了以后，他没有说什么。但我同意龚的说法，认为"恐怕胡绳也会同意的"。1981年我随胡绳出国参加一次国际学术讨论会时，他对几位日本朋友说过："我在《帝国主义与中国政治》第六版序言中有一段话：'这本书难免带有一个青年写作者的弱点。'书一出来，我就后悔了：别人可以问，你现在不是青年了，这些弱点自然该都避免了？是的，青年人的弱点我是避免了一些，但又带来了老年人的弱点。"这段话给我的印象很深，可以看到一位大师是怎样永远不倦地不断反省自己的。

## 三

胡绳同志在学风上有自己的特点。除了他在《胡绳全书》前言中所说"无一篇不是和当时的政治相关"外，有两点给我的印象特别深，那就是知识渊博和说理性强。

胡绳曾把胡乔木称为"百科全书式的马克思主义学者"，并且说"这样的学者至少在我们党内是不多见的"。这些话同样可以移在他的身上。作为一个马克思主义学者，无论对文、史、哲、经等各门学科都拿得起来，提出很有见地的看法，这样的人确实"不多见"，可能一时还很难有人能替代他的这种作用。

为什么他能做到这样？这同他的博览群书而又好学深思有关。对读书，他主张专和精要结合。他说过：我是能快读的，一小时看一万字总不止，《第三帝国的兴亡》那样的书，一小时可以读五万字。读多了，知道有些书不需要每字每句看，跳着看也可以。就是经典作家的著作，也不需要每篇都当经典读，很多可以浏览过去，有个印象就可以。真正要精读的书，最多占四分之一。他说，要争取读得多，品种多，特别是年轻时，看一下总有些印象。他有一句话，我一直忘不了，就是："眼睛里曾经过过的，和没有过过的大不一样。"这一点，在记忆力比较好的年轻时期，尤其如此。

他的文章说理性强，表现在对人和事总是做具体分析，说得比较周全，不简单化和绝对化，就是写批评文章也心平气和，不是盛气凌人。有一次，他讲到钱锺书教授曾用佛经中一句话来评论他的文章："有理不在高声。"也就是说，在辩论中，重要的是把道理讲透，而不在于把嗓门提得多高。这种文风的养成，当然跟他年轻时长期在国民党统治区的报刊上写文章有关。在那样的环境下，如果不注意分析问题的方法，而是盛气凌人地训人，根本不会被读者所接受；在说理时，也不能简单地给人家戴什么"反马克思主义"的帽子，而要通过具体分析，把道理讲透，指出那种说法在哪些地方不符合事实，错误的要点在哪里，否则一般读者仍然不会接受。胡绳的这种文风，对我们来说，是一笔值得珍视的精神遗产。

对社会上不那么好的文风，胡绳在闲谈中常有许多一针见血的评论。记得十几年前，党史界曾有两种相当流行的风气：一种是靠抛别人难以见过的资料取胜，似乎文章水平的高低就靠它来判断；另一种是过分地把精力集中在考订一些未必都那么重要的日期和名单等细节上。有一次，我随胡绳出去开会，他在车上就发起议论来。对前一种现象，他说：什么是水平？拿烧菜做比喻，同样靠这些原材料，特级厨师和一般家庭妇女做出来的菜大不一样，这才叫水平；如果只是你有这种原材料，他却没有，这怎么算是你的水平呢？对后一种现象，他当然肯定把一些关键性的日期和名单考订清楚是重要的，但认为不能把许多的精力集中在这类考订上。他说：党史的资料实在太多了，所以这类考订文章可以一篇又一篇地做。对古代史就没法这样，例如《史记》中没有说鸿门宴的具体日期，也并不妨碍我们对这个历史事件的认识。当然，这是他在聊天中讲到的，并没有字斟句酌地去推敲，也没有做严密的论证，但确实很能发人深思。

那时候还有一种风气，就是爱做各式各样的翻案文章，认为这才是学术上的创新，才是有所突破。总的说，这是一种好现象。有些传统说法不符合客观实际，自然得改正过来，在着重拨乱反正的当时尤其需要如此。但有一些文章，对前人的研究成果采取轻率的毫不尊重的态度，甚至用一种片面性反对另一种片面性，从一个极端走向另一个极端，这也并不符合历史研究应该求真的要求。胡绳有一次感叹地说：我们应该把继承和创新联系起来。突破可不是简单的事情，也不是每篇文章都能做到的。我们研究一个问题，必须注意到在这个问题上前人说过什么，有些什么正确的意见。随便做翻案文章，未必能创造出新的东西来。对一个正确的、大家承认的观点，如果能做些超过前人的发挥，说得更清楚些，这也是一种创造性。我觉得他的这种看法比较全面。1982年10月，我在《光明日报》上写过一篇《从做翻案文章说起》，就是受到胡绳同志那段话的启发而写的。

这类议论，他平时讲过很多，可惜我没有把它一一记下来。

## 四

最后，讲一点胡绳同志怎样帮我改文章。这里只举两件事来讲：

一件是80年代后期，我担任主编的《周恩来传（1898—1949）》印出送审稿，共四本。他认真地看了三本，提出不少重要的意见。今年6月，他从外地回北京，我去看他时谈到这件事。他笑着说：我现在只记得看的时候删掉几十个"了"字，别的都已忘掉。他所说的这一点，我一直记得很清楚。当时，他对我说："了"字是表示过去或完成式，我们写的本来是早已成为过去的历史，除了特别需要强调的地方外，实在不需要用那么多"了"字，比如什么时候召开了什么会议，会议通过了什么决议，等等，这些"了"字几乎都可以去掉。确实，回头重新读读他删过的地方，就会感觉到文字干净得多。

另一件事是1991年，我随他去玉泉山修改《中国共产党的七十年》。这件事我准备另写文章来谈，现在只想先讲讲他帮助我改文章的事。我原来自以为还比较注意"咬文嚼字"，但在书稿的头两页上，他就提出三条意见，都是文字性的，也就是我文字不通的地方。

第一页上，我原来写着："七十年来，为着民族的解放和人民的幸福，中国共产党领导中国人民进行了长时期的不屈不挠的斗争。"胡绳除了将"为着民族的解放和人民的幸福"改为"为着民族解放、社会进步和人民幸福"，把"领导"改为"团结广大的"以外，在稿旁批道："七十年来，长时期的，重复"，再把"进行了长时期的不屈不挠的斗争"改为"持续不断地不屈不挠地进行斗争"。我原来没有觉得这里有什么毛病，读他的批语后，再想一想，"七十年来，……进行了长时期的……斗争"是同义反复，句子确实很糟。

同一页的下一段，我原来写着："无论在革命时期还是建设时期，中国共产党人创造过曾使举世（为）之震惊的人间奇迹，也面对过许多棘手的难题，受到过严重挫折，但不管什么困难和挫折，都无法阻挡它的前进。"他除了把"无法阻挡"改为"阻挡不了"外，在稿旁批道："它——应是指党。"自己再一看，前面写了"共产党人"，后面用了"它"，主词和代名词不搭配，成了文字不通，连忙把那个"人"字删掉。

第二页稿纸上，我原来写着："辛亥革命前统治着中国的清皇朝是一个卖国的、专制的、极端腐败而深受人民痛恨的政权。"胡绳一面看，一面对我说："辛亥革命前统治中国的清皇朝"，就该包括康、雍、乾时期，对那个时期总不能说它是卖国的、极端腐败的吧！只能说到它的晚期如何如何。他接着又说，但专制这一点，不能说到晚期才有的。于是，他提起笔来，把这一段改写成："封建专制主义的清皇朝统治中国已有二百年，在面临外国帝国主义侵略的严重形势下，不能采取任何有效的自强措施，反而压制任何使中国政治和社会有所进步的趋势，完全顺从帝国主义的意愿，听任它们宰割中国。清皇朝的末期已成为一个卖国的、极端腐败的、扼杀中国的生机因而深受人民痛恨的政权。"后来，他又删掉了第一个"任何"，把第二个"任何"改为"一切"，再删掉下一句中的"完全"，避免把问题说得绝对化。我真从内心佩服他看得细、改得好。而经他改过的文字，如果我们觉得有什么不妥当的地方，也可以提出来请他再做修改。只要你说得有道理，他总是能接受。

当然，这并不是说他在修改文稿时只注意文字问题，他的主要用力所在，始终在全书的指导思想、基本思路和框架以及一些重要问题的论述上。这里把他所做的这些细小的修改写出来，主要是想说明像他这样的大师在审改稿件时对一些文字细节也绝不轻易放过。这种对工作一丝不苟、极端认真负责的态度，实在值得我们很好地学习。

附 录

# 《胡绳文集》的几个特点*

记得在多年前，一位熟悉的数学家曾对我说，他读别人的数学论文时，主要的注意点不在论文中的具体论断，而在作者是怎样提出问题、一步步进行分析演算和得出结论的。最近在读《胡绳文集（1979—1994）》时，我产生了同样的感觉。书中对历史和现实问题的种种论断固然给我许多启示，而更有吸引力的是贯穿在全书中的那种观察和分析问题的方法。

一翻开这部书，给人的突出感觉是强烈的时代感。作者在谈到他青年时代的文集时说：在实际生活中，"许多现象使人心神不安，使人苦恼，使人激奋，需要思考，需要评论"〔《胡绳文集（1979—1994）》第538页。以下只注页码〕。他是为了这些问题而写作的。看来，这也是理解他最近出版的这部文集的一把钥匙。从1979年到1994年，中国和世界都处在迅猛而剧烈的大变动时期。无数以往没有遇到过的新问题，一下子涌到人们面前，需要加以说明。作者正是仍然倾注着他在青年时代的那种热情，拿起笔来的。书中的内容，始终同时代的脉搏跳动和人们在各个时期最关心的问题紧紧相连。中国知识分子中的一个优良传统是"天下兴亡，匹夫有责"。在这部文集中，我们处处可以感受到作者那种自觉的高度社会责

---

\* 本文系作者在《中共党史研究》编辑部召开的《胡绳文集（1979—1994）》座谈会上的发言，发表于《中共党史研究》1995年第3期。

任感和历史使命感。这正是一个真正的社会科学家所不能缺少的品质。

在这部文集中，研究历史的文章所占比重很大。作者是十分重视历史研究的。他写道："社会科学在很大程度上是历史研究，这是从广义上说的历史研究。已经发生的一切社会现象都属于历史，也都成为可以进行科学研究的对象，这也就是总结经验。"（第371页）的确，历史可以说就是集体的回忆、集体的经验。作者写了那么多历史研究的文章，但最能牵动他的心的依然是现实生活中的问题。他是为了了解现实生活中种种问题的由来，为了总结和吸取以往付出过巨大代价而换来的种种经验教训，而研究历史的。他对这一点有过明白的说明："我们研究过去常常是针对现实的，是根据现实需要研究过去。当然不可以为了现实的需要改造历史，历史是不能改造的。过去的事已经发生了，是怎样就怎样。但过去发生的事很多，究竟哪些是重要的，需要着重研究，这就要有选择。选择就要联系现实需要。"（第452页）

作者有着很强的理论思维能力，在目前社会科学界中也许很少有人可及。他的理论思维，不是只在书斋中苦思冥想得出的，而是来源于尊重客观事实，对自己所要论述的问题进行系统的观察，经过深思熟虑，力求作出符合实际的理论概括。他常能从人们都可以看到而习以为常或视作当然的地方，提出值得深思的重要问题。对这些问题，他又不是停留在就事论事的议论，更少人云亦云的套话，而是把它置于历史发展的长河中，放在广阔的社会背景下来考察，"说出一些新话"来。因此，只要细细玩味，便会发现他对许多问题的看法站得更高些，看得更深些，读后引人联想，得到可以举一反三的启发。

例如，怎样看待1956年到1966年这10年，是一个相当复杂而不容易说清楚的问题。而作者运用分析这10年党在指导思想上存在着正确与错误两种不同发展趋向的方法，对这一问题作了高度的概括（第481、482页）。这就不是只对这10年间一些具体问题作出说明，而是提出了一个前后贯通的总思路。对这个问题可以有不同的看法，但无论如何应该承认这是一种很有见地的见解。

又如为什么在革命和建设时期都产生过"左"的错误？以往有一种解释，认为中国是小资产阶级众多的国家，"左"的错误是小资产阶级思想的反映。作者则着重从人的主观认识是否符合客观实际的角度来解释。他说："站在无产阶级、马克思主义立场上的人，即使真是站稳了，还可能由于对形势的估计不准确，由于看事情在认识上有偏差，于是造成这样或那样的错误，甚至可能是严重的错误。"（第136页）我觉得，这种论断不但比较符合实际，并且更有助于人们取得恰当的教训，努力做到正确估计形势，使自己的认识能够符合不断变化着的客观实际，这样才能更好地防止"左"的错误的发生。

《文集》还有一个显著的特点，就是注意分析和说理。一位著名学者引用禅宗公案的话"有理不在高声"来赞许作者的文章（第542页）。这是很恰当的评价。作者不是像写判决词那样，老是在说"应该"怎样、"必须"怎样；也没有那种倚势压人的"教师爷"派头；而是以平等的态度同读者一起探讨问题，娓娓道来，引导读者从一步一步的分析中得出结论。作者讲道，这同他过去曾长期在国民党统治区从事理论和宣传工作有关："在国民党统治区写批判性的文章，特别是在抗日统一战线的条件下写这类文章，不能不注意到充分地讲道理。盛气凌人地骂人固然是不行的，单纯依靠引用一些马列主义的词句也是不行的。"那样,"不但根本不可能驳倒被批判者,也不能说服读者"。"这种训练对我是有好处的"(第493、494页)。这样的文风,今天仍然是需要提倡和发扬的。

道理要能说服人,前提是要符合实际。客观实际往往是复杂的,有着许多侧面而不是能一览无余的。这就需要采取分析的态度,说得恰如其分。当然,要把一个复杂的问题用简单明了的话说清楚是很不容易的。《文集》中有不少这方面的好例子。比如讲到蒋介石在抗战后期的状况时,作者指出他当时是"消极抗日,积极反共",同时仍肯定他"没有和投降日本的汪精卫集团合流,这是人民所称赞的"。不是把这时的正面战场描写成什么仗都没有好好打过,而是指出它"只是在日本侵略军发动局部进攻时才发生比较激烈的战役,国民党军队的许多官兵进行了英勇的作战,但这些战役一般都以日本停止进攻而结束"(第321页)。这类有分析的评论,显然比那些骂倒一切的写法更符合实际,更有说服力。

又如,在社会科学研究中存在把马克思主义简单化、庸俗化的倾向,这是事实。作者对产生这些现象的原因作了分析。他指出两点:一是我们从革命时期进入建设时期时,面对着怎样把马克思主义从指导革命转变到指导建设上来的问题,但这个转变没有转好,或者说没有认真地转;二是许多人有革命积极性和热情,但文化偏低,还来不及接受系统的马克思主义教育,因而很容易接受那些简单化、庸俗化的东西。因此,要克服这种倾向时,"不能用一种简单化、庸俗化来反对另一种简单化、庸俗化,不能用一种片面性来反对另一种片面性"(第341页)。这种中肯的劝告,对那些不肯认真下苦功去研究客观事实、轻率地对重大问题作出感想式断语而又十分自以为是的人,无疑是一剂良药。

当然,《文集》中涉及的问题如此广泛,对许多有争议的问题作者又鲜明地说出自己的看法,不可能一切看法都能得到所有人的同意。这是正常的现象。但不管赞成或不赞成书中某些看法的人,只要认真地读读这部书,细心地咀嚼咀嚼,我想都可以从中学到不少的东西,都会受益不浅的。

# 人物传记中的几个关系[*]

写人物传记,主体是写人,是要写出一个活生生的、有血有肉的人一生中的经历和发展过程。通过这些,读者了解他的生平业绩,看到他和其他人有所不同的特点和个性。不能写成"千人一面"。

对传记写作的基本要求:一是要脉络线索清楚,有层次,有内在的逻辑力量,讲清楚他为什么会这样一步一步发展,重要的情节不能遗漏;二是要突出重点,关键的地方要重笔写,有分析,有细节,有特写镜头,力求讲得透一些,不能平均使用力量。像一串糖葫芦那样,使读者既有整体感,觉得一目了然,又能对重要问题留下较深的印象。

为了达到这个要求,先得对传主的方方面面十分熟悉,经过反复消化理解,才能全局在胸,通盘布局,知道什么是重要的,什么是不重要的,什么得多用些笔墨来写,什么尽可能简略地谈到就可以了。

这里,有几个关系要处理好。

---

[*] 这是作者 2001 年年初在中央文献研究室一次讲话的提纲。原载《党的文献》2008 年第 3 期。

# 一、传主和背景的关系

人总是在一定的环境中生活和行动的。讲一个人，讲他一步一步的发展变化，都要把他放在比较宽广的特定背景下考察，包括当时的时代气氛，人们面对的问题和问题棘手之处，对这些问题存在什么不同看法，客观环境对传主的影响和制约，等等。这样，读起来才有立体感，才能使人理解他当时为什么会这样想和这样做，为什么能够这样想和这样做，它的高明或不足之处在哪里，传主的贡献或作用是什么。

如果是一个重要历史人物的传记，生动而细腻地刻画出时代背景的变迁和他遇到的种种问题，往往有助于读者对那段历史有更深入和亲切的理解。这是一般历史书籍所不能替代的。法国名作家巴比塞写过一本书——《从一个人看新世界》，产生过很大影响，就是一个例子。

当然，写的是人物传记而不是一般历史书籍，对背景就必须紧紧地扣住传主来写。它的主要目的是说明他是在怎样的环境下活动的，他为什么会这样想和这样做，并且对传主的刻画可以起烘云托月的作用，中国人过去把它叫作"情景交融"。这就要在背景和传主关系的研究上花很大的力气。不能简单地把别的书上对历史背景的现成叙述抄过来，这些叙述放在别人的传记中都可以，照搬那就成了无的放矢。但不管你在这方面花了多少力气，写的时候也不能过分展开，占去太多的篇幅，造成喧宾夺主，使读者看了半天还没有进入主题。

## 二、思想和行动的关系

人的行动都是由思想指导的。写人物传记要花很大的力量去弄清他是怎么想的。当他做出重要决断或发生重要变化时,更要努力弄清他是怎么思考的。一个人的思想通常有个发展过程,有时内心还存在或充满矛盾。不弄清这些,他为什么会这样行动就会变得难以理解,写出来的传记也会缺乏深度。

思想又不能和行动分开。特别是重要的政治人物,和书斋中的学者不同,不能只写他在那里思考和发议论,满篇是他认为怎样,主张怎样。还要写他是怎么做的,怎样在行动中实现他的主张,在做的中间又遇到哪些原来没有料想到的新问题,他是怎样认识和处理的。事实上,一个人的思想通常不可能一次完成,往往是在行动中不断丰富或变化的。

## 三、正确和失误的关系

写人物传记,常会对传主产生感情,甚至是深厚的感情,容易产生"为尊者讳""为亲者讳"的毛病。

正确的,自然要充分地写。事实上,一个人永远正确,从来没有失误的情况,几乎是不可能的。尤其在遇到新情况和新问题的探索过程中,失误更难完全避免。一个人的成长,既要从成功的经验中,也要从失败的教训中汲取智慧。用科学的态度来写作,对这些就不必回避。问题只是力求找出导致失误的主客观因素,从当时的历史条件或个人的某些弱点合情合理地加以说明,使人理解。这样的传记,才使人觉得真实可信,才能经得起历史的检验。

## 四、个人和集体的关系

既然是写个人传记,当然主要是写传主这个人。马克思主义从来承认个人在历史上的作用。传记自然也要写出传主个人在历史上或社会生活中的作用。

但人是社会的动物,重要历史人物总是在某一个集体中活动的,并且从集体中汲取智慧,从来没有只靠一个人单打独斗的好汉。所以,也要写他各个时期上下左右的周围那些人,他们有什么特点,对他和他所从事的事业有哪些影响。这才是活生生的历史。至于篇幅,自然只能适可而止。

## 五、性格和事件的关系

要把一个人写活,不是"千人一面",就得写出他的性格,和别人有所不同的个性,而且要通过生动的有感染力的细节把它刻画出来。

对重要的历史人物,要选择哪些生动的细节来刻画他的性格特点?首先要选择他在一些重大历史关头的表现,如沉着、冷静、机智、果断、勤奋、豁达、顾全大局、以诚待人、献身精神等等。重要历史人物之所以能成为那样的人物,首先是靠他在重大历史关头表现出这些常人难以企及的品质。这样,这个人物在读者心目中才能如实地立起来。不能只讲一些身边琐事的小故事,那就把他写低了。

当然在大的方面写出来以后,也需要尽可能写一些他与亲人、朋友、周围人员等接触的小事中展现出来的性格,使人物的刻画显得更为丰满,使人感到同他更亲近。

## 六、叙述和议论的关系

人物传记，主要是叙事体。你所要发的议论，最好是寓议论于叙述之中，使读者读了你叙述的事实以后，自己便能自然得出结论；而不是看完你叙述的事实后还不明白，需要你再发一大段议论后才能明白。议论的文字不是不要，可以用夹叙夹议的方式，在关键处或者需要特别引起读者注意处，画龙点睛地说几句，起到"提神"的作用。如果要发大段的议论，在写"评传"这类书时是可以的，在一般的人物传记中并不适宜。

写人物传记时常常会遇到一些比较棘手的难题。研究工作者的任务，本来是要为这些难题找出答案。但常常有这种情况：对某些问题，写作者自己也没有把握做出判断，而叙述传主的一生时这些事又不能不讲到。在这种情况下，也可以述而不论，把事实交代清楚，让读者从这些事实中做出各自的判断。不要以为自己对什么事情都能做出正确的结论。

写人物传记中遇到的关系问题绝不止这六个。但这六个关系常常会遇到，需要很用心地去处理。

# 新中国初期的毛泽东和周恩来[*]

毛泽东和周恩来，这两个人是不可分离的。

在中国近现代历史上，常常有两人并称的例子。比如太平天国的洪杨（洪秀全、杨秀清），戊戌维新运动的康梁（康有为、梁启超），辛亥革命时期的孙黄（孙中山、黄兴），中国共产党建党前后的"南陈北李"（陈独秀、李大钊）等。两个人中总有一个是主要的，另一个也起着别人难以替代的作用。他们往往相互依存和相互补充，共同把事业推向前进。

中国共产党第一代领导集体中，虽然没有"毛周"这样的提法，但两人的密切关系是有目共睹的。两人中，毛泽东当然起着主导的作用。邓小平说，没有毛主席，也许我们至今还在黑暗中摸索。同样，如果没有毛泽东，周恩来也不能成为今天我们看到的周恩来。而对毛泽东来说，他最离不开的人是周恩来，这也是事实。

尼克松曾说，毛泽东是拿主意决定大事的人，周恩来是负责执行的。一般地讲，这话不无道理。毛泽东确实是更多地在统筹全局，把握大的方向，拿大主意。周恩来更多的是周密细致地负责执行和落实。但这只是相对地说的。毛泽东并不是只拿大主意而对具体工作不过问。相反，对他认为在全局具有决定意义的关键性环

---

[*] 本文作者是2007年6月在法国巴黎举行的"历史的对象——毛泽东"国际学术研讨会上的发言。后发表于《党的文献》2007年第5期。

节，他总是抓得很紧很细，一直抓到底，抓出结果来。而周恩来也绝不是一个只能起执行作用的人。他同样是一个战略家，有着重大决策的能力。毛泽东的重大决策，很多是周恩来共同参与商议的，而且在执行过程中经常会遇到许多新的或原来没有料想到的问题，需要果断地作出决策。没有这种能力，也谈不上成为一个好的执行者。

毛泽东和周恩来1924年在广州相识并共事，到1976年相继逝世，前后超过半个世纪，跨度很长，中间经历的重大历史事件又太多。研讨会组织者要求我把讨论的范围放在20世纪50年代，我想也就是指中华人民共和国成立初期。

一

中华人民共和国的成立，在中国历史上不是一般的政权更替，而是一场前所未有的深刻的社会大变革。怎样建立一个新国家和新社会，没有任何书本理论或现成经验可以照搬。中国有句老话："万事开头难。"如果开局时有什么偏差，就会产生严重的后果，以后要纠正起来很困难。

毛泽东很早就开始考虑这个问题。他在《新民主主义论》《论联合政府》《目前形势和我们的任务》《论人民民主专政》等一系列论著以及1948年9月政治局会议上的讲话、中共七届二中全会上的报告中，对新民主主义政治、经济、文化的指导原则都作了系统的阐述。新中国成立前夜，对中国这个统一的多民族国家，又明确提出应当实行民族区域自治制度，而不是建立联邦国家。

周恩来在新中国成立前的人民政治协商会议期间，担负起主持起草《共同纲领》这一历史重任。为了起草《共同纲领》，周恩来在中南海勤政殿"关"了一个星期左右，亲自执笔，写出全文，以后经过多次反复讨论和修改，广泛吸收各方面的意见，最后经政协全体会议通过。这个《共同纲领》对新中国的国家性质、人民的基本权利和义务、政权机关、军事制度、经济政策、文化教育政策、民族政策、外交政策，都以明确而概括的语言规定下来，并经过充分协商成为各党派、各人民团体和各界人民的共识，使新中国的起步在各方面都有章可循，起着临时宪法的作用。

新中国一成立，在国家政权中，毛泽东是中央人民政府主席，周恩来是政务院总理；在共产党内，毛泽东是中央委员会主席，周恩来是五个书记之一，以后是副主席；在军队内，毛泽东是中央军委主席，周恩来是副主席。从各方面来说，毛泽东当然是拿大主意的人。他统筹全局，并且集中主要力量来抓他认为最重要的事情。周恩来是日理万机的当家人，国家哪一方面的重要事情都要管。用薄一波的一句话来说：总理嘛，就是要总理一切。

周恩来有几个别人难以相比的优点。第一，在长达几十年的异常丰富的复杂经历中，他对政治、经济、军事、文化、外交等方方面面的工作都熟悉，都拿得起来。这样的人才是很少有的。1949年初，苏联的米高扬到中共中央所在地西柏坡，当谈到新中国政府时说：你们不是有个现成的总理在那里吗？

第二，周恩来的工作作风历来细致周到，办事入情入理，稳妥可靠，并且始终全身心地投入。郭沫若曾这样赞叹他："我对于周公向来是心悦诚服的。他思考事物的周密有如水银泻地，处理问题的敏捷有如电火行空，而他一切都以献身的精神应付，就好像永不疲劳。他可以几天几夜不眠不休，你看他似乎疲劳了，然而一和工作接触，他的全部身心便和上了发条的一样，有条有理地又发挥着规律性的紧张，发出和谐而有力的律吕。"他短时间内所做的工作，别人往往要花很长时间也做不完。他工作时间之长，他精力充沛地处理各种复杂问题的能力，很少有人能同他比拟。

第三，他连续近50年在中国共产党的最高领导机构担任负责工作，对党的干部十分熟悉。他长期在国民党统治区工作，对党外的民主人士和知识分子相知很深。他待人诚恳、谦虚、宽厚，处处替别人着想，因此能得人心，能够团结方方面面的人为共同事业而奋斗。

这几点只是举例。从这里也可以看出为什么毛泽东最离不开的人是周恩来。

新中国成立后一年，抗美援朝战争发生了。人们讲到抗美援朝，在领导人中，首先会想到毛泽东，其次是彭德怀；但很少人知道周恩来在这方面的贡献和作用。

抗美援朝的大主意，当然是毛泽东作出决断的。战争初期的几次战役，他也指导得十分具体。在前方直接指挥作战的，是彭德怀。人们首先想到他们是很自然的。

周恩来呢？

拿指挥作战来说，周恩来当时是主持日常工作的军委副主席（朱德年纪大了，彭德怀在前方，刘少奇主要不负责这方面的工作），是毛泽东在军事方面的主要助手。这场战争，同中国人民解放军以往经历的任何一次战争都不同。这种仗应该怎么打？周恩来每天晚上到总参谋部作战室听取汇报。他对战场上的双方情况，特别是志愿军方面包括团一级单位的状况，了如指掌。对哪个部队正在哪个村庄、哪个山头，都很清楚。志愿军司令部每天的报告要中央指示，在第一线处理的就是周恩来，大事小事都问他。重大的问题，他准备意见后再向毛泽东报告请示。直到1952年7月，彭德怀从朝鲜回国，中央军委的日常工作才改由彭德怀主持。

在抗美援朝战争中，后勤保障是一个极其突出的问题。和国内战争不同，几十万军队在朝鲜前线，从兵员补给到所需的武器、弹药、粮食、被服、药品、医疗器材、生活用品等等，主要都得靠中国后方供应，而且不能有任何间断。新中国成立伊始，许多不可缺少的条件却没有完全具备。这是多么艰巨而繁重的任务！有了东西，又有个如何运送到前方去的问题。这在美军控制制空权，不断密集轰炸、扫射、投掷大量定时炸弹和三角钉等来阻断交通线的情况下，更是何等困难！聂荣臻说："整个后勤工作，当时都是在周恩来同志的领导关怀下进行的。这方面的事情，我几乎每件事都向他请示。他抓得很细。"

1951年7月，朝鲜停战谈判开始。谈判进行了两年。中方前去参加谈判的是李克农和乔冠华。随着边打边谈局面的出现，周恩来就担负起这双重任务。他总是通宵达旦地工作，常常前半夜处理战场上的问题，后半夜处理谈判中的问题。谈判代表团每天都要发来电报，报告当天的谈判情况、美方动向、外国记者反映、代表团的意见。毛泽东只在谈判的开头、谈判过程中的一些重大关节上，亲自起草电报，进行具体指导。而大量问题都是由周恩来直接处理，特别重要的问题，往往由他提出意见，请毛泽东决定。当谈判进入紧张阶段时，代表团除书面报告外，每天都要在周恩来清晨临睡前用电话向他报告一次。现在保存下来的周恩来起草的电报手稿有一百多件。这些电报，都是以毛泽东的名义发给金日成和彭德怀、李克农的。谈判桌上，斗争十分复杂，情况千变万化。事情紧急，前方来电必须及时回复。周恩来能以惊人的速度，一气呵成地写出上千字、几千字的回电，毛泽东看过，几乎一字不改就发出去了。两人之间何等默契。周恩来工作勤奋、思维敏捷、办事周详的作风和卓越的谈判艺术，跃然纸上。

在整个抗美援朝过程中，周恩来担负的工作量是令人难以置信的。何况他是政务院总理，国内的大量政务同样需要他来处理。1951年夏天，他病倒了，遵照毛泽东的建议和政治局的决定，到大连休养了一个多月，这在他一生中是极少有的。

再如第一个五年计划的制订。

这是中国大规模经济建设的开始，过去对编制长期经济发展计划几乎没有经验可言，所需的资料也不齐全。困难可想而知。

当时，先在陈云主持下，由各财经部门分别搞出五年期间工作的初步设想材料。这是计划编制工作的重要基础，但还缺少一个整体性的考虑。

1952年7月初，周恩来写信给毛泽东并刘少奇等，提出："在七月份我拟将工作重心放在研究五年计划和外交工作方面。""对五年计划，当着重于综合工作，俾能向中央提出全盘意见，并准备交涉材料。"这里讲的"交涉材料"，是指同苏联谈判的材料。经过一个月左右的紧张工作，周恩来执笔写成《三年来中国国内主要情况的报告》，并提出五年计划的方针和任务。在此基础上，由他主持在8月中旬写成《中国经济状况和五年建设的任务》，对五年建设方针的各项主要指标作了详细的阐述。8月15日，周恩来率领中国政府代表团（成员有陈云、李富春等）访问苏联，同斯大林和苏共中央交换意见，并商谈要求苏联给予援助的有关问题。

当五年建设的大政方针确定后，第一个五年计划的具体编制工作在陈云、李富春主持下进行。计划草案初稿，又经毛泽东、刘少奇、周恩来、李富春等于1954年11月在广州用20来天时间仔细地审核修改。第二年，在第一届全国人民代表大会第二次会议上正式通过。

至于在有些领域内，特别是外交工作方面，周恩来不仅是执行者，而且是许多重大决策的提出者，如和平共处五项原则的提出以及在日内瓦会议和万隆会议上的临机决断等。这些事情，大家都很熟悉，就不多说了。

## 二

当然，毛泽东和周恩来之间，不可能对任何问题的想法都一模一样。特别是，当中国开始进行社会主义现代化建设时，在如此复杂而又缺乏经验的问题面前，两人在有些问题上表现出有差异，甚至有分歧，那是很正常的。这种状况，在20世纪50年代表现得也比较明显。

总体来说，毛泽东无论在政治视野和战略眼光上，还是驾驭全局的能力上，都要高于周恩来。这是不争的事实，也是周恩来所以衷心钦佩并服从毛泽东的原因所在。但周恩来的周密和稳健，有时对毛泽东起着重要的补充作用。他们两人由于所处地位和工作岗位不同，看问题的角度、注意力的侧重点，有时也会有所不同。还有一点不可忽视，周恩来青年时代曾长时间地生活在日本、法国、德国等现代化程度较高的发达国家，新中国成立后他出国访问和参加会议的时间也比较多；而毛泽东除两次去苏联外，没有离开过中国。两人的认识，总是多少会受到自己经验的影响，这也是构成他们认识上有时产生某些差异以至分歧的一个因素。

先说差异。

1956年是中国社会主义现代化建设中的重要一年。这一年，第一个五年计划即将胜利完成，而苏联模式在发展中已暴露出不少问题，中国领导人正在考虑如何根据中国的实际情况，走一条自己的路。这一年，毛泽东发表了《论十大关系》这篇重要著作，并成为同年召开的中共八大的基调；周恩来作了《关于知识分子问题的报告》。

毛泽东在《论十大关系》中说："提出这十个问题，都是围绕着一个基本方针，就是要把国内外一切积极因素调动起来，为社会主义事业服务。"他的着重点在调整各种关系，把一切积极因素全部调动起来，把中国建设成为一个强大的社会主义国家。

周恩来在《关于知识分子问题的报告》中强调："我们所以要建设社会主义经济，归根结底，是为了最大限度地满足整个社会经常增长的物质和文化的需要，而为了达到这个目的，就必须不断地发展社会生产力，不断地提高劳动生产率，就必须在高度技术的基础上，使社会主义生产不断地增长，不断地完善。因此，在社会主义时代，比以前任何时代都更加需要充分地提高生产技术，更加需要充分发展科学和利用科学知识。"他在这个报告中又说："现代科学技术正在一日千里地突飞猛进"，"各个生产部门的生产技术和工艺规程，正在日新月异地变革"；"我想在这里稍微多说一点科学方面的事情，这不但因为科学是关系我们的国防、经济和文化各方面的有决定性的因素，而且因为世界科学在最近二三十年中，有了特别巨大和迅速的进步，这些进步把我们抛在科学发展的后边很远"。

以后，他在1963年的一次讲话中又说："把我国建设成为一个社会主义强国，关键在于实现科学技术的现代化。"

比较一下，不难看出两人在如何实现社会主义现代化的目标上，在大的方面一致的同时，着重关注和强调的地方又有着微妙的差异。

但这里说的还只是差异，而没有说分歧。周恩来也强调要处理好各种关系，要充分发挥群众的积极性和创造性。同样，毛泽东也重视发展科学技术，提出技术革命的问题，而实现工业化是他终生追求的目标。但他认为，只有解决好生产关系问题，才能达到这个目标，因而他的侧重点往往放在这一方面。在这个问题上，他们两人在侧重点上有微妙的差异，但并没有发生不同意见的争论。

明显的分歧表现在 1956 年至 1958 年的"反冒进"问题上。

1956 年初，毛泽东提出在经济发展中"反对右倾保守主义"。2月8日，周恩来在国务院一次全体会议上说："各部门订计划，不管是十二年远景计划，还是今明两年的年度计划，都要实事求是。当然反对右倾保守是主要的，对群众的积极性不能泼冷水，但领导的头脑发热了的，用冷水洗一洗，可能会清醒些。"

在这年 11 月的中共八届二中全会上，周恩来在关于 1957 年国民经济计划的报告中说："过去设想的远景规划，发展速度是不是可以放慢一点？经过八大前后的研究，我们觉得可以放慢一点。""因为我们缺乏经验和知识，是在不断发现错误、修正错误的过程中前进的。一九五三年小冒了一下，今年就大冒了一下。"毛泽东显然不高兴了。五天后，他在同一个会上说："要保护干部同人民的积极性，不要在他们头上泼冷水。我们曾经泼过冷水，在农业社会主义改造问题上泼过冷水，不也是促退吗？那个时候我们有个促退委员会。后头我们说不应该泼冷水，就来一个促进会。本来安排的是十八年，一个促进就很快。"但他还比较克制，没有对谁提出批评。

1957年10月，毛泽东在中共八届三中全会上更尖锐地提出：去年这一年扫掉了几个东西，一个是多快好省扫掉了，不要多了，也不要快了，"有些同志叫冒了"；另外两个东西是指《全国农业发展纲要》和促进委员会。但他还没有对批评对象点名。

1958年1月的南宁会议上，毛泽东一开始就说："不要提反冒进这个名词——这是政治问题。""最怕的是六亿人民没有劲，抬不起头来就很不好。"他当众对周恩来说："你不是反冒进吗？我是反反冒进的。"周恩来在会上作了检讨。3月的成都会议上，毛泽东再次批评说：反冒进是个方针问题，南宁会议谈了这个问题，谈清楚的目的是使大家有共同语言，好做工作。周恩来再次作了检讨，主动承担了反冒进的责任。5月的中共八大二次会议上，周恩来和陈云又就反冒进问题在大会上作了检讨。

为什么周恩来和陈云会作检讨？这不能简单地用政治压力等因素来解释。周恩来和陈云主管国家的财政经济工作，在实际工作中确实看到存在着冒进的事实。但那时中国领导人对大规模经济建设还缺少经验，又想走出一条和苏联不同的自己的路来。这条路该怎么走？正在摸索中。那时，人们还没有经历"大跃进"带来的种种后果，许多问题还看不太清楚。周恩来在自己写的检讨稿中，作为第一条的是：主席总是从战略上看问题的，而我往往从战术上考虑问题。这话应该是出自他内心的，他在努力去想通问题。在他看来，毛泽东高瞻远瞩，以往多次历史事实证明总是比他看得深、看得远，那么这次也许是自己错了，也许群众的积极性一旦充分调动起来后，真会创造出令人意想不到的奇迹来，而他所看到的赤字等问题不过是一时性的战术问题。他当时的这种想法是可以理解的。

这次分歧过去后,毛周两人仍保持着很好的合作关系。但"大跃进"的狂潮是难以避免了。

历史现象是复杂的。复杂的现象,用简单的方法去分析是不能把事情说清楚的。即使只是谈新中国初期,毛泽东和周恩来的关系仍然是一个十分大的题目。这里所说的,只是一个粗线条式的描述。

# 一次访问

主编领导人传记时,主要资料来源是有关他们本人的原始档案资料,包括手稿、会议记录、函电、讲话记录以及报刊报道、他人回忆文章等等。此外,还有访问同传主有过直接接触(特别是在他直接领导下工作过)人员的口述历史。

这种口述历史十分重要,常有现存的书面材料难以替代的重要作用。在这些传记编写过程中,我至少访问过一百多人。在档案中往往看到的是最后的决策,这当然十分重要,但在口述历史中往往能听到当时复杂的环境,了解他们是在怎样情况下作出这种决断的,当时面对的是怎样棘手的问题,对这些问题又有哪些各种各样的议论和看法,在进行过程中有没有必要的调整,如此等等。甚至他们讲话中的感情、语调、反复强调的地方,也能给人以文字难以替代的真实感受。

因为访谈过的对象很多,不少内容又已相继以各种方式公布,这里只是一篇1987年秋访问纪登奎同志时,带一个年轻人去作正式记录,但我由于多年习惯,也作了一份相当完整的记录。在"文化大革命"期间,纪登奎同志担任过中央政治局委员、国务院副总理,分管过组织工作。这次谈的内容主要是周恩来在"文化大革命后期"如何贯彻毛泽东的指示、在极端困难的情况下冲破"四人帮"百般阻挠、解放大批干部的事迹,对后人是很有教育意义的。

下面是对他讲话的记录：

先讲讲干部工作。

我管理中央组织部的工作，是从康生生病以后开始的。1970年庐山会议后中央成立了一个党的工作小组，由康生主持开了一次会后，他就病了，没有人管事了。政治局开会时，主席问总理：康生怎么不能来？总理说他病倒在床，不能来。主席说：他是不是司马懿，因为林彪的事？（注：司马懿在曹操后期因政治原因表示无志于大事而装病不起。）于是，就把这项工作转交给我分管。那是1970年底，我一直管到1976年10月。粉碎"四人帮"以后，还管了二十多天。1976年11月5日晚，华国锋叫我去，把党的工作都移交给汪东兴管了。由于种种原因，我同汪东兴有些纠葛，我不插手他的工作，来往文件断了，秘书同志的联系也断了。

所以，庐山会议前一段中组部的工作由康生管，也就是康生和他的老婆管；后来由汪东兴管；我管了中间这一段，将近六年。

党的工作小组成立后只开了一次会，叫成立会。议了一次出版马恩列斯全集的问题。会上开始时传阅毛主席对黄、吴、李、邱的批示，说他们"在庐山会议上进攻的劲头到哪里去了？"。这以后，这个小组没有再开过任何会，报刊工作给了姚文元，组织工作的文件报总理。

那时总理的工作负担太重。主席大多在外地休养，小事不管。文件从四面八方来，总理桌上至少堆几十件，他至少批二十件。所以在政治局提出这些工作是否分管一下，党的工作由康生管。康生开始很勉强，有人帮腔，康生就管了，可以直接报主席，主席同意了。

后来有些文件报这个小组，仍没人管，就把这个工作分给我了。庐山会议前中组部、中联部、中调部的文件由康生管，作为第一个人批，别人画圈。主席说："我是闭了眼睛画个圈，官僚主义，只是以示负责。"康生批了，一般在主席那里是画个圈，党内叫作毛主席圈阅。庐山会议以前党的工作是康生管，但不一定他都当得了家。文化组组长吴德，做了不下三十次检讨。一问就答错了，所以别人说他只是管文化的后勤工作。审查剧本他也没有这本事。

庐山会议后，康生称病。因为"三个副词"（注：指"天才地、创造性地、全面地"）是他写的，将林彪的名字写在党章上的也是他。说他是司马懿，不是没有根据的。毛主席说，"我圈掉了六次（注：指"三个副词"），不听"，是指康生。写党章，是他起草的。他能说没错误吗？

干部问题，是总理的伟大功绩之一。不是说他在这个问题上完全没有责任。实事求是地说，1972、1973两年，总理对解放干部，思想很明确。包括政治局讨论干部问题。要总政、中组部、国务院政工组提出一个党、政、军、统战各方面360人的名单。大部分是高级干部，副部长以上，每人附一个简要材料，对他们的工作提点分配工作的意见，然后印发政治局。1972、1973年印发以后，讨论时按先易后难的方法来进行。"四人帮"捣乱，这事断断续续至少开了十七至十八次会，从晚上八时到第二天凌晨五时，花了大力气。有时开到东方红、太阳升，收获都很小。在政治局会议上讨论一个人的问题，"四人帮"就说这个人的历史在哪里还有疑问，只提问题，形成僵局。当时流行叶帅的一首《牵骡诗》："一匹复一匹，过桥真费力，感谢牵骡人，驱骡赴前敌。"这首诗是叶帅在开会时写给我看的，给我后他就请假退席。会上，李先念拿去看了，他又给吴德看。证明事情之难，阻力之大，收效甚微。党的民主集中制被破坏了，总理很为难。

干部问题讨论中最难最多的问题不是"文革"中的路线问题，因为毛主席已说了"走资派"不能说都是坏人。会上纠缠的大多是历史问题，如是不是叛徒等。总理责成我起草了一个处理叛变问题的规定。他想缩小一点，哪些方算叛变。对革命变节问题要严肃对待，但要有个界限，缩小打击面，"现在太多了"。这是总理在十七人会上说的。主席也说算太多，要有个杠杠。我们把许多历史上的文件都看了，找了一个根据：某某、某某某都保留党籍的等等。有些人历史上功大过小，经过长期考验，可以不以叛变论处。总理定这个文件时，还有争论。那些人又批评说这是刘少奇的"叛徒哲学"，以此借口拖下去。这个文件在政治局讨论时还通不过。影响所及，对解放干部起了不好的作用。总理发言，不赞成天津发动的"抓叛徒"。他们又提"伍豪启事"，想把他也搞进去。

到了1975年初，主席叫释放国民党战犯，先解决外部，后解决党内积案。在这个问题上，总理很积极。"文革"期间，一直由专案组一办、二办、三办在控制，别的政治局委员不能插手过问。主席还批评专案组工作人员："搞了这么多年，不能结束，好像你们不搞出几个反革命就没有成绩？"总理传达主席的指示：原来管一办、二办、三办的人不宜再搞这件事。谁搞？由没有过问过这件事的华国锋、吴德、纪登奎搞，让他们来办。他们没管过，可能超脱一些。为了方便，由纪登奎牵头。总理没住院时，同他联系还方便些。到他病重住院后，1975年初，我还到他病房开会，他还主持工作。

把战犯释放后，主席批评干部工作气魄太小。党内外呼声强烈：战犯都放了，那些老干部革命一辈子，应该释放。主席在杭州，来电话催，能不能快点办？是叫汪东兴打的，我记录的有两次。总理也催。那时，要审查的干部还有二三百人，每人一大堆材料，要短期内结束，就是看材料也来不及，更说不上调查复议。负责这件工作的是我、华国锋、吴德，我牵头。总理那时住在305医院，我们向总理汇报，同总理一块商量。总理想了半天，说了三条：一是"先放人，后做结论"；二是"凡只有口供，没有证据的，就相信本人交代好了，不要再纠缠了"；三是"主席批了二十几个案件，作为典型案例，凡是和主席批示相类似的，一律按主席的意见办，不要再请示了"。这些意见，别人不好说什么，在当时条件下也只能做到这样。痛痛快快地解决，条件还不成熟。

我看只能如此。否则，人放不了，问题再拖着；放了，就有发言权。这个报告，当时由我、华国锋、吴德签名，汪东兴是我们代签的。又因给主席、中央写了专案人员处理意见的报告，请总理审定。1975年3月5日，吴庆彤（注：时任国务院值班室主任）来电话传达：总理已审查同意。已告中央办公厅印报毛主席、政治局常委讨论决定，并已告王洪文。总理说要转告纪、华、吴。3月6日，总理硬撑着病体出来主持政治局会议，通过这个报告，报主席。3月7日，汪东兴在京外某地来电话：毛主席看了报告，表示同意，还要看全部名单。7日当天，主席在报告和名单上批了同意，直接退中办办理。这样，就放了原来关押着的老同志350人。然后总理也交代：有病的送医院，也不要都堆在北京，可以分配到全国各地，叫各省交接。十年不能解决问题的，一下全放了。

本人和家属要求复议平反，特别是粉碎"四人帮"后，我已不管组织部,华国锋、汪东兴对过去中央发过文件的人和事,按"两个凡是",不想动。三中全会作出决定,这些干部的档案全都交组织部(注:原来很多在专案组),耀邦(注:时已接任中央组织部部长)才接过来。1978年6月8日,汪东兴讲话,干扰平反,说刘岱峰、雷英夫、刘格平、习仲勋、郑维山、李雪峰不能动,还有"六十一个"、钱俊瑞、王任重、王鹤寿也不能动。汪东兴这批评不是批评组织部,实际上是批评耀邦。

再讲干部问题。"文革"期间,老干部的审查都在一、二、三办。这时,从主席到总理不断批过一些,批一个他们办一个,不批不办。从现在记录中看,主席批28件:有恢复小平工作,贺龙平反决定,讲了三次:"二方面军这面旗帜不能不要,我们听了一面之词。贺龙是国民党派人来策反,贺龙把策反的人枪毙了,也向党报告了。这一点在决定上要写上。"处理是我主持的,总理是组长,日常工作我负责。

主席对专案人员的批评,最初是由刘建章的申诉引起的,请总理办。总理接到批示后,就加码了,写了三条:一是保外就医;二是全案交纪登奎办;三是废除法西斯审查,向关着的人公布。交给我的,就办了,分配工作,刘建章当了铁道部的部长。

主席对关押周扬等,批评了"四人帮":"你是对文化界的问题不讨论,就关人家,这是神经衰弱。如果鲁迅健在,是会反对你们的。"解放了一批文化人,像小白玉霜是一张白纸。对有的人,主席批评得很尖锐,又很慎重,有的要纪登奎"酌处"。吕正操,主席批了,总理亲自写了文字结论。总理说:还有何长工、李一氓、杨勇,这年纪还可以工作。主席还讲,李葆华有什么问题?安徽没有人说他不好啊,还叫他"李青天"嘛。总理自己批的还有紫阳、耀邦。林彪事件后不久，他就提耀邦。耀邦请示总理，他到西北不合适（注："四清"时，他当过一段时间陕西省委书记，同当地一些干部工作中发生过矛盾）。总理叫我安排好耀邦的工作。他还说解放赵紫阳，叫他回广东。紫阳说不能回去，一派保他，一派反，要把他留在华北。总理说内蒙古比较重要，苏联陈兵百万，尤太忠不熟悉地方工作，内蒙古的地方工作交给赵紫阳。总理直接过问的还有江渭清、廖志高、王谦、何伟、杨成武（是抢出来的，林彪把他关在洛阳龙门，不经过王新）、李井泉、雍文涛、谷牧（总理同很多人讲他的历史）、贾庭三、陈漫远、李学智、赵辛初、王恩茂、朱穆之。有人建议挑一个年轻干部到六盘山，那里三个人合穿一条裤子，就派胡启立去六盘山，当地委书记。原子弹基地，派了梁步庭、王恩茂、王照华，他们第一是年轻。总理还说，各省要清理一遍，不然还危险。

各人都有各种情节，如李达，党的一大代表，他说林彪讲"顶峰"不对，给红卫兵斗死了。总理提议开追悼会，平反。总理建议以后经主席批准的。

"九一三"以后，解放的军队高干更多。小平同志主持工作后，对军队干部的处理办法就简化一点，强调由总政审查后作结论。1974年7月29日，小平打电话给我：你想个办法，王尚荣、余立金、傅崇碧等解除监护，工作安排从专案组调过来，由总政处理。我打电话，说中央讲放。那时吴德兼卫戍区政委，就放了。第二天就穿了军装，见报了。

毛主席本想"文革"搞两年就结束，没想到他也驾驭不了啦，已经九年了。要安定团结，但要给"文革"做个结论，没有结论收不住。林彪事件后，已经证明"文革"在理论上、实践上失败了，但毛主席的头脑中是打问号的。小平执政，一系列措施触及"文化大革命"。刘冰写信的事发生以后，毛主席的意思是要小平同志主持写个决议，关于"文化大革命"的决议。还定了口径：三七开。小平婉言拒绝了，说我是桃花源中人，不了解情况。

1969年7月，小平到北京，是主席的命令，派专机接来的。说要他一半搞经济，一半搞党务。

刘冰的事，实际上是从毛远新到北京开始的。毛远新爸爸是毛泽民，在新疆牺牲的。新疆要纪念自治区成立二十周年，中央要派代表团去，让毛远新参加了。他从东北回北京，先和小平吵了一架，还提了八大的问题。

讲讲四届人大组阁问题。

下半年毛主席提出要开四届人大，"四人帮"在政治局借一件事和小平吵了一架：风庆轮。小平顶了他们，开会时双方都站起来顶，政治局也批评江青他们，因为毛主席已批判过"四人帮"。他们背着政治局，商量到长沙告状，说北京有点像庐山会议时那样，总理同老同志串联。主席批评了王洪文。我们看到总理写的传达毛主席讲话要点：不要搞"四人帮"了。王洪文检讨说不搞"四人帮"了。毛主席的批评，王洪文始终没有向政治局传达。总理回来，搞了个传达要点，向常委讲一下，包括"总理还是我们的总理"，"不叫江青组阁，不当后台老板"。主席自己提了些名，总理还是总理，副总理有邓小平、张春桥、李先念，都作了点评价。对人大常委会讲了朱德、董必武、宋庆龄。说邓小平人才难得，政治思想强，可以给三个职务。其他人员由总理主持定。总理对我说，他们告状没告下来，还给了邓小平三个职务。

1974年10月下旬到11月，总理动了两次手术后身体很弱。

从 1974 年 10 月下旬起，他在 305 医院分别找人谈话，征求意见，我去了七次。然后提出一个准备在四届人大上产生的委员长、副委员长和总理、副总理、部长的名单，是总理亲笔写的。12 月 20 日凌晨，他叫国务院值班室主任吴庆彤、中组部的孙中范去，把他写的名单送到国务院印刷厂印成清样，然后把原稿交回烧掉。总理为什么要做得如此严密？因为要不留任何痕迹，警惕"四人帮"插手。他还交代把印出的清样交给他，发给在京的政治局委员一人一份，防止了来自"四人帮"的捣乱，完成了主席的重托。

12 月 23 日，总理带着印好的组阁名单到了长沙，向主席汇报，得到主席支持，将"四人帮"要的一些人去掉了。主席作了个别调整，总理向政治局分发。要在政治局讨论时做一个结论。对文化部、教育部、体委，"四人帮"不放。后来留下于会泳（注：当文化部长）、庄则栋（注：当体委主任）。本来，他们提迟群当教育部长，这不能让。主席说迟群不能当部长，也不能当局长，也不能当科长，只能当副科长。小平说教育部不能让，让了文化部、体委。卫生部长不是他们提的。整个安排是总理主持的。四届人大常委，中央讨论了多次，由我负责，参加工作的有吴庆彤、郭玉峰、童小鹏等，谈了几次。考虑到几个方面军、民主党派等等，还是张春桥说，算了，不能搞了，这事非总理出来搞不可。大家七七八八，民主党派平衡不下来，又把总理请出来，下午一面吃饭，一面讨论。搞了几天，一个一个定。总理带病在人民大会堂福建厅，从早到晚，一个一个定，报政治局讨论，主席批准。这样，"四人帮"组阁失败了，这是一大功劳。至于张春桥赶不出去，在当时那种条件下，总理不可能不同意。拿这些也就够了。至于人民代表大会代表里，"四人帮"抓了一把，塞了不少人进去，特别是文化界、体委、教育、上海，总有几十个。总理对吴德说："你就当常务副委员长，你文化组也得下来，我不就解放你了？"总理同小平商量很多。在病床上还向小平道了个歉："我不应该喊打倒你。"小平说："这些我都忘了，你病成这样，还说这些干什么？"

主席批"四人帮"，在正规的政治局会上批了两次。然后，政治局在小平主持下开了三个还是五个晚上的会。主席说了江青有野心，不准江青组阁，不让她出头露面，不准她说没有工作，看点资料、提点建议就行了。江青有野心，你们说有没有，我看就有。说他（注：毛主席）就要打倒"四人帮"，也不是。

# "人生要有追求"*
## ——悼念龚育之同志

尽管我早已知道龚育之同志的病情已难以逆转，尽管我参加了同他告别的仪式，但直到现在我还是难以接受他已永远离开我们这个事实，总觉得他依然生活在我们中间。要写悼念他的文章，一时不知从何说起。

我和老龚多年来相当亲密地在一起工作。他比我年长将近一岁。这几天我一直在想，他留给我最突出的印象是什么？在脑海里首先出现的是，他的勤奋、达观、才华横溢、思维缜密。但这些终究只是外在的表现，在背后，他的内在精神是什么？能够推动他做到这样的力量是什么？对这些，我一下子抓不住。这时，想起《生平》封后印的他于1986年所写的几句话："人生要有追求。我追求科学，追求革命。科学是革命的力量，革命要以科学为根据。"我忽然领悟到：这就是他的精神，是他力量的源泉。

老龚的一生，就是不断追求的一生。那是一种执着的追求，不知疲倦的追求，永远没有满足时候的追求。追求什么？是科学和革命，这两者是统一的。从青年时代起到生命的最后时刻，始终如此，从来没有停歇。孙小礼同志告诉我，他临终前不久，自己已难以看书报和文件，由小礼同志读给他听。他还在病榻上嘱咐哪一份

---

\* 原载《学习时报》2007年7月23日。

东西要留下来，哪一页要折个角。我听了十分感动。这就是老龚那种永不止歇追求的精神力量。能这样做到的人是不多的。

老龚从青年时代起就追求救国救民的真理，在苦难深重的旧中国，那就是科学理论指导下的中国革命。因此，他接受并坚信马克思主义，参加了中国共产党。

他是1948年12月入党的。我不知道是12月的哪一天，但那总是他刚满或快要满19岁的时候。面对灾难深重的旧中国，在青年时代经过顽强探索和比较后所接受的科学真理，支配了他的一生。他以后几十年的不懈追求，始终是以此为出发点的，是它的继续和深化。

这里也要讲到他的革命家庭，特别是他的父亲——老共产党员龚饮冰同志。龚育之同志1929年12月26日出生于湖南湘潭，出生的日子和地点都和毛主席相同。有一次我问他：我看到一本中国人名辞典，上一条龚饮冰，说是湖南长沙人，下一条龚育之，说是湖南湘潭人，是怎么回事？他说：因为我出生在湘潭。我说：你过去不是告诉过我是出生于上海，所以最初的名字叫龚振沪吗？他回答：那个名字是我父亲起的，当时他在外地奔走，以为我出生于上海，所以给我起了那个名字。以后，我读有关的党史资料时才知道：1929年7月邓小平同志去广西领导百色起义，陪同他去的就是龚饮冰同志；起义准备就绪后又派龚饮冰同志到上海向党中央汇报；11月初，龚饮冰同志回到百色，传达中央同意发动武装起义，创建左右江革命根据地的指示。龚育之同志就是在这样的时刻出生的。他告诉我他父亲以后一直在国民党统治区做秘密工作，当过建业银行总经理，而在解放前从来没有把自己的共产党员身份告诉他。但生活并成长在这样不平凡的家庭里，无疑对他会有深刻的影响。

老龚以后一直从事党的理论工作，参加过党的许多重要文件的起草，并发表大量理论研究成果，成为优秀的马克思主义理论家。这是大家所熟知的。

在从事理论工作中，他同样始终有着执着的追求。他对知识的渴求，永远没有满足的时候。他做一件事情，总是追求做到尽可能完美的程度。

他酷爱读书，手不释卷，记忆力特别好，知识面之广有时叫人吃惊。我们常在一起天南地北地聊天。有一次随便谈到康有为，谈到对联。我讲：吴佩孚在洛阳过五十大寿时，康有为送了他一副对联。上联是：如日方中，百岁勋名才一半；下联是：洛阳虎视，八方风云会中州。他笑着说：第一句不对，前面是"牧野鹰扬"。他一说，我就知道自己错了："如日方中"是朱东润教授送给另一个人50岁生日的话，我记混了；而且它同"洛阳虎视"根本对不起来。这件事给我印象那么深的原因是，中国近代历史是我的专业，不是他的专业，刚才举的恰恰又是一件小事，他完全不需要记得，却记得那样清楚、那样准确！可见他读书面之广，而且总是用心地读的。平时，有一本好书或者好文章出来，他总是很快就读过了，有时还打电话向我推荐。正因为他知识面这样广，而且那样熟悉，在写文章以至起草文件时，不仅视野广阔，而且引用一些事实或典故总显得信手拈来，毫不费力，娓娓道来，引人入胜，没有那种八股气。

老龚的理论根底深厚，有着极强的概括能力，用语准确恰当。这在参加起草重要文件时是十分重要的。他在一次学术讨论会上把"毛泽东哲学思想"表述为"马列主义普遍原理同中国革命具体实践相结合的哲学概括"，受到许多同志的称赞。但他不只是从大处着眼，而且从不放过细小的地方，力求做到准确无误，这是他的一个重要特点。《毛泽东传（1949—1976）》写出来后，我们把这部130万字的稿件清样送给他看。他已在重病中，但没有多久就看完了，而且看得十分仔细。逄先知同志、冯蕙同志和我到他家里去听他的意见。他不仅在清样上注明了，并且把意见在本子上一条一条记下来，跟我们谈了两个半天，许多通常不被人注意的毛病，他都一一挑出来。我常有这样的感觉，重要一点的书或文章经他看过，就比较放心了。能够使人产生这样感觉的人是不多的。

老龚的学问和水平是大家公认的，但他总是平等待人，谦和诚恳。一位年龄和我们差不多的同志对我说，龚育之同志是可以同他平等讨论问题的，而没有那种总得由他作结论的感觉。老龚有时遇到一些为难的事情找我商量，也总是直抒胸臆、坦诚相告，从来没有拐弯抹角、含糊其辞的时候。他是极端珍惜时间的，但在帮助年轻人时从来没有吝惜自己的时间和精力。他对做过他秘书的宋贵伦同志的帮助，就是一个明显的例子。

老龚是个才华横溢的人，而又顾全大局，严守纪律，这也是他相当突出的特点。他说过："研究无禁区，宣传有纪律。"他又说："想的要比说的多，说的要比写的多。"我想，这也是他追求科学和追求革命的表现。"研究无禁区"和要想得多，是科学的态度，自己为革命而思考和探索真理是不应该受到限制的。但说出来特别是写出来，就会在社会上产生影响。"宣传有纪律"，说和写要谨慎，是他党性的表现，也是他高度社会责任心的表现，至于对关系重大而自己还不成熟的想法不能轻率地、不分场合地去说或写，这也是科学的态度。

龚育之同志永远离开我们了。但他那种不断追求的人生态度，他在不断追求中达到的高度和留下的业绩，将永远活在我们心里。

# "同志加兄弟"：逢先知和我

2000年我70岁生日时，逢先知同志讲了一句饱含深情的话："我们是同志加兄弟。"古人说："路遥知马力，日久见人心。"这以后，二十多年又过去了，无论周围环境有什么变化，我们之间这种感情始终如一，从来不曾有过不愉快的事情。

做到"同志加兄弟"并不容易。"同志"是指志同道合，考虑问题有着共同的出发点，这是根本前提。"兄弟"是指情同手足，相互深知和理解，彼此无话不谈。我和逢先知同志亲密共事四十多年，很长时间是单位里的一、二把手，相互同心同德，从来不曾有过无谓猜疑与不和。这一点，我想一起工作过的同志大概都能同意这个判断。

说是共事四十多年，其实相识已近六十年。那是1965年夏天，根据中央要求，在田家英同志主持下，和他一起参加编选一本适合地方需要的《毛主席语录》。这件事的经过，我在《跟随石西民来北京》一文中已经说过，这里不再多说，只谈谈我们相见时的一些花絮。

我们以前没有见过。一见面，我就准确地称呼他为"逢先知同志"。他说：许多人最初都叫我"逢先知"，个别人还说成"降先知"，你倒是叫对了。我说：小时候读"四书"，读到过"逢蒙"在学艺成功后把他的老师"后羿"暗杀了，老师告诉我这个"逢"字的读音。我还给他开玩笑说：你的祖宗可不是个好人。我们还是初次见面，就能这样地开玩笑，可见彼此相互感觉是亲切而随便的。我又说：十多年前，我看过你在《学习》杂志上写的读《中国农村的社会主义高潮》的文章，还买过你和陈真、姚洛同志合编的《中国近代工业史资料》第三卷。这本书现在还保存着。他有点吃惊，说那本书有上千页，专业性很强的，看过的人很少，你怎么还记得？我说：我当然不可能对所有看过的书和文章都记得，但看过后印象比较深的就记得了。这样，相互便没有什么陌生的感觉。这以后，为了编《毛主席语录》，从考虑结构到逐条讨论，整整有半年多时间，彼此已经相当熟悉，并且有许多共同语言，合作得很协调。

1980年我到中央文献研究室工作又见到他，这是事先没想到的，不是"一见如故"，而是"故友重逢"，而且大家在这十多年中都遭到很多磨难，我是在"文革"中因无中生有的"特嫌"罪名被"群众专政"了五年，其中四年不让回家，而他的遭遇比我更深重得多，是在秦城监狱单身监禁七年半，没有人可说话。两人劫后重逢，自然格外亲切。

再讲讲我怎么会到中央文献研究室来工作的。

我是从文物出版社到文献研究室的。"林彪事件"后，国内政治气氛比以前稍见宽松。这时，文物考古工作屡有重大发现，马王堆汉墓、满城金缕玉衣、秦俑坑等，在国际上影响极大。中央先后多次将"文革"期间出土的文物送几个西方大国举行规模很大的展览。这些国家都由国家元首、政府首脑出席展览的开幕式。那时中美还没有建交，美方也由总统夫人出席开幕式。这在"文革"期间是很引人注目的一项外交性活动。周总理对这件事很重视，亲自批示恢复《文物》《考古》《考古学报》三个刊物的出版发行和文物出版社的工作。负责国务院图博文物工作的王冶秋同志很有魄力，不管我"特嫌"问题还没有作结论、党的组织生活也没有恢复，就在1972年底对我发出调令。调令一下，上述子虚乌有的问题便迎刃而解。1973年初任命我为文物出版社副总编辑（当时没有总编辑）。对这项我原本很陌生的工作，只能全力投入，边学边干，也对它越来越深爱，希望能对祖国文物的系统整理出版尽一分力量，后来还当了出版社的总编辑。粉碎"四人帮"后，文物系统许多原来从其他部门调来的同志纷纷回到原来熟悉的工作岗位去，我却很长时间没有动。1979年，刘大年同志两次以中国社会科学院名义商调我到近代史研究所去，这是我熟悉的本行。文物部门以工作上离不开为理由都加以拒绝了，我也没有进行过任何活动。

我到中央文献研究室工作，是自己原来没有想到的。当时，文献研究室主任李琦同志因准备编写《周恩来传》（这是中央文献研究室担负编写的第一部党中央领导人的传记）的需要，在1981年经中央组织部部长宋任穷批示，先借调我去参加这项工作。那时文物工作已由文化部管理，对这样的批示，不好拒绝。我去文献室后，接替的人还一时没有确定，我每周仍有两天到文物出版社去履行总编辑的职责（还去过日本同讲谈社、平凡社等大出版社商谈和处理双方合作出版大型中国文物图册的事宜）。到1982年，中央组织部发文，正式调我到中央文献研究室工作。听说文化部党组又写了报告，要求免调，所以又延搁了一年。在那一年，逢先知同志担任了中央文献研究室的副主任。1983年，我正式调到文献研究室当室务委员。第二年，由中央任命为中央文献研究室副主任。这些曲折过程，我当时都不知道，更不会去打听，是后来才听说的。

这时，中央文献研究室的工作在中央由胡乔木同志主管，主任是李琦同志。副主任是龚育之、逄先知和我,他们两个那时是44岁,我43岁,都比较年轻。

李琦同志掌握文献研究室工作的大方向,并对工作中的重大问题作出决断,对中央文献研究室工作的进行和发展起着主导作用。他的政治经验十分丰富,在抗日战争期间先后当过彭德怀同志和八路军总部的秘书,到延安后又担任过中共中央书记处的秘书。建国初的1949年到1958年担任总理办公厅副主任(主任由国务院副秘书长齐燕铭兼任,但齐平时并不去)。以后又当过文化部和教育部的副部长。在文献室工作期间,他经常把我们几个招去,谈谈政治大局的发展和中央决定的精神。从他那里,我们都学习到很多很多。

龚、逄两位年龄比我大一岁,当时主要从事毛泽东、邓小平著作的编辑和研究工作。他们特别重要的贡献是主持了《邓小平文选》第三卷的编选工作。这是一件十分重要的工作。邓小平同志对这本书十分重视,说:"实际上,这是个政治交代的东西。"1993年12月,他会见参加编辑工作的人员合影留念,还亲笔题词肯定郑必坚、逄先知、龚育之在编辑《邓小平文选》第三卷中所做的工作。平时,他们还承担了很多中央文件的起草工作。

我的主要工作是主编《周恩来传》(以后又主编刘少奇、朱德传记,并共同主编毛泽东、陈云传记),也参加过多次中央重要文献的起草,并和龚育之、郑惠、沙健孙在胡绳同志主持下编写《中国共产党的七十年》,在玉泉山住了八个月。我还当过七、八、九共三届全国政协委员和两届全国政协文史和学习委员会副主任,多少做了一些工作。

后来,中央文献研究室的人事相继有了些变动。

1988年，中央调龚育之同志去当中宣部副部长。他对中央文献研究室工作的感情很深。在后来为中央党校写的《党史札记》中，他写道："离开文献研究室，完全非我所愿。""作为共产党员，只有服从。"尽管如此，他仍十分关心毛泽东著作的编辑，文献室也继续请他帮助审读书稿清样。令人难忘的是，他已病重卧床，我和逄先知、冯蕙一起将《毛泽东传》建国后部分的清样送给他看。隔了不长时间，我们再去看他，他靠在床上，拿出他记了上百条意见的本子，逐条地谈他的看法，一共谈了两个半天儿。对这些地方，我们几乎全都作了修改。这种动人的情景一想起来如在眼前，无法忘却。

1991年，李琦同志已经73岁，要从领导岗位上退下来。中央组织部和李琦同志都向大家征求意见。我当然推举逄先知同志接任。记得当时我讲了五条理由：

第一，文献室的主要任务是编选中央主要领导人的文集。《毛泽东选集》是毛主席亲自主编的，而自始至终全过程地参与过四卷《毛选》工作的，现在留下的只有逄先知同志一人，富有经验，自然应该由他担负这一工作。

第二，文献室除文稿编选外，正在加强对这些领导人生平和思想的研究。在文献室的研究工作中，今后需要着重研究新中国成立后的历史，而逄先知同志从新中国成立起，一直在毛主席身边工作达十七年，还参加过毛主席指定的农村调查组。有时中央开人数不多的会，他也会在会场，能看到会议对一些重要问题的讨论过程，包括谁谁发言时什么表情等等。今天能有这样经历和条件的能有几人？

第三，他在"文化大革命"期间在秦城监狱单身监禁了七年半，却从来不愿谈当时的遭遇。跟我可说是无话不讲了，几十年中也只对我讲起过两三次。记得他对我说过：最痛苦的是没有人说话。"放风"时沿路都有人把守，见不到一个他认识的人。所以他最希望被"提审"，因为"至少可以同一个'人'说话"。又说：后来可以给他看一份《人民日报》，他总是"从第一个字看到最后一个字"。我想：我在"文化大革命"中作为"特嫌"受审查的四年日子够不好过的了，但比他总还是好得多。而且他在被单身监禁七年半后重新工作，不但几乎从来不讲这段生活，而且始终那样忠心耿耿、勤勤恳恳地工作，表现出一个共产党人的正气和品格。这实在不容易。

第四，他平时一直住在办公室内，到星期六才回家。室内谁要找他谈话，不用通报，推开门就进去，几乎没有例外。这种"以室为家"的精神也令人钦佩。他同全室人员都很熟，不管工人还是二十来岁的小青年，最初叫他"大逄"，后来改叫"老逄"，没有人称他的职务。这体现彼此都看作文献室的同事。我至今还是叫他"大逄"，几十年叫惯了改不了口。听说毛主席也叫他"大逄"，因为他长得高的缘故。记得中央有过这样的意见，党内一般称"同志"，不要称职务。只有"主席""总理""总司令"叫惯了改不掉，对刘少奇、邓小平、陈云，也只是称为"同志"。这并不妨碍对他们的尊敬。

第五，他从新中国成立起，十几年一直在中南海工作，而且是在毛主席身边工作。中央文献研究室是党中央的部门（它的全称是中国共产党中央委员会文献研究室），常需要同中央各部门联系和打交道。逄先知同志和中央各机关人头熟，联系工作方便。

这五点，我是用心考虑后归纳出来向来征求意见的人谈的，是我同他相处多年的实际感受。尽管时隔三十多年仍没忘记，自信这里说的五点，同当时征求意见时讲的没有多少出入，因为是认真考虑后说的，所以没忘记。

胡乔木同志病危时，我和逄先知到医院去看他。乔木同志已经没有多少力气，仍笑眯眯地对他说："你办事，我放心。"此情此景，至今如在眼前。这一年，中央政治局批准逄先知同志为中央文献研究室主任，中央组织部部长宋平同志批准我为常务副主任。两人长期作为单位的一、二把手合作十分亲密而融洽，从来没有发生过不愉快的事情。

1993年，中央曾考虑调动我到另一个单位去工作，属于提升职务。先征求李琦同志和逄先知同志的意见，他们都希望我能留下。接着，中央组织部副部长武连元同志叫我到中组部去谈话。他说："考虑到你的知识和资历，这样做是合适的。"组织的关心，我自然十分感激，但这事我也反复想过，因此回答武连元同志说："我这一生的工作岗位都是组织上定的，没有自己找过。如果这次是中央已作出的决定，我一定服从。如果是征求我的意见，我希望能留在文献研究室。"理由说了两条：一条是我正在主编《周恩来传》，还准备继续主编《毛泽东传》建国前部分和其他一些主要领导人的传记。这个工作我已经做了十多年，感情越来越深，总希望把它做完。武连元同志说："你可以把这个工作带过去做。"我说："这是中央文献研究室的主要工作之一，怎么能带过去呢？"这一条是主要原因。还有一条是我在文献研究室已经工作十三年，周围的同志相处十分融洽、愉快，没有同任何人不和过。这样的环境很难得，对做好工作也很重要。那次谈话进行了很长时间，最后我说："我的想法已经说了，组织上怎么决定，我一定坚决服从。"我的妻子奚姗姗完全支持我的决定。她也是上海地下党的，对人对事都特别真诚。这对我也是很大的安慰和鼓励。后来组织上没有再找我谈，大概是考虑了我的愿望而答应了。

这以后，我在中央文献研究室又工作了十一年，原来承担的编写领导人传记的任务也完成了。大量的工作，特别是《毛泽东传》的建国后部分，以及主持选编六卷本《毛泽东文集》是同逄先知同志一起做的。陈群同志曾多年担任陈云同志秘书，后来到文献室担任副主任。我和他共同主编的《陈云传》，是在我离休后一年才同他一起共同完成的。此外，还做了些中央安排的参加起草重要文献的工作，是同龚育之同志一起参加做的。我一直很感激组织上对我的关怀而且又认真考虑了我个人的要求。从个人来说，做我特别珍惜和热爱的工作，而又同我相处那样融洽的一群同志长期合作，这确实是人生中特别令人愉快的事，对工作也很有利。

2002年，逄先知同志73岁，从领导岗位上离休（实际上他仍集中全力在室内主持编写六卷本《毛泽东年谱》这项重大工程，工作还是那么细致周密，一丝不苟，直到2013年才完成出版，但至今仍在细致地校订）。由原中央政策研究室主任滕文生同志转任文献研究室主任，我们相处也很愉快、融洽。2004年，我从文献研究室岗位上退下来，并办了离休手续。但因为和陈群同志共同主编《陈云传》的工作没有结束，仍有一年像过去一样上全天班，完成了这项工作。这时，我已75岁。

现在，我和逄先知同志都已年过九十，离休多年，但直到今天仍一直承担着党要我们做的工作，没有中断，这是最使我高兴的。当我们两人到同一处去参加活动时，我常坐他的车一起走，一路上什么都谈。他说："你说的话，常常是我正想说的。"我说，对他的话，我也有同样的感觉。他的司机吕伟同志说："你们两个人就像有永远说不完的话。"

古人说："人生得一知己足矣。"当然，这是那个时代的想法和说法。我们两人都是共产党员，都有七十多年党龄，想法和古人自然不同，知己也不能说只有一个"足矣"，但"同志加兄弟"这种"知己"的感情确是真实的，也是难忘的。

2022年2月24日

# 代表中国史学会的三个发言

1995年，在加拿大参加第十八届国际历史科学大会。左起：金冲及、齐世荣、戴逸、沈志华

1998年，第六届中国史学会正副会长组成。左起：张海鹏、张椿年、李学勤、金冲及、龚书铎、李文海、何芳川

1985年,在孙中山国际学术讨论会上发言。右起:胡绳、金冲及、刘大年

2009年,在莫斯科的俄罗斯科学院全体院士大会上,接受俄罗斯科学院院长奥西波夫授予外籍院士证书和徽章

2002年6月,在美国哈佛大学参加"战略中国学术讨论会",与讨论会主持人傅高义教授交谈

# 中国史学会五十年[*]

今天我们史学界的朋友，特别是有好几位前辈学者，一起在这里庆祝中国史学会成立五十周年。季羡林先生已是望九之年了，前些日子去台湾又发烧到40摄氏度，4月回来后一直没有参加外面的活动。今天季老来参加，我们心里都感到很过意不去，但也觉得非常兴奋。其他前辈学者，如刘大年同志等，好几位80岁以上的人都到了，和大家一起纪念中国史学会成立五十周年。

中国史学会是中国历史学家的全国性学术团体，它的英文命名翻译过来则是中国历史学家协会。回顾中国史学会五十年来走过的道路，确实使人感到兴奋。五十年前，1949年7月，在郭沫若、吴玉章、范文澜三位同志主持下，成立中国新史学研究会，1951年7月举行第一次代表大会，正式成立中国史学会第一届理事会，"文革"期间停止了活动。1980年，又举行第二次全国代表大会，胡乔木同志到会讲话，侯外庐同志、吕振羽同志是坐着轮椅来参加会议的。

回想起来，中国史学会五十年来大体做了以下工作：

1. 团结、联络全国史学工作者。尤其是第六届会章根据实际情况明确规定：各省、市、自治区的历史学会及重要的史学研究机构，

---

[*] 这是金冲及作为第六届（1998—2004年）中国史学会会长在中国史学会成立五十周年纪念会上的发言。

是中国史学会的团体会员。还举办了全国各省、市、自治区历史学会的工作经验交流会。

2. 组织了许多重要的全国性的学术活动。大型的有1961年辛亥革命五十周年讨论会，当时吴玉章、范文澜、吕振羽、吴晗、李达等很多老一辈的史学家都参加了，很多今天在座的70岁上下的学者、那时还是30来岁的年轻人，而且还是在那次会议上第一次见面的。近年来，又先后召开了甲午战争一百周年、戊戌变法一百周年、抗日战争与反法西斯战争胜利五十周年、台湾史、香港回归的学术讨论会等等。

3. 注意培养年轻一代的史学工作者。最近几届中国史学会理事会都组织了全国青年史学工作者会议。参加会议的青年史学工作者，是由各省、市、自治区的历史学会提名的。第一次会议是在西北大学开的，今年有三个大学已表示愿意承办，还没有最后确定。第一届青年史学工作者会议参加者，有的现在已是大学校长，有的是中国史学会理事，确实出了很多人才。

4. 加强国际联系。中国史学会是国际历史科学委员会的正式成员。1980年，夏鼐同志带队参加了第十五届国际历史科学大会。1985年，刘大年同志带队，季老是顾问，出席了第十六届大学。后来第十七、第十八届也都参加了，目前正在筹备参加第十九届大会。

5. 史学会还主编并出版了一些很有价值的书。早年的一件大事是出版《中国近代史资料丛刊》，对整个中国近代史的教学科研工作起了很大作用。中国史学会编辑出版的《中国历史学年鉴》已经坚持差不多二十年了。国外的汉学家们对这个《年鉴》很重视。

中国史学会做了一些事情，但同应做的比起来，很惭愧，做得还很不够。因为中国史学会一无编制，二几乎没有经费，所有的工作人员都是义务劳动,现在已三年没有从正常渠道得到经费了。所以除史学会秘书处外,事实上是靠各地的大学、研究机构、社联等帮助做了很多工作。刚才说的很多讨论会,大多是和各大学或省社联合举办的。今天的会就是在北京师范大学大力支持下召开的。

另外,讲到中国史学界五十年的成就,特别要提到老一辈史学家的作用,他们形成了一代学风,努力用马克思主义作指导,培养青年一代史学工作者要有扎实的基本功、尊重客观事实、具体问题具体分析这样严谨的学风。我自己就很有感触,第一届理事会名单中,有两位是给我上过课的老师,一位是周谷城先生,一位是周予同先生;第二届理事会中又有我的两位老师,谭其骧先生和胡厚宣先生。1991年谭其骧先生80岁生日时,我给他写了一封信,本来是私人信件,不知怎么后来在《文汇报》上发表了。我在信中说,老师对学生产生的影响,随着自己年龄的增长而感觉得愈加强烈,这倒主要不是指老师在课堂上讲过的具体课程内容,而是老师在自己心目中无形地树立起一个标尺:怎么样才叫做学问、做研究,够不上这个标准,自己都感到拿不出手,这种潜移默化的熏陶是使我们终身受用的。我想许多同志都会有同样的感受。现在,同样有很多学者在大学里教书,桃李满天下,他们的贡献并不都是在短时间内就能够看出来的。所以,虽然史学会做了一些工作,一方面还是靠老一辈留下的丰厚遗产,一方面是靠各方面的支持和努力。今天庆祝会,我就简单说这几句,向他们表示感谢。

会章规定,中国史学会可以聘请名誉理事。第五届中国史学界代表大会规定75岁以上的年长学者不选入理事会了,可以聘请名誉理事,但请哪一位,不请哪一位?这个标准很不容易确定。最近会长会议讨论决定,在史学会五十周年时,第一批先聘请七位名誉理事。这七位是两种情况：一种是中国史学会的第一届理事。那届理事会有理事43位，候补理事9位，共52位。健在的有5位，即陈翰笙先生、季羡林先生、白寿彝先生、吴泽先生、蔡尚思先生。另一种是第二、三两届理事会的主席团成员，因年龄关系不再担任史学会理事的，有两位，一位是胡绳同志，一位是刘大年同志。我们想，是否请他们七位担任名誉理事，恐怕这是众望所归的。一方面，史学会五十年的成就离不开这些前辈先生的作用；另一方面，有这些前辈学者担任名誉理事确实也为中国史学会增光。

还可以说到，我从1988年起曾任第七、八、九届全国政协委员，第七届全国政协文史资料委员会主任，第八、九届全国政协文史和学习委员会副主任，得以结识晚清、北洋军阀时期和国民党时期的一些前人，听到他们生动的回忆和议论，还阅读了不少有关的文史资料。这些活生生的历史资料也使我得益匪浅。

# 在第十七届国际历史科学大会上的发言*

一

人类社会始终处在前后相续的不停息的变革中，新事物不断地取代旧事物。这种变革是任何力量也阻挡不了的。它可以有两种形式：一种是在现存社会秩序下渐进的改革；一种是在短期内根本改变原有社会秩序的暴力革命。什么时候应当着重地采取哪一种变革形式，不能单从抽象的原理出发来作判断，需要取决于当时当地的具体历史条件。一般说来，前者是它的经常形式，后者是它的补充形式。

当一种新的社会制度形成后，通常都需要经历相当漫长的比较稳定的发展时期。在这个时期内，这种前进大体上是通过科学技术和社会生产的发展、经济体制和政治体制的逐步改革、社会意识形态和生活习尚的不断演进来实现的。如果客观条件没有达到成熟的程度，整个社会制度的再一次根本变革是不可能实现的。只有当社会经济文化的渐进的变革积累到相当程度，已同它不相适应的旧的社会秩序却不肯改变，已成为社会继续发展的严重障碍而且难以继

---

\* 本文系作者作为中国代表团团长在1990年8月于西班牙马德里召开的第十七届国际历史科学大会上的发言。这次讨论会的主题是历史上的革命和改革。会上有不少发言对革命（包括法国大革命）采取全面否定态度，发言是针对这种状况来谈的。

续维持下去时，那种能够迅速根本改变原有社会秩序的革命才会到来。它们常常以急风暴雨的姿态，猛烈地摧毁旧有的社会结构和政治体制，在人们中树立起一种新的思想观念和生活方式，使社会面貌发生巨大的变化。而当新的社会秩序通过革命手段建立起来后，又为渐进的改革开辟了广阔的道路。

18世纪末的美国独立战争和法国大革命，都曾出现过这样的局面：千百万群众行动起来，以对旧有社会秩序毫不妥协的姿态采取了革命性的行动，从而为这些国家以后的近代化进程（包括工业化和西方式民主政治的建设）扫清了道路。这是人类历史上的空前壮举。它们成功的消息传遍整个世界，大大鼓舞了各国为争取进步事业而斗争的人士，也深刻地影响过中国的革命。美国独立战争和法国大革命对推动人类历史前进的巨大的作用，是举世公认的。反过来，缺少这种对旧社会秩序不妥协的革命性扫荡的普鲁士、意大利和日本，顽强地残留下来的旧事物在它们日后近代化进程中常常或隐或现地起着消极的作用。它们后来都一度走上军国主义和法西斯主义的道路，很难说同缺少革命性的社会变革无关。

## 二

中国的近代化走过的是一条格外艰难的道路。两千多年来，中国一直处在以农业文明为特征的自给自足的封建自然经济状态中。中国古代的灿烂文明、统一的大帝国以及它在周围世界中所处的地位，使许多中国人长期以来养成一种盲目的以"天朝大国"自居的社会心态，似乎这种社会秩序永远不会发生根本的变化。在这样一个古老而又人口众多的国家里，近代化的中心目标就是要把以小农社会为主体并受到外来侵略和奴役的落后国家转变成现代化的进步的文明国家。这是中国人在一百多年前根本没有想到过的全新的课题。中国近代的进步政治运动，不管是温和的改革，或是暴力的革命，都是为了实现这个目的。

中国近代历史的篇章是由150年前的鸦片战争揭开的。中国人可以说是在完全缺乏精神准备的状态下，不自觉地被卷进一个和过去不同的历史时期的。外国炮舰轰开中国的大门，逼迫清朝政府签订丧权辱国的《南京条约》，使中国人突然醒悟到自己的国家已经大大落后了，并且看到在中国以外还存在一个如此陌生的外部世界，它的政治制度、经济制度、文化观念都比封建的古老的中国要先进得多，有许多值得中国人学习的地方。但是，他们到东方来，并不是以平等的态度对待中国人的，而是要把中国变成他们的半殖民地或殖民地，把中国人看作劣等民族，恣意地进行屠杀、压迫和掠夺。这不能不强烈地刺激着一切有爱国心的中国人，要求改变现状，使中国成为一个独立的富强的国家，自立于世界民族之林。

一般说来，人们最初总是希望能在现有社会秩序下进行温和的改革。这样做，不仅牺牲少，而且也容易被更多人所接受。孙中山、毛泽东在他们政治活动的初期莫不如此。

孙中山在1894年创立他领导的第一个团体兴中会前不久，曾从广东到天津去向清政府的实际当权人物李鸿章上书，要求他进行改革，做到"人能尽其才，地能尽其力，物能尽其用，货能畅其流"，认为"此四事者，富强之大经，治国之大本"。孙中山为什么要这样做？据他当时的好朋友陈少白说，因为他认为"李鸿章在当时算为识时务之大员，如果能够听他的话，办起来，也未尝不可挽救当时的中国"。（陈少白：《兴中会革命史要》）用孙中山自己的话

说，是"冀九重之或一垂听，政府之或一奋起也"。(《伦敦被难记》)

毛泽东在五四运动那一年（1919年），在《湘江评论》上大声疾呼改革，但他当时所主张的实行方法仍然是温和的。他写道："用强权打倒强权，结果仍然得到强权。不但自相矛盾，并且毫无效力。""所以我们的见解：在学术方面，主张彻底研究，不受一切传统和迷信的束缚，要寻着什么是真理；在对人的方面，主张群众联合，向强权者为持续的'忠告运动'，实行'呼声革命'——面包的呼声，自由的呼声，平等的呼声，——'无血革命'，不至张起大扰乱，行那没效果的'炸弹革命''有血革命'。"(《湘江评论创刊宣言》)他还曾提倡工读主义，想在湖南长沙的岳麓山办一个新村，学生一面读书一面劳作，视学校如家庭，从而结成一个公共团体。他认为，可以先从这样的小范围内做起来，一步步地扩大，最终达到改造社会的目的。

这些主张都是相当温和的。但是，中国的具体历史条件迫使他们走上另一条道路。中国的旧势力很强大，并且顽固地拒绝一切根本变革。整个国际形势，特别是中华民族濒临被灭亡的悲惨命运，又逼使人们无法长期等待下去。这才驱使他们最后不能不选择拿起武器走上暴力革命的道路。

孙中山正是在上书李鸿章失败后，"所有希望完全成为泡影。所以到了这时候，孙先生的志向益发坚决，在檀香山就积极筹备兴中会，找人入会，一定要反抗满洲政府。"(陈少白：《兴中会革命史要》)孙中山自己这样说："吾党于是怃然长叹，知和平之法无可复施。然望治之心愈坚，要求之念愈切，积渐而知和平之手段不得不稍易以强迫。""因此人民怨望之心愈推愈远，愈积愈深，多有慷慨自矢，徐图所以倾覆而变更之者。"(《伦敦被难记》)

毛泽东也是经过实践中的反复探索和对各种学说进行比较探求后，才在1920年明确表示赞成蔡和森所主张的走俄国十月革命式的道路，认为"用平和的手段，谋全体的幸福"的意见"在真理上是赞成的，但在事实上认为做不到"。对有的外国学者所主张的"宜用教育的方法使有产阶级觉悟，可不至要妨碍自由，兴起战争，革命流血"，也认为"理论上说得通，事实上做不到"。他当时的结论是："我看俄国式的革命，是无可如何的山穷水尽诸路皆不通了的一个变计。并不是有更好的方法弃而不采，单要采这个恐怖的方法。"（《给萧旭东、蔡林彬并在法诸会友》）

可见，孙中山也好，毛泽东也好，他们的投身革命，并不是出于他们的本性对革命有什么特别的喜爱，而是由于中国当时的民族矛盾和社会矛盾实在太尖锐了，中华民族已处在生死存亡的关头，舍此没有其他出路，这才迫使他们作出这样的选择。

尽管革命变革要付出巨大的代价，但它在一个短时间内对阻碍社会发展的旧事物所起的扫荡作用，是平时多少年也无法同它比拟的，并且要彻底得多，从而为以后社会经济的迅速发展开辟了广阔的道路。1949年中华人民共和国成立时，同抗战前产量最高的年份相比，农业产值降低了两成以上，其中粮食产量降低22.1%，棉花产量降低了48%；工业产值降低了一半，其中重工业生产大约降低70%，轻工业生产降低30%。可是，新中国成立后，仅仅用了3年时间，就治愈了战争的创伤，把国民经济恢复到旧中国历史的最高水平。在它的同时和稍后，对中国的社会结构进行了根本的改造。从1953年至1978年，按可比价格计算，中国的国民生产总值每年平均增长6.1%；从1979年至1988年，每年增长9.6%，这在世界上也是不多见的。

即便处在大革命的形势下，革命和改革的关系仍然是微妙的。它们既有相互对立的一面，而在某种意义上又相互补充。在旧中国，只要是在实现现代化和社会进步这个目标下，许多"政治改良""实业救国""教育救国"等主张，尽管不能从根本上解决改造中国的问题，仍然在某些方面起过有益的作用。在这些方面做过一些切实工作的人，如严复、梁启超、张謇、蔡元培、范旭东、卢作孚、荣宗敬兄弟等，仍然是值得我们纪念的。

## 三

暴力革命并不是在任何时候，都能够从根本上改造旧有的社会秩序，都能够取得成功，甚至未必都能在历史上发挥积极的作用。暴力仅仅是一种手段。只有当旧的社会制度已经衰竭到没有力量调节自身内部的矛盾、没有发展余地的时候，只有当新的社会制度已经孕育到呼之欲出时，一句话，只有当社会大变革的内在条件已经足够成熟的时候，暴力才能成为新社会诞生的助生婆。没有这种客观条件，任何人都无法随心所欲地单凭自己的意旨，使用暴力来实现他所主观设想的目标。

在中国近代的历史条件下，由于帝国主义的野蛮侵略和本国封建势力的黑暗统治，由于这种情况下形成的半殖民地半封建的社会结构已将中华民族引向灭亡的边缘，暴力革命是不可避免的，但仍然不能依靠暴力来解决一切问题。可以这样说：暴力革命是一种激烈的不得已的选择，绝不能无休止地长期继续下去。

人们要正确地认识这一点，不是容易的事情。一次社会大革命总是在追求完美社会的强烈要求的推动下进行的。这种追求有时在感情上达到狂热的地步。革命的胜利更给了人们巨大的鼓舞，也造成一种错觉，仿佛原先的办法可以用来解决一切问题，仿佛一切都能以革命时期同样的速度在短期内得到实现。他们往往忽略了急风暴雨式的革命时期同和平建设时期两者之间的巨大区别。当客观历史已经从前一阶段转入后一阶段时，人们的心态和思维方式常常在许多方面仍停留在前一阶段，习惯于用前一阶段用熟了的办法去处理后一阶段面对的新问题。这实际上多少是一种盲目的不够自觉的状态，容易在革命胜利后出现一种急于求成的情绪。20世纪50年代后期中国在"以阶级斗争为纲"和建设中要求"大跃进"等失误，都同这种历史背景有关。

推倒一座旧的建筑有时能在短期内完成，可是在这块废墟上建设一座新的大厦却必须持久地循序渐进。事物的发展有它的客观规律。尽管新社会制度内部肯定仍存在种种缺陷，在新的历史条件下还会滋生一些新的不良现象，这就使坚持不懈地进行改革成为必不可少的。而这种改革也需要随着主客观条件的逐步成熟而有步骤地进行。在有些事情上，操之过急，企图一步到位，往往事与愿违，只能造成混乱，导致"欲速则不达"。在中国这样一个经济文化落后、人口众多的大国尤其如此。当然，在建设中仍需有破坏，但毕竟是不同了。"天下大乱，达到天下大治"，并不是在什么情况下都能奏效的，甚至会适得其反。

## 四

当今人类生活的时代，正处在历史上从来没有过的剧烈而广泛的变革的时代。科学技术的发展和社会进步的步伐都以前所未有的规模和速度进行着。当然,在这个过程中仍然存在着各种不同社会力量、不同社会制度之间的矛盾和冲突。

中国是从一个落后的半殖民地半封建国家起步的,至今还是一个发展中的国家。建设一个社会主义现代化国家是十分艰巨的任务。我们需要在国际上有一个和平的环境、在国内有一个安定的局面来从事长期的建设。因此,稳定是我们压倒一切的需要。在这种情况下,我们对外坚持在五项原则的基础上和不同社会制度的国家和平共处,坚持实行对外开放,努力学习国外对我们有益的科学技术、管理经验以及其他先进的文化成果。其中,科学技术的发展也许是一个特别重要的革命力量。

世界范围内的任何变动都会影响正实行改革开放并向社会主义现代化目标前进的中国。中国需要和平,需要发展,十分珍惜几十年来同世界各国发展经济文化交流的成果以及同各国人民的友谊。中国人民绝不会干涉别国的内政,同时也不会听任别人侵犯自己的神圣权利。受过一百多年来自国外的侵略、压迫和干涉的中国人民,在这个问题上是十分敏感的。我们将坚定不移地根据自己的实际国情,走自己的路,毫不动摇地把经济体制和政治体制的改革不断推向前进,使中国的社会主义制度在自身基础上不断发展和完善。而有着 11 亿人口的中国社会变革的继续推进,也必将对世界的和平和人类进步事业有着积极的影响。

# 在第四届青年史学工作会议上的讲话<sup>*</sup>

青年史学工作者象征着中国史学的未来。他们如何对待历史科学，将在相当程度上决定多少年后中国史学工作的状况。因此，人们对他们的成长抱着特别殷切的期望，是十分自然的事情。

今天的发言，无非是想表达我对年轻的史学工作者的一些期望，提供一些参考的意见。

史学研究工作中最重要的是要坚持马克思主义的指导。这是一个根本问题。马克思主义关于生产力和生产关系、经济基础和上层建筑、社会存在和社会意识之间关系的论述，是科学地认识人类社会历史发展的最可靠的理论。很难想象，离开这些指导思想，怎么能从根本上把如此复杂的人类历史解释清楚。有些年轻人现在很少读马克思主义经典作家（这是人类社会中一些抽象思维能力特别强的大师）的原著，不去认真了解他们说了些什么，是怎样观察和分析问题的，用来丰富和提高自己的思考能力，这是令人担忧的。这个问题，最近很多学者谈得不少，这里就不多说了。

今天着重从专业方面提出几点希望。主要是：要有问题意识，视野要广阔，学风要严谨，文字要讲究。

---

\* 本文是作者 2006 年 10 月作为中国史学会会长时在第四届全国青年史学工作会议上的讲话。

# 一、要有问题意识

"问题意识",是史学大师陈寅恪先生提出来的,我的老师周谷城先生也说过:"你如果能提出一个好的问题,文章就成功了一半。"胡适也说,对人要在有疑处不疑,治学要在不疑处有疑。他所说的"有疑",也就是能发现和提出问题的意思。

毛泽东在《反对党八股》中谈到怎样写文章时说道:"一篇文章或一篇演讲,如果是重要的带指导性质的,总得要提出一个什么问题,接着加以分析,然后综合起来,指明问题的性质,给以解决的办法,这样,就不是形式主义的方法所能济事。"当然,写史学文章未必都需要"给以解决的办法",但基本道理是一样的。

为什么把"问题意识"作为第一个要求提出来?这是研究工作本身的性质所决定的。研究,无非就是为了解决问题,解决你原来不清楚或不很清楚的问题。这和写宣传文章不同,好的宣传是将"已知"的问题用摆事实、讲道理的办法讲给还不知道这些道理的别人听,使别人也能理解和接受,这当然十分重要,做到它很不容易;而研究是要解决"未知"的问题,如果事情已经很清楚,还要你研究干什么?

有一位学者写了不少书,在社会上很有些影响。他的一个朋友问他,你不是某个领域的专家吗?在这个领域内,哪个重要问题是你提出来或解决的?他回答不上来。这至少说明他对研究的功夫下得不够。人们有时说到某人的文章太"平",常常就是指这种情况而言。

听到有的年轻朋友说,他写的文章苦于只停留在事实的叙述上,缺乏深度。原因可能就出在缺乏"问题意识"上。

怎样才能提出问题？办法可以从你自己原来在学习和思考过程中还没有解决的问题下手。你没有解决的问题，很可能也是别人关心而没有解决的问题。

拿我自己的经验来说，我和胡绳武教授曾合作写四卷本的《辛亥革命史稿》。当写到第三卷时，这卷中的主要内容如四川保路运动、武昌起义、各省独立等，每个题目几乎都已有专著出版，我们再写些什么呢？拿四川保路运动来说，四川大学隗瀛涛教授已写了一本《四川保路运动史》，是很有分量的专著。你还能说什么呢？我的办法是先反复地读他这本书。读的目的有两个：一是认真地领会他已经说清楚的问题。这样就不至于对他已解决的问题也不知道，写出来的东西还不如他说得清楚呢。也就是说，要在继承前人已有成果的基础上前进。二是仔细想想自己读后还剩留哪些没弄清的问题。当时想到四个问题：其一，1911 年（清宣统三年）时，清朝政府已处在摇摇欲坠的地位，而把铁路收归国有一定会激起强烈的反对，这是完全可以估计到的。为什么清朝政府偏偏要在这个时刻决定去做这种冒天下之大不韪的事情？它总有个原因在那里。其二，保路运动起来时，反对最激烈的是湖北、湖南，但它们并没有发展成导致全国大起义的导火线。四川的保路运动最初远比两湖温和，却发展成辛亥革命的导火线，这是为什么？其三，四川保路运动大致可分为四个阶段，这从当时的记载到隗瀛涛教授著作的说法都是一致的。那么，各个阶段有别于下一阶段的特点是什么？它又为什么会发展到下一个阶段？在前三个阶段中站在运动前列的是立宪派，而第四阶段站到前列来的却是革命派，这又是为什么？其四，仔细排列一下各路同志军起义的地点，领头的是些什么人，他们为什么会采取行动，可以发现它最初集中在川西平原的周围，以后再扩展到全省,这个过程说明了什么?这四个问题都是在研读有关史料和《四川保路运动史》这部专著时产生的,并不是凭空而来。头脑中有了这四个问题,就觉得很值得研究,也觉得《辛亥革命史稿》第三卷中的这部分可以写了。

又如,我在日本京都大学的《东方学报》上写了一篇《中国共产党在革命时期三次"左"倾错误的比较研究》。三次"左"倾错误这个问题,在中共党史著作中已经是一个讲得很多很多了的问题,为什么我还要去写它呢?出发点还是因为我自己对几个问题还不很清楚,那就是为什么当一次"左"倾错误刚得到纠正后,接着发生的不是右的错误,而是又发生另一次"左"倾错误,而且一次比一次更加严重?为什么当这些错误发生时,能够被党内许多人,包括不少优秀的领导人所接受和支持?单拿政治压力和组织上不能不服从来解释,似乎还不能完全说明白。这三次"左"倾错误,有哪些相同的地方,又有哪些不同的特点,为什么会这样一步一步地发展?有了这些问题,就驱使我很有兴趣地去探讨和研究这个题目。当然,并不是什么问题一开始都有了才去研究,有些问题是研究过程中逐步出现或明确起来的。

在研究工作中遇到的问题可能很多很多,而人的精力有限,不能碰到什么问题都去研究,总得在众多问题中反复比较和筛选,在头脑中翻来覆去地掂量,努力做出对自己最佳的选择。大体来说,筛选的标准有几条:第一,哪个问题更重要,被更多人所关心。因为即便同样的水平,花费同样的时间和精力,做一个比较重要的题目总比做不那么重要,而且不为更多人关心的题目效果要好一些。第二,要了解对这个问题研究的现状。即便题目重要,但早已被其他学者说得清清楚楚了,再去重复劳动自然也没有意义。第三,还要考虑自己的知识准备、驾驭能力和可能掌握资料的程度,也就是自己能不能做出成果来。如果题目重要,前人没有解决,自己花了力气也解决不了,那就不要再往这个死胡同里钻,或者让更有条件的学者去做。

提出了问题,怎样解决?我的体会有几条:

一是要尽可能详尽地占有材料,作为研究的出发点。在日常生活里,我们也可以看到这种现象:如果你对某一个人以往的环境、经历、在各个时期或各方面的表现越熟悉,对他评论起来,即便三言两语,也能说在点子上;相反,如果对他只有一些粗枝大叶甚至是道听途说的了解,即便你采用"最新的科学方法",对他说得头头是道,熟悉他的人一听就会觉得他是你所说的那个样子吗?

对过去较久的历史,我们一般很难做到有这种直接的了解,主要是依靠前人留存下来的文字记载(当然还有一些地上或地下遗留的文物)。陈垣先生对古代史研究者,要求他们对留存的史料做到"竭泽而渔"。近现代的史料实在太多了,浩如烟海,谁也无法什么都做到"竭泽而渔",倒是有"望洋兴叹"之感,但也得尽力掌握可靠的基本资料,尽可能地了解事实的总和,把它作为研究工作的出发点。现在有些作者(许多并不是史学工作者)不肯下这番功夫,只看到很有限的几条材料,灵机一动,就想发表有"轰动效应"的"独到见解"。许多毛病便是这样出来的。

留存下来的文字记载和实物材料再多,总仍是有限的。特别值得注意,越是大家习以为常的事情,往往因为当时尽人皆知而不再在文字上记录下来。后人再去推测或描写,就往往容易拿以后已经变动了的环境和条件去想像它的失真。档案资料一般说来比较可靠,但有时未必连贯,缺乏动感。就像电影的一张张胶片,都是孤立而静止的，不能使人看明白，但通上电力在放映机里放出来，就仿佛重新活起来了。史学工作者不可能完全做到这样，但有时也需要通过一种电力，那就是理解力，使书面上的分散资料仿佛在眼前活起来，力求真实地再现当年活生生的历史场面，力求像自己熟悉的事情那样，否则就难以对它进行分析和判断。能不能使历史在你眼前活起来，一定程度上还反映了你对那些文字资料究竟读懂了多少。

文献记载互不一致，是常见的事情。史学工作者还需要下大的考辨功夫，不能看到同自己观点相近的材料拿来就用，目的也在于力求接近历史的真实。这也就是平时常讲的"考据"工夫，这也很重要，并且需要经过严格训练才能做到的。

二是读历史资料时要边读边思考。读资料的时候，面对着大量复杂的历史事实的记载，往往是思维最活跃最紧张的时候。当然，这是指你对研究对象已有基本的知识，头脑里又存有一些自己还不很清楚而又希望弄清的问题。读资料时，就是在从丰富的史料中寻求问题的答案。当你头脑里有了苦苦寻求答案的问题，读资料的时候，平时也许会轻轻放过的几句话会突然从纸面上跳出来，使你一下明白了事情的究竟。有如辛弃疾词所说："众里寻他千百度，蓦然回首，那人却在，灯火阑珊处。"一般说来，研究工作不大可能很快就得到答案，否则问题就太简单了，不值得作为研究题目了；也不可能把看和想分成两个阶段，先埋头去读，等有关材料都看完后或摘录下来后再去思考，那样只会事倍功半。

所谓边读边思考，就是努力从阅读中寻求问题的答案，不断把零散的思考所得加以归纳，形成一些初步判断，再在继续阅读中检验这些判断是否符合实际。检验下来，可能有几种结果：一种是大量资料证明最初的设想是符合实际的,进而不断得到丰富和细化;一种是最初的设想只是事情的一个方面,事情还有其他许多复杂的因素在起作用,有的因素甚至更重要,那就不能死抢着先入为主的成见不放,而要把结论校正得更全面、更准确些;再一种是读了更多资料后,发现最初的设想并不符合实际或者只是以偏概全,基本立论站不住脚,那就不管当初如何兴奋,不管已经花了多少力量,只能毫不可惜地推倒或放弃。最初形成的想法只能看作起步时的一种假设,而不能变成自我限制的成见。结论只能产生在反复阅读和反复思考的最后,而这两者几乎是同步进行的。就我自己来说,研究工作主要就在这种边阅读边思考的过程中进行的。一般说来,这个过程结束时,论文怎么写就大体有数了,可以一口气把它很快写出来,以后再仔细推敲、修改和补充。

三是要充分重视问题的全部复杂性。事情总是由很多侧面,甚至是相互矛盾着的许多因素构成的。谁都不能吹这个牛:他对许多复杂的问题一眼就能把方方面面和它们的相互都看清楚。很多事情的演变,在事后因为结果已放在那里,似乎很清楚明白。但历史上那些当事人却没有如此幸运。他们作出决断时,通常都面对着许多未知数和变数,有时还要承担相当大的风险。后人研究这些历史,就得还原到他当时那种复杂而矛盾的处境中,设身处地地去努力理解它。这才是真实的历史。

我读过不少解放军高级将领所写的回忆录,觉得最好的是粟裕同志的《粟裕战争回忆录》,他所写的战役是一个大军统帅眼中的战役,而不是战地记者对战役的了解。拿 1946 年的苏中七战七捷来说,在确定选择在苏中解放区前部作战后,首战的打击目标放在哪里?对他来说,可以选择的方案有三个,这三个方案各有利弊。

经过反复比较和权衡，才认定先打国民党军队的进攻出发地泰兴这一路最有利。除其他各种原因外，这是国民党军队最不会想到的，可以收到出其不意、攻其不备的效果。这是大胆的决断。他们又针对可能遇到的困难和障碍，经过周密细致的盘算和部署，终于达到预期目的。读起来确实可以"益人神智"。它同那些把错综复杂的战争进程写得很简单，仿佛高明的指挥者轻易地作出决定，随后便顺利地取得胜利的作品大不相同。正如粟裕同志所说："以这些观点来教育下一代，打起仗来是会害死人的。"

不仅对成功的人和事的论述需要如此，对历史上一些失误，包括重大的失误，也要放在当时当地的具体历史条件下来考察，充分考虑到影响或制约它的种种因素，说明为什么会发生这些失误。记得有一位西方哲人说过，我不怕后人批评我，只怕后人误解我。这话很有道理，因为正确地理解了才能提出中肯的批评，在误解基础上的批评自然是毫无价值的。

四是正由于事物是复杂的而我们又不容易一下把事物的方方面面都看清楚，所以当要提出一些重要的、不同于前人的见解时，格外需要采取慎重的态度，经过反复的考虑。讲这一面时，要想想有没有另一面。问题越重要，越需要如此。办法，或者是多征求别人的意见，或者尽量从反面向自己提出对这种看法的质疑。陈云同志说过一句话："所有正确的结论，都是经过比较的。"

这样做的结果，如果这种见解仍站得住脚，别人或自己的反驳都能得到恰当的回答，就比较放心了，还可以把问题说得更周全，把可能存在某些漏洞或别人容易质疑的地方预先交代清楚。如果这种看法站不住脚，也可以及早收住，把它丢掉，不至于在发表出来后被人驳得体无完肤而陷于狼狈境地。

这里最忌的是只看到个别材料，便立刻想提出一套和前人不同的看法，而不经过反复的推敲。那很容易走入歧途。正如列宁所说："在社会现象方面，没有比胡乱抽出一些个别事实或玩弄事例更普遍更站不住脚的方法了。罗列一般例子是毫不费劲的，但这是没有任何意义的或者完全起相反的作用，因为在具体的历史情况下，一切事情都有它个别的情况。如果从事实的全部总和、从事实的联系去掌握事实，那么，事实不仅是'胜于雄辩的东西'，而且是证据确凿的东西。如果不是从全部总和、不是从联系中去掌握事实，而是片段的和随便挑出来的，那么事实就只能是一种儿戏，或者甚至连儿戏也不如。"列宁这段话，以前是人们所熟知的，现在可能有些人没有读过，而这样的教训实在太多了。

还有一种情况：事情有许多侧面，以前往往只讲了一面（尽管它也许是主要的方面）而忽略了其他方面，这当然是片面性，需要指出和补充，使人们有个完整而全面的认识；但不能反过来，为了"创新"就只讲另一面，把虽然符合事实的前人说法一概视为"老一套"而不再提到，那就成了以一种片面性代替另一种片面性，甚至因为只看到次要方面而忽略主要方面，导致得出错误的结论。

这样说，是不是要人们谨小慎微，四平八稳，毫无锋芒？当然不是。经过反复考虑后认为仍站得住脚的看法，可以提高自己的信心，更加理直气壮地阐述自己的见解。文章总要有重点。有重点才能吸引读者。为了防止片面性，对你不准备着重阐述的那一面，只要明白点到，交代清楚，笔墨不必多；接下来就可以放开手来阐述你准备着重谈的内容。这样，既保持了观点的鲜明性，又避免了片面性。

总之，要尊重事实，一切从实际出发，重视具体分析，既不要为他人的成说所束缚，也不要为自己的成见所束缚。

## 二、视野要广阔

前辈的史学大师，如梁启超、王国维、陈寅恪、陈垣、吕思勉，还有郭沫若、范文澜、翦伯赞、侯外庐等，都是博古通今、知识渊博的大家。他们谈某一个历史事实时，不是就事论事，而能以一种广阔的视野来俯瞰这个事实。他们就此所发的议论，也不是就事论事，而能看到事实的多面性，帮助人从这个事实中悟到一些有更广泛意义的道理。因此，读他们的作品，常会产生一种"非常人所能及"的感慨。高下在此立见。

毛泽东在1942年3月有一篇《如何研究党史》的讲话。他提出一个方法论的问题说："我想把它叫作'古今中外法'，就是弄清楚所研究的问题发生的一定时间和一定的空间，把问题当作一定历史条件下的历史过程去研究。所谓'古今'，就是历史的发展。所谓'中外'，就是中国和外国，就是己方和彼方。"

从"古今"，才能看出某个历史事件是整个历史发展过程中的一个环节，以及它所处的方位，才会有厚重的历史感。普列汉诺夫的名著《一元论历史观的发展》，一开始就讲人类对社会存在和社会意识关系的认识是怎样一步步发展的，在这个过程中，它曾在哪里卡了壳而难以前进了，又在哪里误入歧途而遭遇曲折，最后讲到马克思、恩格斯怎样把这个千百年来的难题给以统一的科学的解释和说明。这样读下来，对唯物史观的出现是人类历史观的一场革命才有深刻的理解。

从"中外"，才能看出某个历史事件所处的客观环境，是由哪些因素合力所造成和制约的，读起来才有丰满的立体感。梁启超曾经批评李瀚章编的《曾文正公年谱》，说他只写了曾国藩的奏稿、文牍和活动,却没有写当时太平天国的活动状况。他用了一个生动的比喻,说是"门缝里看打架",只看见一方忽进忽退,忽而跃起,忽而伏下,却看不见对方,这样你不会真正懂得他的武艺高下。所以,对我们研究中国共产党在民主革命时期历史的年轻朋友来说,研究中国共产党的这段历史,必须花力气了解当时的中国国民党,了解当时中国的社会状况,否则也很难真正懂得共产党的这段历史;同样,研究国民党的历史也必须下功夫了解当时的共产党。不然的话,就如同"门缝里看打架"一样。

从"中外"还有一个好处:可以作比较。我同胡绳武教授合写四卷本的《辛亥革命史稿》时,读了好几本写法国大革命的历史著作,也看过有关亚洲民族独立运动的书。这就有个比较:相同的地方可以看出规律,不同的地方可以看出特点。如果这些都不看,只盯着一个辛亥革命,就只能就事论事,既看不到规律,也看不到特点。

要采用"中外古今法",知识面就得宽一些。各种门类的书都要看一些。我觉得现在不少历史学博士的特点就是不"博"。大学生时是打基础。硕士生时期做一个专题,博士生时期不少人把这个专题再深入,只看直接有关的书,其他都顾不上。这不仅使得到学位后要找对口的工作岗位十分不易,而且也限制了他的眼光和水平,限制了他的发展。

听到过一种说法:其他基础知识,到将来需要时查查就可以了。当然,扩大知识面是一辈子的事。有些基础知识可以在将来需要用的时候再去补。而且在用的时候补,记得特别牢,这就是常说的"边干边学"吧!但一个人的知识面总要广一些才好,而有些基本知识,最好趁年轻时好好读一些,这时记得牢;等到年岁大了再去补,往往就记不住了。年轻时的功底如何,十分重要。系统地学习一些重要的基础知识又是一种思维训练，可以终身受用。再说，如果根本缺乏这些基础知识，连需要时要去查的念头也不容易产生，想查也往往无从查起。

　　大家现在这样忙，自己的专门领域内要深入，还要扩大知识面，时间哪里来呢？除了时间要靠自己挤以外，我想有两点：第一，基本知识宁可粗些，但要准确。如果都要读得非常细，时间确实不够，最初可以先掌握得粗线条一些，以后根据需要再逐步加深，那是可以做到的。但准确十分重要。有的人爱读杂书，茶余饭后聊起天来仿佛无所不知、无所不晓，但常常似是而非，甚至说出有"硬伤"的错话来。那不是做学问的人的态度，反而会被人笑话。第二，要区别浏览和精读。我自己的习惯：80%的时间是比较有计划地读书的，大多围绕当时工作的需要；但总拿出20%的时间来"跑野马"，有兴趣或觉得需要看的书都拿来看看，这不仅可以调剂精神，而且积以时日就会显出功效。浏览的书可以看得很快。胡绳同志说过，他对这类书就是读得快、读得多。他有一句话给我印象很深：在眼睛下"过"过和没有"过"过，大不一样。其实，就是对同一本书也可以区别为浏览和精读两部分：有的部分（甚至是段落）要反复精读，有些部分很快地浏览就可以了，区别就在它重要不重要以及你当时的需要。还是用胡绳同志对我说过的话：即使马克思、恩格斯的书，也不是每篇都是经典作品，每段话都是经典，该精读的要精读，但有些地方很快看过去就可以了。

## 三、学风要严谨

　　这是一个最近大家谈得很多的问题，讲得简单一些。

严谨，首先是要肯下笨功夫，一丝不苟。无论读书、治学，以至办事都是如此，不偷懒，不马虎，不取巧。

我接触到的前辈学者都有这个共同特点。以他们那样渊博的知识，遇到稍稍没有把握的地方，一定要找原书查过才放心。提出一个重要的看法，总要反复推敲，才会鲜明地提出。

对年轻的朋友，我常劝他们："不争一日之短长。"中国女排"五连冠"的时候，我看到荣高棠同志总结她们的经验，集中到一点是："高标准，严要求，勤学苦练基本功。"他还解释什么叫基本功，就是那些经常起作用的因素。这些女排队员苦练时，一个同样的常用动作要连续做几十遍，一点不能马虎。她们原来的同伴没有经过这样苦练的，也许一时在赛场上更早引人注意，但一般说来，她们很难达到正在"勤学苦练基本功"的选手们最终达到的水平。

老话说：一分功夫一分货。当然，这里讲的"功夫"，单靠死功夫也不行，还要用头脑，不断分析自己的长处和短处，总结自己的经验教训，提出进一步的目标，才能不断有长进，不断迈上新的台阶。

这里还想说几句有关理论思考的问题。

大家都关心如何提高史学研究中的理论水平。在这个问题上，长期以来大家已形成一种共识：应该是"论从史出"，而不是"以论带史"。我想，有两种"以论带史"：一种是把一些马克思主义的词句"穿靴戴帽"式地硬贴在对历史的叙述上，甚至不惜削足适履；另一种是把一些西方政治学家、社会学家等的理论框架硬套到中国历史叙述头上来作为装饰（其中有些理论框架是根据西方情况总结出来的，可以给我们一些启发，但未必都能直接搬来分析中国的问题）。不管是哪一种"以论带史"，这类廉价的、费力小的办法未必能真正帮助我们加深对所研究的历史事件的理解。

对"论从史出",毛泽东有两段话讲得很精辟。一段是《读苏联〈政治经济学教科书〉的谈话》中所说:"研究问题,要从人们看得见、摸得到的现象出发,来研究隐藏在现象后面的本质,从而揭露客观事物的本质矛盾。《资本论》对资本主义的分析,就是用这种方法,总是从现象出发,找出本质,然后又用本质解释现象,因此,能够提纲挈领。"另一段是《实践论》中所说:"人们在实践中引起感觉和印象的东西反复了多次,于是在人们的脑子里生起了一个认识过程中的突变(即飞跃),产生了概念。概念这种东西已经不是事物现象,不是事物的各个片面,不是它们的外部联系,而是抓着了事物的本质,事物的全体,事物的内部联系了。"

这些,都需要切切实实从掌握事实出发。对史学工作者来说,就是要尽可能详细地占有历史资料,对问题进行反复的仔细的思考。如果抱着浮躁的心理是做不到这一点的。

有一次在武汉举行的国际学术讨论会上,中国史学会邀集一些年轻的史学工作者座谈。我在会上说:我们这一代人从事学术工作时遇到的问题是社会的动荡;你们生活在一个好时候,但又遇到另一个新问题,那就是来自各方面的诱惑,容易使人浮躁。李文海同志插话说:动荡是自己做不了主的,你不能叫日本人不打进来,难以使哪个政治运动不进行;而诱惑是不是接受,一般却是自己能做主的。

当然,有如一些年轻朋友倾吐的苦衷:一些部门所规定的具体制度也是造成一些人浮躁的重要原因。你说"十年磨一剑",那我的职称、工资等都会无法解决。这确是一个问题,我们也曾向有关部门提出过这方面的建议。但是,面对同样的处境,有些人显得十分浮躁，有些人仍能沉下心来，做出扎实的、受到人们公认的出色研究成果来。这里还是有值得我们思考的空间。

## 四、文字要讲究

这里说的是文字要"讲究"，不只是说要"注意"。

所谓"讲究"，是指文字表达能力是要下苦功去练的，要用心思去反复推敲。我听别的同志说，他常在写完文章后已经睡下了，忽然想起文章中某几个字换另外几个字更有表现力，或者文章中某一个地方要添上一两句话才说得周全些或更有力量，怕第二天起来时忘了，立刻就得起床把它记下来。我也有过不少次这样的经历。

我还听逄先知同志说过，他在田家英同志身边工作时，田第一次要他写篇文章，他认真地写好后送去。田家英同志看也不看，说你再改一遍后拿来。第二稿送去时，田还是说，你再改一遍。第三稿送去时，田家英同志问，你能不能背出来？他说可以。田才说，那留下吧！我自己的经验，年轻时当一些重要的文章写完后，文章的开头部分、重要部分、结束语，在半年内大体上是能够背出来的，包括标点在内，因为在写的过程中心里已背过多少遍，看有哪些需要修改的地方，所以不容易忘记。

研究工作的过程，通常是要熟悉它，理解它，再表达它。熟悉它是基础，也是需要花时间最多的地方；理解它，是决定研究成果水平高低的关键；最后还要很好地表达。

为什么在文字上要花这么多力气？因为你对一个问题用力去熟悉和理解它以后，写出来的目的是希望使别人也能明白这是怎么回事。如果文章写得词不达意，就如"为山九仞，功亏一篑"，难以达到预期的目的。所以不能把文字看作"雕虫小技",而不用心对待。

当然,写文章各人有自己的风格和习惯,不能千篇一律,但有几点大概都要注意:

第一,写文章要处处为读者着想。这是第一位的要求。文章是写给别人看的,自然需要处处为读者着想。胡乔木同志曾经在这方面提出三点要求:一是要引人看,有吸引人的力量。如果人家看了几行就丢下不看下去。这篇文章就白写了;二是要使人看得懂,如果看不懂或不太懂就会看不下去;三是要能说服人、打动人。这些,讲的都是要替读者着想。

要弄清楚什么是读者已经知道的,什么是他不知道的。茅盾先生说过一句话:不要以为自己知道的,读者都知道;也不要以为自己不知道的,读者都不知道。

凡是读者已经知道的,为什么还要用许多篇幅去说它呢?有的作者以为如果不说,文章就不"完整"了,复旦大学新闻学院老院长王中打过一个比喻:有人左脚有鞋,右脚没有鞋,要买鞋,你给一只右边的鞋就行了;如果你认为这一来就不"完整"了,硬给他左脚上再套上一只鞋,顾客受苦了,你却得意扬扬地觉得这下才完整。这是对主观主义者的辛辣嘲讽。当然,有些读者已知道的事在文章中也不能不交代,否则文章就连贯不下去,或者会给人片面的误解。但这种话力求说得简括些,达到上述目的就够了。如果洋洋一大篇都是读者已知道的话,那只能令人生厌。

有时候自己以为很清楚的事,读者未必都知道,也要替他们想到。我们有些讲党史的文稿,送给胡乔木同志审阅。他常在大家熟悉的人的名字前面,添加上他当时所任的职务,这样方能使读者明白他同你所要讲的那件事之间的关系。

为了能抓住读者，文章还要有起伏，有波澜，有详细铺陈的地方，有简单带过的地方，有时候还需要有生动的比喻，有辩论的口气。始终平铺直叙的文字，是很难吸引读者读下去的。

第二，文章总要有主题，也就是它要解决的问题是什么。整篇文章要紧紧扣住主题，不能"下笔千言，离题万里"。如果必要时穿插一些其他内容，也是心中有数的，放得开，收得拢，不能节外生枝，更不能喧宾夺主，要力求一气呵成。这样，文章结束时它所提出的问题也解决了，能给人留下一个清晰的印象。

胡绳同志主持编写《中国共产党的七十年》时，乔木同志说过："你们要把一本书当作一篇长的论文或长的讲话来写。"有的书分的章、节、段，分别自成段落，互不衔接。集体编写的书往往更是如此。乔木同志说："这样，一个方块，一个方块，就把文章做死了。"

历史是一个永不停息的发展过程。它有阶段性，又有连续性。即便是叙事式的书籍文章，也要有清楚的内在逻辑，显示它是如何一环紧扣一环地发展下去的。如果把它分成若干阶段来讲，也要着重说清楚各个阶段的特点是什么，为什么会向下一个阶段演变，导致这种发展变化的主客观条件是什么，进入新阶段后又产生什么新的矛盾导致它继续向前演进。如果写一个历史人物思想演变中的某一阶段时，也需要说明前一阶段留给他的思想影响或制约因素是什么，为什么此时会有这样的突破，它对后一阶段又有哪些影响。在同一新环境下，以往经历和其他有不同经历的人对事物的认识和态度会有什么不同，为什么有这样的不同。文章的内在逻辑是否严密，是否合乎实际，相当程度上决定了文章的水平。

就是编写年谱、年表之类，看起来是一条一条分割的，也得全局在胸，做到"主次要分明，前后要呼应"，否则就成为一篇流水账。

第三，文章要力求做到"准确、鲜明、生动"。"准确"表现在两方面：一是事实叙述要准确。在史学领域内，这个问题特别被人看重。看法不同，还可以彼此商榷。事实叙述不准确，就被称为"硬伤"，被人笑话。这一点，在转用第二、三手材料时特别要小心。重要的事实，不查可靠的第一手材料，是无法放心的。二是作判断时，要十分重视"分寸"是否恰当。不要随意使用夸张的字句。有一位年轻同志在写到一位领导人在队伍前讲话时听讲的每个人都感到如何兴奋。我就问他，你讲"每个人"，你对每个人都作过调查吗？"分寸"不当，更常见的表现是作判断时，对这种状况是全体，还是部分，还是个别，不加讲究和区别，往往就得出"以偏概全"的结论来，令人觉得不可信。

"鲜明"与否，也有两种情况：一是在重要问题赞成什么，反对什么，是否鲜明。含含糊糊，吞吞吐吐，钝刀子割肉，自然谈不上鲜明。二是一篇文章中最精华的内容（特别是新话）无非只有一两点，对它的表达是否能给人留下突出的印象。要做到这一点，也要苦心经营，例如：或者对它用重笔渲染，或者使它所处的位置突出，或者反复陈说，或者用辩论的口气加深读者的印象。如果对重要的和不重要的内容平均对待，重要的淹没在一大堆不重要的话中，读者看了半天，也许恰恰把最重要的东西漏过去了。

"生动"，也就是现在常讲的"可读性"，不仅为了引起读者的兴趣，而且能加深他对问题的理解。这里，生动的比喻是重要的。毛泽东在《关于农业合作化问题》中所讲的"小脚女人"的比喻、所作的批评是错误的，但这个比喻同他的原意是贴切的，能够加深人们的印象。除了比喻以外，"生动"还表现在以同读者谈心的方式，娓娓道来，能够抓住读者跟着你一口气读下去，即便没有什么比喻，更没有堆砌多少形容词，读起来还是生动活泼的，能打动人的。

这里还涉及一个写历史文章能不能带有感情的问题。有的人认为，写历史文章不能掺入一点个人的感情，这才是"客观"的态度，甚至认为必须持"超阶级""超党派"的态度才能做到"客观"。历史事实本身当然是客观的事物，但史学工作者是人，叙述它时怎么能没有一点自己的感情？司马迁的《史记》里，处处流露出他爱憎分明的感情。被西方称为"史学之父"的希罗多德所著的《历史》，在讲到希腊人在波希战争中表现出来的爱国精神和雅典的民主精神时，同样也充满了感情，写得有声有色，动人心弦。这些都是世界上不朽的史学精品。难道我们在写到日本军国主义者制造的南京大屠杀惨案时，必须冷冰冰地毫无感情地罗列出屠杀的人数、方式、地区分布等便完事，不许流露出一点义愤的感情，才叫"客观"吗？自然，这里有几点要注意：一是忠实于客观事实是史学研究的前提，绝不能因感情因素而歪曲历史。二是历史著作和政论著作或其他社会科学著作不同，通常采取的是叙事体。可以夹叙夹议，但不能离开叙事而长篇大论地展开议论或抒发个人感情。高明的史学作品，应该是在叙述事情的过程中，使读者自然觉得是非分明，油然产生同样的感受，作者只在紧要处画龙点睛地说上几句就够了，就像《史记》中的"太史公曰"、《资治通鉴》中的"臣光曰"那样，或者在叙事中举出当时人对这些事的看法，也可以起同样的作用。如果叙事平铺直叙，读者看完后，引不起任何理性思考，也激不起什么感情共鸣，而由作者自己再跳出来发一段议论作为补充，那绝不是成功的办法。三是感情应该出自内心，在叙事中自然流露出来，而不是靠堆砌上一些夸张的形容词，那些东西在文章里只是败笔。

第四，文字尽量口语化，也就是用规范的现代汉语，少用半文半白或那种需要耐心辨析才能明白的"西式句子"，这样便于同读者交流。文字还要力求写得干净，有如鲁迅所说："写完后至少看两遍，竭力将可有可无的字、句、段删去，毫不可惜。"拖泥带水，啰啰唆唆，读后不易抓住要领，是容易引起读者厌烦的。句子尽量简短些，不要五六行中间都是逗点，最后才是句点，让人读得喘不过气来。段落也不要太长，一段讲清楚一个问题。如果段落太长，黑压压一片，又包含很多层意思，读者一望就感到眼睛疲劳，读起来也许因为精神不集中，反而把重要的意思漏掉了。这些，也不能都说是"雕虫小技"。

拉拉杂杂说了很多。最后有两点需要说明：第一，这里讲的并不是我自己都做到了，只是自己从事史学研究工作五十多年来的一些感受，趁这个机会提出来同诸位共勉。第二，治学也好，写文章也好，从来"不拘一格"，各人有各人的风格和特点。前面说的，绝不是什么"条条框框"，只是个人的一些感受，供诸位参考。

暮年主编《复兴文库》

《复兴文库》工作全面展开,主编们在中华书局编辑部合影。右起:张海鹏、金冲及、陈晋、张树军、郑师渠、谢春涛

《复兴文库》书影

# 述录先人的开拓　　启迪来者的奋斗[*]

在党的二十大胜利召开之际,大型历史文献丛书《复兴文库》第一至三编正式出版。习近平总书记高度重视《复兴文库》的编纂和出版工作,并为丛书撰写序言。序言立足百年党史的新起点、着眼开创民族复兴事业发展的新局面,深刻指出,历史是最好的教科书,一切向前走,都不能忘记走过的路;走得再远、走到再光辉的未来,也不能忘记走过的过去。修史立典,存史启智,以文化人,这是中华民族延续几千年的一个传统。序言强调:"编纂《复兴文库》,是党中央批准实施的重大文化工程。在我们党带领人民迈上全面建设社会主义现代化国家新征程之际,这部典籍的出版,对于我们坚定历史自信,把握时代大势,走好中国道路,以中国式现代化推进中华民族伟大复兴具有十分重要的意义。"

## 以历史之光照亮复兴之路

百年文献浩如烟海。《复兴文库》本着怎样的原则来进行选编?扼要地说是两句话:"以民族复兴为总主题,以思想史为基本线索和编选逻辑。"这两句话把《复兴文库》的编纂原则说清楚了。

---

[*]　此文刊发于《求是》2022 年 22 期。

实现中华民族伟大复兴，是中国近代以来一百多年历史的主题，是震动世界的历史性变革。《复兴文库》正是以中华民族在一百多年的历史中如何一步一步前进，取得如此光辉成就的进程作为全书的基本内容。

中华民族是勤劳、勇敢、富有智慧的民族，创造出灿烂的古代文明，对人类文明进步做出过重大贡献，但是在近代却大大落后了。鸦片战争是一个重大转折点，西方列强发动多次侵略战争，强迫中国签订种种不平等条约，中国的领土和主权不断遭受破坏，逐渐成为一个半殖民地半封建社会，国家蒙辱、人民蒙难、文明蒙尘，沦于覆亡的边缘。创造灿烂古代文明的中华民族竟遭人鄙视，被呼为"劣等民族"。"中华民族到了最危险的时候。"昔日的光辉和眼前的悲惨境遇形成格外强烈的对比，更使有良心的中国人不能不感到极度的屈辱和悲愤。

中华民族是一个有志气的民族。为了挽救民族危亡，无数仁人志士前赴后继，顽强奋斗。终于在中国共产党领导下，依靠全国各族人民在千难万险中齐心奋斗，推翻了沉重地压在中国人民头上的三座大山，建立起由人民当家作主的人民共和国，实现了民族独立、人民解放，为实现中华民族伟大复兴创造了根本社会条件。

新中国成立后，党领导人民完成社会主义革命，确立社会主义基本制度，推进社会主义建设，实现了中华民族有史以来最为广泛而深刻的社会变革，实现了一穷二白、人口众多的东方大国迈进社会主义社会的伟大飞跃，为实现中华民族伟大复兴奠定了根本政治前提和制度基础。

改革开放后，我们党开创、坚持、捍卫、发展中国特色社会主义，创造了改革开放和社会主义现代化建设的伟大成就，实现了从生产力相对落后的状况到经济总量跃居世界第二的历史性突破，实现了人民生活从温饱不足到总体小康，奔向全面小康的历史性跨越，为实现中华民族伟大复兴提供了充满新的活力的体制保证和快速发展的物质条件。

党的十八大以来，以习近平同志为核心的党中央团结带领中国人民，自信自强，守正创新，统揽伟大斗争、伟大工程、伟大事业、伟大梦想，完成脱贫攻坚、全面建成小康社会的历史任务，实现第一个百年奋斗目标，党和国家事业取得历史性成就，发生历史性变革，为实现中华民族伟大复兴提供了更为完善的制度保证，更为坚实的物质基础，更为主动的精神力量。中国人民焕发出更为强烈的历史自觉和主动精神，中国共产党和中国人民正信心百倍推进中华民族从站起来、富起来到强起来的伟大飞跃。

中华民族从来没有像今天这样接近实现伟大复兴的目标。在21世纪的今天，猛回头一看，中国大地上真正做到了"换了人间"。

历史是最好的教科书。中国有着自己的国情和传统，无论革命、建设、改革，都没有任何现成的样式可以照搬。中国人一百多年来走过的道路并不平坦和轻易，而是在顽强的不断探索中前进，既有令人欢欣鼓舞的胜利，也有过使人痛心的失败。无论成功的经验，还是失败的教训，都是前辈留给后人的宝贵精神财富。所谓"吃一堑，长一智"，都不容回避。

为什么《复兴文库》的编纂提出要以思想史为基本线索？因为人们的行动从来是由思想指导的。有怎样的思想，就有怎样的行动。《复兴文库》精选鸦片战争以来同中华民族伟大复兴相关的重要文献，全景式展现中华优秀儿女为实现国家富强、民族振兴、人民幸福而不懈探索、百折不挠的历史足迹，集中展现影响中国发展进程、推动民族复兴的思想成果,深刻揭示中华民族一步步走向伟大复兴的历史逻辑、思想源流和脉络。不了解这一点,就很难理解人们为什么会采取这样的行动。

## 《复兴文库》的主要内容

为什么一百多年前已经濒临衰亡的国家,在不长时间内能够发生这样翻天覆地的变化?这是中国人民,也是全世界十分关注的问题。《复兴文库》必须紧紧扣住这个主题,而不是一般的中国近现代史资料汇编。这是做好编选工作的前提,否则就会"下笔千言,离题万里"。正如习近平总书记在《复兴文库》序言中所强调:"编纂出版《复兴文库》大型历史文献丛书,就是要通过对近代以来重要思想文献的选编,述录先人的开拓,启迪来者的奋斗。"

中华民族伟大复兴是在中国共产党的正确领导下推进的。党坚持以马克思主义为指导,团结带领人民进行艰苦卓绝的斗争,找到实现中华民族伟大复兴的正确道路,通过革命、建设、改革各个历史时期的不懈努力,谱写了中华民族复兴进程中波澜壮阔的历史篇章。在《复兴文库》收录、编选的历史文献中,中国共产党和中华人民共和国的重要文件、中国共产党人的文稿占主要地位是很自然的。同时,民族复兴是亿万中国人共同奋斗的事业,因此选编《复兴文库》应该十分重视选入各民主党派、各族人民、爱国民主人士、华侨华人、宗教界人士和国民党爱国将领等的文稿,这样才能反映出一百多年来中国人民为民族复兴奋斗的全貌。需要说明的是,在编选历史文献过程中,即便当时认为正确的文献中也难免有今天看来未必正确的内容,那是历史的真实情况,不能随意改动。还有一些文稿对当时全局走向的论述存在缺陷，但在某些方面对民族复兴有着积极意义，如实业救国、教育救国之类，仍酌量收入，以使丛书反映的社会面更为宽广。

在实现中华民族伟大复兴的历史进程中，一代代优秀儿女在探索、奋斗、创造中留下的大量文献是极其珍贵的精神遗产。当我们重读前人为实现民族复兴呕心沥血留下的这些文稿时，仍抑制不住内心的激动，从中更加深刻了解中华民族伟大复兴是怎样一步一步走过来的。在文献选编时，力求做到历史和逻辑叙述的统一，力求脉络清晰、层次分明，使人一目了然，而不是杂乱和琐碎。当然，思想和行动是无法分割的。人们关心的不只是仁人志士是怎么说的，更关心他们是怎样做的，思想的发展也同他们的实践和行动无法分开。《复兴文库》以思想史为基本线索，也要能适当反映出前人为实现民族复兴采取的重大实际行动，让人对其中关键性的节点留下生动真切的印象。

## 《复兴文库》编纂工作过程

《复兴文库》的编纂工作从正式开始到现在已经近 4 年了，众多编选人员和工作人员付出了艰辛努力。2019 年 1 月 18 日，《复兴文库》专家委员会召开第一次会议，明确《复兴文库》编纂要"以民族复兴为总主题，以思想史为基本线索和编选逻辑"，提出初步目录。

编纂工作启动后，大体可分为几个阶段：一是准备阶段，从 2019 年 3 月至 6 月，主要是学习领会以习近平同志为核心的党中央关于编纂《复兴文库》的指导思想和要求，以统一思想，明确《复兴文库》的编纂原则。同时，对全书结构，在初稿基础上多次进行讨论和调整；确定各卷主编和参加编选人员，明确各自责任。二是初步选编阶段，从2019年7月至2020年6月，在疫情严重期间各编仍完成各卷初步选稿工作。各编先各选出一卷作为试编的样本，经集体讨论后再全面铺开。三是审读阶段，从2020年7月至2022年，先由各编编选工作人员分别对各卷内容进行认真审读，并做必要调整，然后邀请没有参加编选工作的有关专家，如军事、外交、民族宗教等领域的专家，严格审读并提出修改意见。为此，2020年6月，又成立《复兴文库》专班，协调推进工作，完成送审和出版事宜，这项工作仍在继续中。

《复兴文库》按历史进程的顺序分为五编，第一至三编先行出版。其中第一编集中选编1840—1921年体现初期民族觉醒意识、探索救亡之道、传播进步思想的重要文献，重在展现中华民族伟大复兴的历史起点；第二编集中选编1921—1949年记述中国共产党携手中国社会各阶层各党派各进步力量，团结带领中国人民，为推翻帝国主义、封建主义、官僚资本主义三座大山，实现民族独立、人民解放，完成新民主主义革命，建立中华人民共和国而不懈奋斗的重要文献；第三编集中选编1949—1978年记载中国共产党团结带领全国各族人民进行社会主义革命，确立社会主义基本制度，推进社会主义建设，完成中华民族有史以来最为广泛而深刻的社会变革的重要文献；第四、五编正在继续编纂和审读中，反映改革开放和新时代以来高举中国特色社会主义伟大旗帜阔步前进的历史。

## 用好《复兴文库》，从中汲取精神力量

习近平总书记在《复兴文库》序言中指出："当前，世界百年未有之大变局加速演进，中华民族伟大复兴进入关键时期，我们更需要以史为鉴，察往知来。"总书记进一步强调："我们要在学好党史的基础上，学好中国近代史，学好中国历史，弄清楚我们从哪里来，要到哪里去，弄清楚中国共产党人是干什么的，已经干了什么，还要干什么，弄清楚过去我们为什么能够成功，未来怎样才能继续成功。"

中国这样一个人口规模巨大的东方大国，在一百多年里实现翻天覆地的大变化，从极度衰弱、备受屈辱、濒临灭亡边缘，到奇迹般重新站立起来，迎来从站起来、富起来到强起来的伟大飞跃，在人类历史上是罕见的。这是多少代中国人英勇奋斗的结果。习近平总书记高度重视学习借鉴历史，指出："重视历史、研究历史、借鉴历史，可以给人类带来很多了解昨天、把握今天、开创明天的智慧。"总书记多次强调，要深入学习党史、新中国史、改革开放史、社会主义发展史，做到学史明理、学史增信、学史崇德、学史力行。《复兴文库》努力以宏大的视野全景式展现中华民族由弱变强的伟大奋斗历程，昭示实现中华民族伟大复兴已进入不可逆转的历史进程，力求为人们学习近代以来的中国历史提供宝贵文献资料。

中华民族的伟大复兴，是一场接力跑。过去一百多年，中国共产党向人民、向历史交出了一份优异答卷。现在，党团结带领全国各族人民又踏上实现第二个百年奋斗目标的新的赶考之路。习近平总书记在党的二十大报告中郑重宣示："从现在起，中国共产党的中心任务就是团结带领全国各族人民全面建成社会主义现代化强

国,实现第二个百年奋斗目标,以中国式现代化全面推进中华民族伟大复兴。"这是激励全党全国各族人民奋进新征程的总动员令。

《复兴文库》的编纂工作还在继续,我们要深入学习领会习近平总书记为《复兴文库》撰写的序言,全面把握实施《复兴文库》这一重大文化工程的意义和要求,把这部大型历史文献丛书编纂得更加完善。

# 在《复兴文库》第三次主编会议上的讲话*

《复兴文库》是党中央批准实施的重大文化工程。从2019年2月至今，一共开过三次主编会议：第一次在2月，第二次在4月，这一次在6月，两个月一次。前两次会议主要是：1.理解《复兴文库》的主题，领会这部《文库》应当是怎样一部书，那就是要"以民族复兴为总主题，以思想史为基本线索和编选逻辑"，不是一般的中国近现代史资料汇编；2.确定并细化各编的框架，把全书的分卷目录基本确定下来；3.组织承担选编工作的力量（包括外地力量），帮助解决在组织力量过程中遇到的问题。现在看来，工作大体上是井井有条、落到实处的。特别要说，中宣部出版局、中国出版集团、中华书局做了大量工作，合作得十分好。

第二次主编会议后，工作转入具体施工阶段，实际上已全面铺开。从各编来说，重点是先各抓一两册试编，看看编成什么样子，效果如何，遇到什么原来没有想到的问题，如何处理。在五编中有了五六册样稿，今天再经过大家讨论，全局铺开就大体心里有数了。所以，这次主编会议实际上是结合实际进一步讨论整套《文库》

---

* 2019年2月，任命金冲及为《复兴文库》总主编兼专家委员会主任；郑师渠、张海鹏、陈晋、张树军、谢春涛为副总主编，并分任第一、二、三、四、五编主任。2020年，增任吴德刚为专家委员会副主任，增任张宏志为副总主编兼第五编主任；设立《复兴文库》专班，由吴德刚主持。此为2019年6月21日，作者的讲话稿。

该编成什么样子，并且对一些麻烦问题取得比较一致的看法。否则将来需要返工的工作量就大了。这样大一部书的选编工作，谁也不可能一下就考虑周到，做到一步到位。所以请大家充分提出意见。

我也看过各编的试编稿，有几点想法先说一说，不一定对，请大家在讨论各编试编稿时一并讨论。

一、本书叫作"复兴文库"。中央在建党一百周年前夕下决心投入这么多人力、财力、物力来编这么大一部书，是我们原来没有想到的。中央为什么要下这样大的决心？我粗浅的理解，因为实现中华民族伟大复兴是中国共产党领导全国各族人民共同奋斗的根本目标，是进行"不忘初心，牢记使命"主题教育的中心内容。这就需要具体地了解一百多年来中国人是如何一步一步走过来，逐步提高民族觉醒，艰苦地探索怎样才能实现民族复兴的道路，经过长期摸索，包括成功的经验，也经过曲折，有经验也有教训，最终才找到中国特色社会主义这条光明大道的思想过程，这是一笔宝贵的精神财富。对世界上说，从中也可以了解中国为什么能够在不算长的时间里奇迹般地走完许多发达国家几百年所走的道路。

如果这部书能够在这方面对人们的认识起些作用，那才是多少实现了编写的目的，不会成为一般的历史教学参考资料，更不会"下笔千言，离题万里"。我们最需要用心的大概也在这里。现在试编的几册，我觉得总体上是符合这个要求的，但毕竟是刚起步，总还有不少需要反复斟酌之处。请诸位对试编的样稿多推敲，多提意见，使它进一步有所提高。

二、各卷的编选说明，看来一般需要包括三个方面的内容：1.本卷内容的基本脉络线索，尽量使读者看起来有"一目了然"的感觉；2.各册分别的基本内容，使读者便于检索；3.本卷编选中需要向读者说明或交代的问题。有了各卷的编选说明,每册就不必再写"说明"了,以免重复和头绪太多。所收文献必要时可加简要题解。文内一律不作注释,否则注不胜注,也未必都能注得恰当。

三、样书试编过程中,有的同志建议在各编的编写说明后,可以有一篇本编(本时段)的"大事纪略",不要长,力求简明扼要。我赞成这个意见。它的好处是:1. 可以交代这一编内容的背景;2. 有些大事在所选文献中不一定着重谈到,或者没有适当的文章可选,如苏德战争、太平洋战争的爆发、中共举行九大和十大等。"大事纪略"中只说什么时候有这件事即可,不作评论。有的甚至可以写得更简略,如讲到某年至某年某某战争发生。

四、所选文的作者,有些是敏感而容易引起不同意见的,如:

(一)作者政治上有严重问题的,自然要极为慎重,不是特别必要的就不选。《陈云文选》中《对编写〈辽沈决战〉一书的意见》中说:"林彪作为四野的司令员,在当时正确的地方,我们也不必否定,但是不能只看到这一方面的作用,还必须看到其他方面的作用。"这是实事求是的、历史唯物主义的态度。否则,四野战史(特别是辽沈战役)就很难写了。对蒋介石1937年7月17日的庐山讲话(就是讲到"地无分南北,人无分老幼"那一篇)可以选,同时也要在前后"必须看到其他方面的作用"。至于内容反动或对民族复兴没有积极作用的,当然不选。所选文献中如一般地提及那时这类人的名字,不必删去,如中共一大如提到全体代表名字时就不必把陈公博、周佛海、张国焘的名字删去(如并不必要,当然不需要提)。

(二)外国人的作品,已经说过必要时可以选录,如《共产党宣言》《天演论》,译本可以选(《天演论》影响太大,篇幅又不多,可全选或选其前半部分）。此外，还有一些可选的，如季米特洛夫在共产国际七大的报告也可以节录选入，这在当时对中国的积极影响极大。不选的话，"八一宣言"似乎就成了王明的发明。此外，斯诺的《西行漫记》和抗战中一些外国记者当时对解放区和八路军、新四军、其他坚决抗日军队的报道作品，也可以看看有没有可节选的部分，有些很感人，对中外读者都很有说服力，也符合《文库》的要求（是当时的作品）。

（三）中华民族复兴的历史，中国共产党的领导当然是主体，但也要有力地表现我们整个民族觉醒、探索和奋斗的历程。从民族复兴的角度看，除民主党派的文件外，有些爱国民主人士或对民族复兴有重要贡献的人士，也要精心选一些。开国时三位党外副主席，宋庆龄的作品一定会有，张澜、李济深的文章或讲话至少各人得有一篇，否则他们怎么会成了开国的副主席；他们确实也有很好的作品。毛主席说要写《闻一多颂》《朱自清颂》，朱的文可能不容易选，但闻一多在李公朴被刺后的讲话，浩然正气，掷地有声，应当选入。李公朴的《华北敌后：晋察冀》、黄炎培的《延安归来》似可节选一点。关于杜重远，小平同志有个题词："杜重远烈士永垂不朽"。杜是东北实业家，九一八事变后全力投入爱国民主运动，直到献出生命，他的文集《还我河山》中似可选一篇。邹韬奋的文章当时影响极大，一定得收一篇或几篇。张学良、杨虎城在西安事变中的讲话也可看看有没有可选的。孙越崎和玉门油矿不知有没有合适的文章可选。对各少数民族也一定要重视和表现好。

至于距今时间很近的专家学者的学术论文，见解不尽相同选谁不选谁不易形成共识的，似可原则上不选。

五、本书"以思想史为基本线索和编选逻辑"，不需要原原本本讲历史经过的事实（特别是它的细节）。但思想和实践不能截然分开，也应适当顾到。

乔木同志说过，党史不能写成文件史，因为会议通过的决议不等于实行。他又说，人们关心的不只是共产党是怎么说的，更关心的是共产党是怎么做的。所以，不宜过多地编选内容大同小异的决定、规划、条例。当然，重大而正确的战略性决策和规划通常起着决定性的作用，在《文库》中会居于主导的地位，但也需要有一些这些决策如何实施、取得成功的文字，使读者不只看到共产党和中国人是怎么说的，而且是怎么做的。内容要多样丰满，包括事关民生、特别是牵动人心、别人看来困难重重、难以办成的大事，中国人在民族复兴过程中是如何做到、难题是如何解决的总结性文字。如解放初如何平抑物价、如何治理淮河等大水灾；建设方面，如一些特大型工程的建设；改革开放中的一些大事（宝钢、特区、三峡工程等等，是怎么办成的，当时所做的总结，作者或以主管单位署名，或以该项负责人署名）；还有新时代的重大科技创新、对外的合作双赢、精确脱贫等如何实现，这样，反映中华民族伟大复兴的文献，在读者看来是活生生、能感动人或启发人思考的文字。这需要深入挖掘，只要重要的真实，不要过分计较这是什么级别的人写的。

关于文学作品、书信等能不能用的问题。虚构的文学作品不能用。但为了实现民族复兴，不仅需要理性的思考，也需要看到人们不可遏制的炽热感情、断然决心、顽强毅力和民族魂。举例说，辛亥革命时期林觉民给妻子的绝命书、方志敏的《可爱的中国》、胡风在开国时的《时间开始了》、魏巍的《谁是最可爱的人》等。把这类反映中华民族在复兴过程中思想感情的作品包括进去，这部

《复兴文库》的内容更完备一些，使人更能理解它。

六、《文库》选的是过去的"文"，过去的"文"通常有当时的针对性，同时也难免有当时历史条件下的局限性。不能要求他们所说的都符合我们今天的认识，甚至会有一些今天看来错误的话。否则是不符合历史发展的真实，不符合辩证唯物主义认识论的。这方面在必要时可以在有关的编选说明或题解中做些明白的交代就可以了，也不宜太多。当然，总体上严重错误的文章绝不应该选入。如果为了让读者理解历史的复杂性和曲折性，可以酌选批评、批判某种错误言论、错误思想的文章，使人了解当时还曾有这样的错误主张就可以了。如果整篇文章是好的，但有一段或几句十分不妥，需要删去，但需注明本文是"节录"，不能悄悄地挖掉几个字而不加说明，那会影响读者对编者的信任。

七、选文章时，通常是一篇一篇选的，主要是考虑这一篇文章本身是不是适宜选入，顾不上仔细考虑这篇文章和其他文章之间的关系。当通盘选定后，有两个问题要回头统一地再考察一下：一是要看看各篇之间的连接是否顺当，是否有内在逻辑联系，不要使这一卷、这一册显得"杂乱无章"；二是要考察各篇之间的篇幅平衡，主要是考虑这篇文章在《复兴文库》中应有的比重，以及各篇同类文章之间的平衡。

文献一般按时间排列，使人读起来有一种历史感。但有时同一主题的内容归在一起，读者才有整体感。有时对事件的决策到总结会相隔一段比较长的时间，中间又有其他内容，拆开了对读者不便，就不必一切死按时间顺序，但那是很少数，总的还是不宜打乱历史发展的顺序。

八、没有公开发表过或没有全文发表过的文章，可不可以收入

《文库》？我觉得如果内容重要而在今天已没有保密问题的可以收。不少事情在当时是绝密的，过多少年，特别是情况已经大变时，就没有什么"密"可言了。有些报纸上的报道，可能因为篇幅关系，把许多很接"地气"或生动的语言省略掉了，只剩下高度概括的结论和断语，不如原来的记录那样能打动人。"集纳"的做法，过去在编领导人文集时也常有。当然，没有把握的，特别是政治上敏感的问题，必须请有关部门看看；重要的，要向上报告。

再说一下注释问题：文内一律不作注释，那样工作量极大，而且在一两年内匆忙地做也未必注得都恰当，反而影响全书的质量。如果所收文章原有版本（包括领导人选集在内）中有注释的，也一律不收，不然在同一部书中有的文章有注释，有的没有注释，会自乱体例，好在不明白的有关事实现在在网上查核很方便。至于文章是何时何地何种情况下所写，以及依据的文本情况等，可以用"题解"处理。其他如有必须说明的，在编选说明或题解中做些简要的交代就可以了。

# 我心目中的中华书局*

《复兴文库》是中华书局出版的。

习近平同志在《文库》序言中写道:"编纂《复兴文库》,是党中央批准实施的重大文化工程。"《文库》按照顺序共分五编。前三编已在2022年11月出版。第一编分7卷、38册,第二编分14卷、65册,第三编分16卷、92册,共195册。

这样巨大的文化工程,对出版工作的要求又十分严格,由中华书局这样历史悠久、曾出版过精心校订的《二十四史》《资治通鉴》的老牌出版社担纲,同时又得到中国出版集团所属各出版社的大力支持,可以说,安排十分恰当。

## 中学时期

我知道中华书局大约已有八十来年,知道的最初媒介是教科书。

我1941年进入复旦附中读书,上初中那年还不到11岁。母校至今保存着我的成绩单:初一的成绩并不好,英文在补考后才及格,历史却得了98分。我读的历史教科书是中华书局出版的,本国史由中华书局编辑所副所长金兆梓先生编写,外国史由金兆梓和

---

\* 《复兴文库》是中华书局出版的。本文载《光明日报》2022年7月9日。

耿淡如两位先生编写,给我很深的印象。相隔八十多年仍能记得,可见中华书局出版的教科书在当时社会上产生了多么大的影响。

编写新教科书,本来是中华书局所以诞生的主要原因之一。中华书局在1912年1月1日成立,正是辛亥革命推倒帝制、创立共和政体的同一天,这就给了它"咸与维新"的鲜明色彩。那时,中小学教育已逐步普及,学堂改称学校,但原有教材很多已不适用。创办中华书局的陆费逵(伯鸿)先生是原商务印书馆出版部部长,一开始就主张编辑出版"中华教科书",结果风行全国,使人耳目一新,可见他是富有眼光和远见的。以后一段时间内,出版教科书成为中华书局的主要业务。中华书局所编历史教科书,对我可以说是在这方面受到了最初的启蒙教育。

到高中时期,也就是抗战胜利前夕,我开始自己逛书店,每月都要到福州路(通常称为四马路,是书店最集中的地方)去转转,一转就是半天,像进图书馆一样。那条路上门面最大的书店是世界书局。而我每次都要去的是商务印书馆、中华书局和上海旧书店。那时多次梦中梦见在旧书店墙角边找到一本自己有用的好书,如获至宝,惊醒过来。这是事实,不是夸张。记得在旧书店买到过李剑农在太平洋书店出版的《最近三十年中国政治史》(它后经作者增补,改名为《中国近百年政治史》出版)。这本书,我至今还保存着。中华书局和商务印书馆也是一定要去的。记得中华书局在福州路和河南路的转角处。我在那里买过著名记者陶菊隐的《菊隐丛谈》三种:《六君子传》《督军团传》和《吴佩孚将军传》(抗战胜利后,又买过一种《天亮前后》)。这几本书,我都看过多遍。当时我只有十四五岁,完全是出于兴趣,根本谈不上什么分析和认识,但确是以后特别爱好阅读中国近代史的发端,从中也可以看到出版社对一个少年能产生多么深远的影响。

当然，中华书局留给我的印象并不限于这些。令我肃然起敬的更是几部大书，这种感受往往是同商务印书馆连在一起的，如商务印书馆出《四部丛刊》，中华书局出《四部备要》；商务印书馆出《辞源》，中华书局出《辞海》；商务印书馆影印百衲本《二十四史》，中华书局就影印《古今图书集成》等。这些都是规模宏大、在学术界有着巨大影响的皇皇巨著。我那时年纪小，对它们只能说是肃然起敬而已。

抗战胜利后，随着时局的深刻变化，加上自己从少年步入青年，关心的重点转到社会和政治方面，读书的方向也发生变化。最常去的是生活书店和新知书店。读书生活出版社没有去过，但它出的书也常读，特别是艾思奇的《大众哲学》，读过不知多少遍。在这种情况下，中华书局和商务印书馆的书店，就去得少了。

## 新中国初期

1951年，我从复旦大学历史系毕业。第二年，教育部规定综合性大学文科要开设中国近代史课程，而老教授们很少专治中国近代史的。在这种情况下，我从1953年起开始讲授中国近代史这门课，直到1964年。当时阅读的专业书籍，大体围绕着备课的需要，数量很多，而各出版社的专业方向在解放初还不那样明确，又经常发生变动，所以对许多出版单位已记不清了。但中华书局出过汤用彤先生的《汉魏两晋南北朝佛教史》、罗尔纲先生的《太平天国史稿》等，我也买来读，获益良多。

稍后一些时间，党中央对中国传统文化的继承发扬和中国古籍的整理出版作了许多重要指示,把这个工作提到十分重要的地位。陈云同志曾有一句名言:"整理古籍,把祖国宝贵的文化遗产继承下来,是一项关系到子孙后代的工作。"

1958年在中华书局历史上是一个有着决定意义的转折点。本来,中华书局总公司已从上海迁到北京,同财政经济出版社合并,但对外出书仍用中华书局名义。后来,成立不久的古籍出版社并入中华书局,加强了这方面的力量。这年,国家成立了古籍整理出版规划小组,确定中华书局作为出版文史哲古籍为主要任务的专业出版机构,任命金灿然同志为书局的总编辑兼总经理,并确定中华书局为这个规划小组的办事机构。这样,就揭开了中华书局史册新的一页。自此,我心目中对它也开始形成一种和以前不同的新认识。

中华书局改组后,成立了古代史、近代史、文学、哲学四个编辑室,后来又增设了历史小丛书编辑室。改革开放后担任中华书局总编辑很长时间的李侃同志那时在近代史编辑室工作,曾到上海找过我组稿。我正同胡绳武同志合作撰写多卷本《辛亥革命史稿》,没敢承担更多任务,只是为他们出版的中国历史小丛书写了一本《黄兴》的小册子。但从这时起,我就同李侃同志结成终生好友。

有一件事不能不说。1959年,周恩来总理担任第三届全国政协主席,提议由亲身参加或与闻有关历史事件的老人用回忆录的形式撰述近代历史资料出版。这就是影响很大的《文史资料选辑》。它最初由中华书局出版,在"文化大革命"前共出版55辑,成为从事中国近代史研究和教学必须阅读的书籍。这套书最初是有严格级别限制的内部读物。我费了很大力气,才购得一套,真是爱不释手。

还必须讲到,这时根据中央的要求,中华书局同史学界、出版界通力合作,集中一大批专家学者,用18年时间完成二十四史(连同《清史稿》和《资治通鉴》)的点校出版工作。在 1962 年前出版了前四史，以后的工作也做了安排。这是一项规模宏大的文化工程。对这项前所未有的宏大工程的完成，我也只能说是肃然起敬。

1965 年初，我奉调随原上海市委书记处书记石西民同志到北京文化部工作。石西民同志作为文化部党组副书记、副部长，分管出版工作。他要我到中华书局去看金灿然同志，了解情况。中华书局当时的办公地点在翠微路。今天翠微路已经是北京的繁华地带，当时却像是郊区农村，但很安静。记得金灿然同志坐在室外藤椅上，挥着蒲扇，向我谈中华书局的雄图大略，还讲到"人弃我取"的用人方针。没想到这是最后一次见到他。

正当中华书局方方面面工作正在蓬勃展开的时候，史无前例的"文化大革命"迅猛席卷全国。中华书局的工作被迫完全停顿，职工都到湖北咸宁的五七干校参加劳动。我也去咸宁干校一面劳动，一面接受完全无中生有的"特嫌"审查，有三年不许回家，更不许看书。如果拿起书本，就会受到训斥："看什么书？自己没事啦？不考虑考虑问题？"所以，整整三年没有看书。就是《毛选》，除要我朗读《敦促杜聿明投降书》和《南京政府向何处去》以外，也不让看其他文章。有一次，派我到咸宁汀泗桥的出版系统工地支援劳动，见到老友李侃和不少中华书局的同志，感到格外高兴。那时，说我自杀的传闻在各地流传很广。以后李侃同志告诉我，有位朋友给他写信问，听说我已"畏罪自杀"，是否属实？李侃同志回信说：我前几天还看到他，哪有这回事！其实，我尽管处境艰难，自杀的念头却从未有过。

到 1972 年底，因为马王堆汉墓、满城"金缕玉衣"等重大考古成果发现，周总理批示要恢复《文物》《考古》《考古学报》三个刊物（那时除《红旗》外，其他刊物都已停刊），还指示文物出版社要进口新的印刷设备出版文物图册。这样，主持文物工作的国务院图博口负责人王冶秋同志不管咸宁干校对我的"问题"有没有作结论，就发出调令。回到北京后，任命我为文物出版社副总编辑（当时没有总编辑，后来任命我为总编辑）。调令一来，干校对我那个纯属子虚乌有的"特嫌"问题立刻做了完全否定的结论。后来听说国务院出版口负责人徐光霄同志本来也打算调我到出版系统工作，但想等我的"问题"做了结论后再发调令。从这一点来看，王冶秋同志的魄力还是比徐光霄同志要大。

在我到文物出版社工作前后，图博口还为文物出版社从出版系统干校调入好几位业务水平很高的干部，如人民出版社的杨瑾、叶青谷，中华书局的王代文、俞筱尧、沈玉成。从中华书局调入的好几位来看，王代文同志先是任《文物》月刊编辑部主任，后来接我担任出版社总编辑；俞筱尧同志先担任总编室主任，后来当副总编辑；沈玉成同志是业务和文字素养都很强的优秀骨干。我同他们朝夕相处十年，更增强了对中华书局的了解和亲切感。

## 改革开放以后

"文革"结束后，我没有很快回到自己原来更熟悉的专业岗位上去，而是继续在文物出版社工作了五年。重要原因是，当我在十分困难、没有什么单位要我时，只有文物系统要了我并且委以重任，总不能在环境改善时就自奔前程，做人也不能这样做。直到1981年5月，由组织决定借调我到中共中央文献研究室，从事《周恩来传》的编写工作。但同中华书局的朋友仍常有往来。记得参加纪念中华书局成立90周年的大会时，听季羡林先生在大会发言中送给中华书局的八个字——"一身正气，两袖清风"，我听了很有同感。

1983年，我正式调到文献研究室，以后担任过文献研究室常务副主任和中国史学会会长。那时工作比较忙，工作头绪也多。回想起来，中华书局在这个时期同我直接相关的，主要是两件事：

一件是关于孙中山生平和思想的研究工作。

孙中山先生是中国在20世纪站在时代前列的三个伟大人物之一。中央一直十分重视这项研究工作。1984年，由全国政协主席邓颖超同志宣布成立孙中山研究学会，由胡绳、刘大年同志分任正、副会长。在他们主持下，召开了孙中山研究国际学术讨论会，产生不小影响。我担任学会秘书长，做了些具体的组织工作。围绕孙中山和辛亥革命研究，中华书局出版了一系列文献。

中山大学林家有教授曾写道："研究者与出版者，对于学术的发展而言，犹如车之两轮、鸟之两翼，二者缺一不可。""应当说，近二十年的孙中山研究取得了令人瞩目的成果，孙中山研究已成为国内外受人关注的一门'显学'。这些研究成果的取得和研究态势的形成，固然有赖于学者们的辛勤耕耘、开拓、创新，同时也离不开出版界的支持、配合和努力。"这些论断是很中肯的，我深有同感。

对推进孙中山研究工作，中华书局起了极大的作用。给我印象最深的，首先是编辑出版了11卷、8000多篇著作、500多万字的《孙中山全集》。它在1981年辛亥革命70周年出版第一卷，到1985年孙中山诞生120周年时出齐。这是一部比较完备、编校精细的《孙中山全集》，尽管后来又发现了一些此前没有征集到的佚文，但基本文稿大体都已包括在内，引起海内外的瞩目。我把它置在书柜的醒目位置，经常取用，有两卷已快翻烂了。中华书局近代史编辑部负责人刘德麟、何双声是复旦大学历史系毕业的，同我都很熟悉，中华书局还主持编辑了一套"中国近代人物文集丛书"，包括黄兴、宋教仁、廖仲恺、蔡元培等人的文集和章太炎的政论选集。如果没有这些书，我和胡绳武教授合作写完150万字的《辛亥革命史稿》就会增加不少困难。

中华书局出版的《中华民国史》，也给我很大助益。这部书分为民国史、人物志、大事记三部分，从1978年开始出版"大事记"的第一册，到2011年辛亥革命100周年之际，这套由李新同志担任总主编、有100多位学者集体编写的36卷本《中华民国史》全部出齐。这是新中国成立后第一部比较详备的民国史，也是中华书局对新中国文化事业做出的又一重大贡献。

要谈我和中华书局的关系，更重要的是中央交办的"复兴文库"编纂工作。

"复兴文库"以中华民族伟大复兴为主题，以思想史为基本线索和编选逻辑，收录从鸦片战争到中国特色社会主义进入新时代方方面面的重要文献资料，卷帙浩繁，由几十位各有专长的学者担任各编、卷主编。承担本书出版工作的中华书局专门成立了"复兴文库"编辑部，并得到中国出版集团各出版社的大力支持。这是一项巨大的文化工程，整个工作在中央有关部门指导下进行。因为工作还在进行过程中，这里就不多说了。

今年是中华书局成立110周年。回顾自己在少年时代接受启蒙教育时起，到如今年过九十，仍在同中华书局亲密合作，为中华民族伟大复兴贡献一分微薄力量，实在深深感慨系之。深信在未来的日子里，中华书局一定会继续为中华文化的继承和发展、为中国出版事业的繁荣做出新的更大的贡献。

# 后　记

我今年92足岁，入党也近75年了。过去，不少朋友曾建议我写点回忆录之类的书。我总觉得，自己那点经历有什么可写的，没有动心，更没有动手去做。

去年是中国共产党诞生一百周年。我所在的中共中央党史和文献研究院党组织，要求入党稍早一点的同志写些当年入党的经过。在这样的督促下，我写了一篇《我是怎样参加地下党的》，大约有三万八千字，不少篇幅是讲复旦地下党情况的。这下，也带动我写了几篇类似的文章。三联书店表示还愿意出版这样的书，于是又连同以前发表过的几篇文章编成了这本书。

读者不难注意到，本书很大部分内容是回忆对我有重大影响的领导人、老师、同事、同学，因为这样才可以了解我是在怎样的环境和影响下不断成长的。可以肯定地说，如果没有他们，我根本不可能成为后来的我，也可能是另一个样子。当然，应该感激的人很多，但不可能都说到了。

所以，这本书不能说是一本回忆录，不少重要的事没有说到，一般回忆录中应有的内容也不齐备，各篇文字的内容和格式也不一致，只能说是回顾自己几十年经历的几组随笔罢了。希望得到读者的指正。

金冲及

2022年12月25日